# Rente in Sicht

Rechtzeitig
planen, gut
vorsorgen

**Unser Service für Sie**

Wenn neue Gesetze und Verordnungen in Kraft treten oder sich zum Beispiel Förderbedingungen oder Leistungen ändern, finden Sie die wichtigsten Fakten in unserem Aktualisierungsservice zusammengefasst.
Mit dem Klick auf **shop.verbraucherzentrale.de** sind Sie dann ergänzend zu dieser Auflage des Buches auf dem neuesten Stand. Diesen Service bieten wir so lange, bis eine Neuauflage des Ratgebers erscheint, in der die Aktualisierungen bereits eingearbeitet sind. Wir empfehlen, Entscheidungen stets auf Grundlage aktueller Auflagen zu treffen.
Die lieferbaren aktuellen Titel finden Sie in unserem Shop:
**shop.verbraucherzentrale.de**

# Rente in Sicht

## Rechtzeitig planen, gut vorsorgen

OTTO N. BRETZINGER

Verbraucherzentrale

# Inhalt

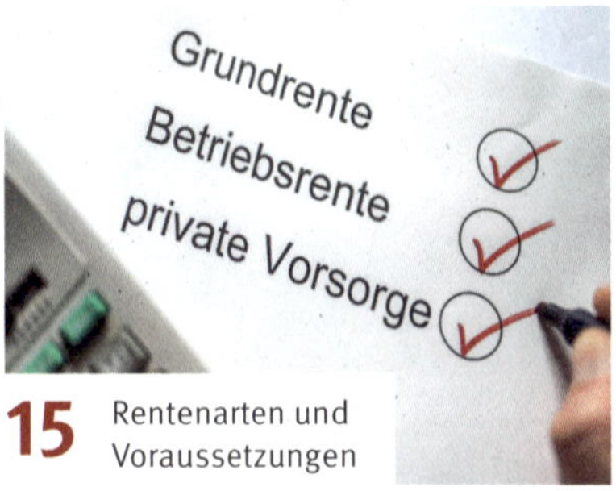

Grundrente
Betriebsrente
private Vorsorge

# Inhalt

## Über dieses Buch

Rente in Sicht – viele Menschen schauen mit dieser Aussicht zuversichtlich auf die kommenden Jahre. Endlich Zeit für Dinge, die im Arbeitsalltag immer zu kurz gekommen sind. Doch der nahende Ruhestand ist für viele auch Anlass zur Sorge: Komme ich mit der gesetzlichen Rente künftig über die Runden? Wann muss oder kann ich aufhören zu arbeiten? Wie gehe ich die Finanzplanung für die Zeit nach dem aktiven Berufsleben an? Kann ich noch im vertrauten Wohnumfeld wohnen bleiben, wenn die Kräfte absehbar nachlassen? Und nicht zuletzt: Wie kann ich vorsorgen, damit Entscheidungen in meinem Sinne getroffen werden, wenn ich selbst dazu nicht mehr in der Lage bin?

Die gute Nachricht auf all diese Fragen vorweg: Der Übergang vom Arbeitsleben in die Rente kommt nicht überraschend. Rechtzeitige Planung kann daher helfen, um beispielsweise möglichen Finanzlücken noch entgegenzusteuern.

So unterschiedlich die Pläne für den absehbaren Ruhestand auch sind, so einheitlich das Vorgehen: Jeder und jede Einzelne muss sich gleichermaßen vorbereiten, weil mit dem neuen Lebensabschnitt gravierende finanzielle und rechtliche Veränderungen verbunden sind. Am besten ist es also, die Planung bereits einige Jahre vor dem Tag X anzugehen. Bei den dann anstehenden Fragestellungen unterstützt dieser Ratgeber Leserinnen und Leser mit Tipps und Hinweisen, um die individuell richtige Entscheidung zu treffen. So verhilft das Buch zu einem soliden Check, ob und wann Frührente oder regulärer Rentenbeginn möglich sind. Wissenswertes zur Beitragsbemessung bei der Kranken- und Pflegeversicherung für Rentnerinnen und Rentner ist ebenso nachzulesen wie der passende private Versicherungsschutz für die gängigen Lebensrisiken. Checklisten, um den Finanzbedarf im Alter zu bemessen, liefern Anhaltspunkte für mögliche Versorgungslücken. Zudem wird die individuell passende Wohnform im Alter ausgelotet und es werden Vorsorgeinstrumente – von der Patientenverfügung über die Vorsorgevollmacht bis hin zu erbrechtlichen Verfügungen – an die Hand gegeben. Wer sich also Schritt für Schritt mit den Anforderungen in den unterschiedlichen Lebensbereichen auseinandersetzt, kann auf gute Aussichten hoffen, wenn die „Rente in Sicht" ist.

Aus unserer Beratungspraxis

# Die wichtigsten Fragen und Antworten

→ Jährlich beantworten wir in unseren bundesweit rund 200 Beratungsstellen Hunderttausende von Fragen und helfen bei der Lösung von Problemen, die Verbraucherinnen und Verbraucher an uns herantragen. Aus dieser täglichen Praxis wissen wir am besten, wo der Schuh drückt und wie konkrete Unterstützung aussehen muss.

Diese Erfahrungen sind Grundlage unserer Ratgeber: mit präzisen, verbraucherorientierten Informationen, zahlreichen Tipps und Hintergrundinformationen zum besseren Verständnis.

Sollte für eine individuelle Frage weiterer Besprechungsbedarf bestehen, hilft unsere Beratung weiter. Eine Übersicht über unser umfassendes Angebot finden Sie unter verbraucherzentrale.de

## Was erfahre ich aus der Renteninformation?

Auf den ersten Blick sieht die dort angegebene Rentenhöhe gar nicht so schlecht aus. Allerdings handelt es sich dabei um den voraussichtlichen Bruttobetrag, von dem noch Beiträge für die Kranken- und Pflegeversicherung abgehen. Sind Ihre jährlichen Einkünfte höher als der aktuelle Grundfreibetrag, müssen noch Steuern gezahlt werden. Zudem wird davon ausgegangen, dass Sie weiter so hohe Beiträge wie durchschnittlich in den letzten fünf Jahren entrichten. Wegen Arbeitslosigkeit, Krankheit oder weil Sie schon Ihre Arbeitszeit reduzieren, um sich langsam aus dem Berufsleben zu verabschieden, muss die Prognose der Rente dann nicht zutreffen. Unter Umständen planen Sie auch vorzeitig in den Ruhestand zu gehen und müssen deshalb noch Abschläge hinnehmen. Schließlich müssen Sie berücksichtigen, dass die angegebenen Rentenwerte wegen steigender Lebenshaltungskosten und der damit verbundenen Inflation nicht mit der Kaufkraft Ihres heutigen Einkommens vergleichbar sind.

→ Seite 36

## Wie kann ich eine Versorgungslücke im Alter frühzeitig erkennen?

Die Differenz zwischen Ihrem finanziellen Bedarf im Ruhestand und dem Einkommen, das Ihnen tatsächlich zur Verfügung steht, ist die Versorgungslücke. Nur bei einer frühzeitigen Budgetplanung können Sie noch unter Umständen zumindest teilweise reagieren und Sparmöglichkeiten ausloten beziehungsweise Chancen nutzen, um Einkünfte zu erhöhen und für die private Altersvorsorge einzusetzen. Grundlage einer soliden Budgetplanung für den Ruhestand ist eine Zusammenstellung Ihrer voraussichtlichen Einnahmen. Neben der gesetzlichen Rente gehören dazu alle Einkünfte, die Sie im Alter haben werden (zum Beispiel lebenslange Betriebsrente oder Riester-Rente, Einkünfte aus Vermietung, Ersparnisse). Um Ihre Vorsorgesituation realistisch zu bewerten, müssen Sie den Kaufkraftverlust einbeziehen. Den voraussichtlichen Einnahmen müssen Sie gegenüberstellen, welche Ausgaben auf Sie auch im Alter zukommen werden. In jedem Fall sollten Sie pauschal von einem Finanzbedarf von 80 Prozent Ihres letzten Nettoeinkommens ausgehen.

→ Seite 93

## Wie kann ich meine Altersrente in der gesetzlichen Rentenversicherung erhöhen?

Es gibt mehrere Möglichkeiten. Welche Option für Sie infrage kommt, hängt von Ihrer persönlichen Situation ab. Sie können den Rentenbeginn hinausschieben, obwohl Sie die Voraussetzungen für die Rente erfüllen. Das zahlt sich doppelt aus: Einmal steigern Sie durch die monatlichen Beiträge weiter Ihre Rente, zum anderen gibt es einen Zuschlag auf die Rente. Wenn Sie nicht in der gesetzlichen Rentenversicherung versicherungspflichtig sind, können Sie mit freiwilligen Beiträgen Ihre Rente aufbessern. Deren Höhe können Sie selbst festlegen und jederzeit ändern. Wenn Sie früher in Rente gehen wollen, können Sie Rentenabschläge durch Sonderzahlungen ausgleichen. Und wenn Ihre Einkünfte im Alter oder bei voller Erwerbsminderung nicht für Ihren Lebensunterhalt ausreichen, können Sie unter Umständen Grundsicherung bekommen.
→ Seite 41

## Warum sollte ich meine Finanzstrategie dem nahenden Ruhestand anpassen?

Beim Übergang in den Ruhestand müssen Sie nicht nur berücksichtigen, dass Sie unter Umständen im Rentenalter ein geringeres Einkommen als zuvor haben und deshalb Ihre Ausgaben reduzieren müssen. Auch Ihre Finanzstrategie ist den neuen persönlichen Verhältnissen anzupassen. Während des Berufslebens liegt Ihr Hauptaugenmerk meist darauf, Vorsorgevermögen aufzubauen. Im Rentenalter verlagert sich Ihr Ziel eher dahingehend, dass das Vermögen erhalten und die erzielten Erträge regelmäßig genutzt werden sollen. Wenn der Ruhestand also in Sicht ist, sollten Sie Ihre Finanzstrategie darauf ausrichten, bei Renteneintritt keine Schulden mehr zu haben, Ihre Vermögenswerte gegen Verluste zu wappnen, eine ausreichende Geldreserve für ungeplante Ausgaben und die Gesundheitsvorsorge aufzubauen sowie Ihre persönlichen Lebensrisiken bedarfsgerecht abzusichern. → Seite 102

## Welche Abschläge gibt es, wenn ich vorzeitig in Rente gehen will?

Wenn Sie eine Frührente planen, müssen Sie mit spitzem Bleistift rechnen. Denn auch wenn der frühere Ausstieg aus dem Berufsleben verlockend klingen mag: Die künftige Rente fällt auf jeden Fall niedriger aus. Einbußen hinzunehmen bedeutet ein früherer Abschied selbst dann, wenn eine Frührente ohne Abschläge angestrebt wird. Es werden dann Entgeltpunkte fehlen, weil kürzere Zeit in die Rentenkasse eingezahlt wurde. Was bedeutet, dass Ansprüche und damit auch die Höhe der Rente sinken. Das kann auch deshalb wirklich spürbar sein, weil viele Menschen am Ende ihres Berufslebens die höchsten Einkünfte haben und daher entsprechend höhere Entgeltpunkte erzielen.

Wer die Voraussetzungen für die Altersrente für besonders langjährig Versicherte nicht erfüllt, muss bei einer Rente zusätzliche Abschläge in Kauf nehmen. Für jeden Monat, in dem die Rente vorzeitig bezogen wird, werden 0,3 Prozent abgezogen. Diese Abschläge gelten ein Leben lang – sie fallen nicht weg, wenn die Regelaltersgrenze erreicht ist. Allerdings: Rentnerinnen und Rentner dürfen unbegrenzt hinzuverdienen. So können mögliche Einbußen ausgeglichen werden.

→ Seite 53

## Worauf muss ich achten, wenn ich „altersgerecht" wohnen will?

Begriffe wie „altersgerecht", „behindertengerecht" oder „barrierefrei" werden von Vermietern oder Immobilienverkäufern sehr großzügig verwendet, weil sie rechtlich weder definiert noch geschützt sind. Regelungen über eine barrierefreie Immobilie enthält das Baurecht des jeweiligen Bundeslandes. Grundlage ist jeweils eine technische Norm, die DIN 18040, an der sich die landesrechtlichen Regelungen orientieren. Teil 2 dieser Norm gilt für die barrierefreie Planung, Ausführung und Ausstattung von Wohnungen sowie von Gebäuden mit Wohnungen und deren Außenanlagen. Bei der Anmietung einer Wohnung beziehungsweise der Auftragsvergabe zur barrierefreien Umgestaltung sollte also darauf geachtet werden, dass die Vorgaben dieser Norm erfüllt sind. Diese gilt allerdings nur für Neubauten oder Umbauten. Bei älteren Wohnungen sollten die Technischen Mindestanforderungen aus dem KfW-Programm „Altersgerecht umbauen" berücksichtigt worden sein.

→ Seite 155

## Was kann ich tun, wenn meine private Krankenversicherung im Alter zu teuer wird?

Weil ein Wechsel von der privaten in die gesetzliche Krankenversicherung ab einem Alter von 55 Jahren kaum noch möglich ist, muss innerhalb des Systems der privaten Krankenversicherung nach Wegen gesucht werden, den Beitrag zu senken. Wer sparen möchte, sollte daher den Wechsel von einem Tarif ohne Selbstbehalt in einen Tarif mit Selbstbehalt prüfen. Und wer schon einen Selbstbehalt vereinbart hat, sollte überlegen, ob er diesen erhöhen kann. Um die Prämie zu senken, können Sie Abstriche bei den Leistungen der Versicherung hinnehmen und in einen günstigeren Tarif wechseln. Schließlich kommt noch der Wechsel in einen Sozialtarif (Standard- oder Basistarif) in Betracht.

→ Seite 192

## Wann sollte ich die Erbfolge durch ein Testament regeln?

Jeder Mensch kann aufgrund seiner gesetzlich verankerten Testierfreiheit selbst entscheiden, an wen sein Vermögen im Falle seines Todes übergehen soll. Nur wenn die vererbende Person kein Testament oder keinen Erbvertrag errichtet hat, bestimmt das Gesetz, wer nach deren Tod die Erben sind. Die gesetzliche Erbfolge birgt aber so manche Überraschung und nicht selten wird das Vermögen dann nicht so weitergegeben, wie es sich der Erblasser vorgestellt hätte. Um Ihr Erbe in die richtigen Bahnen zu lenken, sollten Sie sich deshalb mit den Grundzügen der gesetzlichen Erbfolge vertraut machen. Entspricht diese nicht Ihren persönlichen und familiären Verhältnissen, Vorstellungen oder Wünschen, müssen Sie Ihre individuelle Nachlassplanung durch ein Testament oder einen Erbvertrag regeln.

→ Seite 221

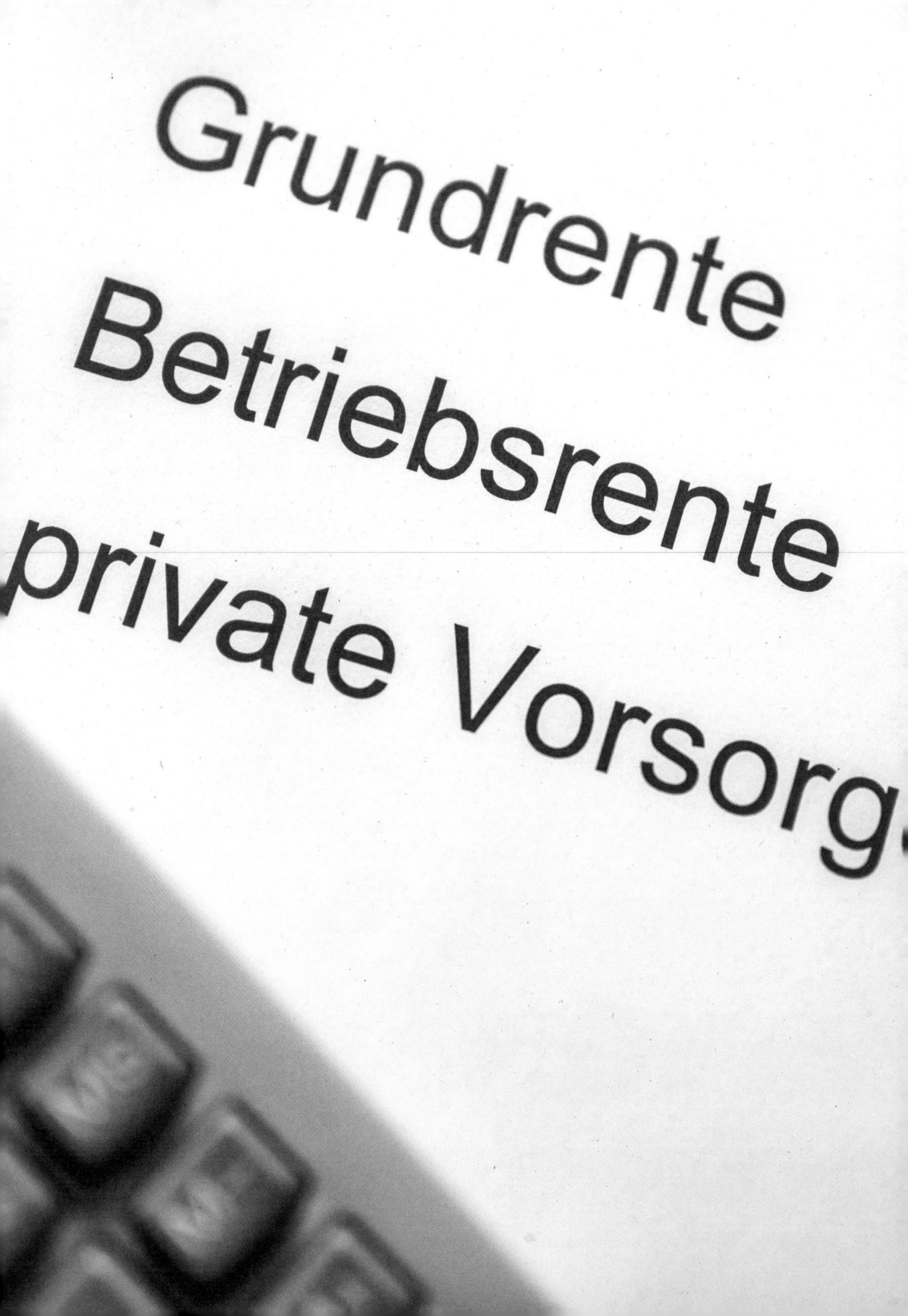
Grundrente
Betriebsrente
private Vorsorg

# Gesetzliche Rente: Rentenarten und Voraussetzungen

Die einen fiebern darauf hin, die anderen sehen dem neuen Lebensabschnitt eher skeptisch entgegen. So unterschiedlich die Gemütslage, so eindeutig die Aussicht: Am Thema Rente kommt niemand vorbei. Wann kann oder muss ich überhaupt in den Ruhestand gehen? Welche Voraussetzungen sind zu erfüllen? Gibt es Einbußen bei einer Frührente? Wichtige Fragen, die rechtzeitig geklärt werden müssen, um die Planungen für den Abschied aus dem Berufsleben zielgerichtet anzugehen.

Wenn es auf den 60. Geburtstag zugeht, ist die Rente für die meisten Menschen in Sicht. Wann? Wie? Und wie viel? – darum ranken sich dann natürlich die Gedanken. Denn in diesem neuen Lebensjahrzehnt wird sich nicht nur der Alltag verändern, sondern auch die finanzielle Situation. Für viele ist nämlich die gesetzliche Rente künftig die wichtigste Einnahmequelle. Daher ist es ratsam, sich zunächst über die Eckdaten fürs nahende Rentnerdasein klar zu werden.

Zunächst lässt sich mit einem Online-Tool der Deutschen Rentenversicherung der mögliche eigene Rentenbeginn bei den verschiedenen Altersrenten mit ein paar persönlichen Angaben einfach ermitteln.

### Ihre eingegebenen Daten

eingegebenes Geburtsdatum: **28.05.1965**

Im Bergbau beschäftigt: **nein**

Schwerbehindert: **nein**

**frühestmöglicher Rentenbeginn bei vorzeitiger Inanspruchnahme:**

| | Rentenart | Vertrauensschutz | Rentenbeginn | Abschlag in Prozent der monatlichen Rente |
|---|---|---|---|---|
| ● | Altersrente für langjährig Versicherte | entfällt | 01.06.2028 | 14.4 |

**regulärer Rentenbeginn:**

| | Rentenart | Vertrauensschutz | Rentenbeginn |
|---|---|---|---|
| ● | Altersrente für besonders langjährig Versicherte | entfällt | 01.06.2030 |
| ● | Altersrente für langjährig Versicherte | entfällt | 01.06.2032 |
| ○ | Regelaltersrente bei Erreichen der Regelaltersgrenze | entfällt | 01.06.2032 |

## Altersgrenzen und Wartezeit als A und O

Wer älter als 27 Jahre ist, erhält von der Deutschen Rentenversicherung jedes Jahr per Post eine Renteninformation (→ Seite 36) mit einer Aufstellung, in welcher die bisher in die Rentenversicherung eingezahlten Beiträge und die damit erworbenen Rentenanwartschaften aufgeführt sind. Dort ist auch schwarz auf weiß der Zeitpunkt zu lesen, den der Gesetzgeber „im Normalfall" für den Start Ihrer Regelaltersrente vorgesehen hat: Hier werden Monat und Jahr angegeben, in dem Sie die Regelaltersgrenze erreichen und der Abschied aus dem Berufsleben ansteht. Für Geburtsjahrgänge ab 1964 liegt die Regelaltersgrenze zum Beispiel bei 67 Jahren – sie können dann im Jahr 2031 erstmals diese Rente beziehen. Ihre Regelaltersgrenze ist auch deshalb wichtig, weil sie Bezugsgröße ist, wenn Sie früher in Rente gehen wollen.

Für die Planung Ihrer Rentenzeit gilt daher: Wer eine Altersrente beziehen will – ob zum „regulären" Termin oder früher –, muss eine bestimmte Altersgrenze erreicht haben.

Welche das im Einzelfall ist, hängt zum einen vom Geburtsjahr, zum anderen von der Art der Altersrente ab, die ins Auge gefasst wird.

**→ TIPP**

Beim Rentenbeginn- und Rentenhöhenrechner der Deutschen Rentenversicherung sind es nur vier Schritte, um den Zeitpunkt sowie die voraussichtliche Höhe der Rentenzahlungen – mit oder ohne Abschläge – zu ermitteln.

In der gesetzlichen Rentenversicherung gibt es unterschiedliche Varianten von Altersrenten, die insbesondere den beruflichen Lebensweg der oder des Versicherten berücksichtigen. Das sind die

- die Regelaltersrente,
- die Altersrente für besonders langjährig Versicherte,
- die Altersrente für langjährig Versicherte und
- die Altersrente für schwerbehinderte Menschen.

Neben dem Lebensalter sind die sogenannten Mindestversicherungszeiten (Wartezeiten) eine wichtige Voraussetzung, um eine dieser Leistungen zu beziehen.

**WICHTIG**

Einen Rentenantrag kann nur stellen, wer der gesetzlichen Rentenversicherung eine gewisse Zeit angehört hat. Das heißt, es muss eine sogenannte Wartezeit erfüllt sein, um Leistungen erhalten. Hierfür gilt: Es müssen mindestens fünf Versicherungsjahre (60 Beitragsmonate) nachgewiesen werden.

Die Altersrenten unterscheiden sich auch dadurch, welche Beitragszeiten jeweils angerechnet werden. Relevant sind zum einen Phasen, in denen entweder Beiträge in die Rentenversicherung gezahlt wurden – etwa durch eigene Zahlungen, durch Zahlungen des Arbeitgebers oder von staatlichen Stellen –, oder zum anderen Zeiten, in denen zwar keine Beiträge geflossen sind, die aber dennoch für die Rente zählen können.

**Entwicklung des durchschnittlichen Renteneintrittsalters in Deutschland in den Jahren von 1960 bis 2023**

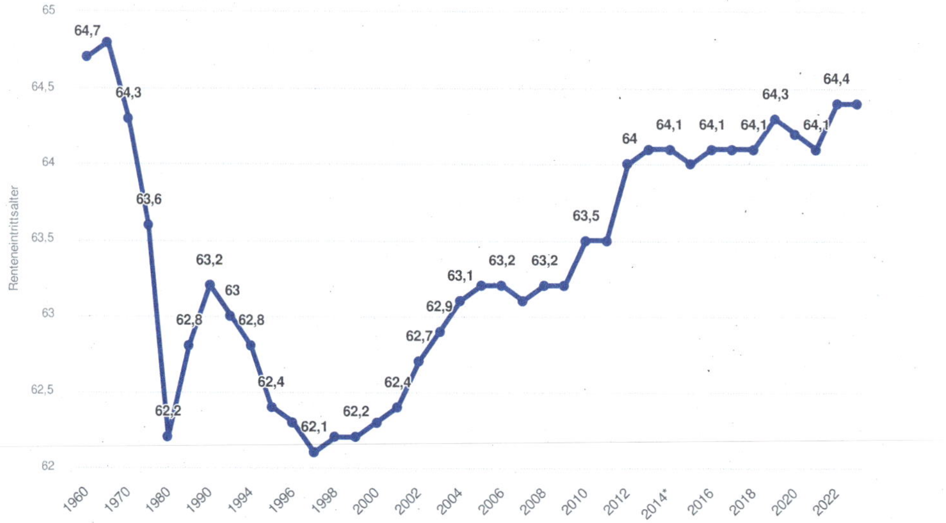


Im Jahr 2023 lag das durchschnittliche Renteneintrittsalter in Deutschland bei etwa 64,4 Jahren. Damit arbeiten die Deutschen derzeit knapp zwei Jahre länger als vor zwanzig Jahren.

**→ TIPP**

Versicherte ab 55 Jahren erhalten automatisch alle drei Jahre von der Deutschen Rentenversicherung per Post eine ausführliche Rentenauskunft (→ Seite 32). Dort ist nachzulesen, ob die Voraussetzungen für die unterschiedlichen Rentenarten erfüllt werden. Auch zu welchen Terminen die jeweilige Rente zu beziehen und ob möglicherweise mit Abschlägen zu rechnen ist, kann der Rentenauskunft entnommen werden. Mit dem Onlinerechner der Deutschen Rentenversicherung kann das aber auch selbst ermittelt werden. **deutsche-rentenversicherung.de**

## Altersgrenze: Kein K. o. für Weiterarbeit

Auch wenn es Begriffe wie Regelaltersgrenze und Regelaltersrente vielleicht nahelegen: Niemand muss aufhören zu arbeiten, nur weil das Rentenalter erreicht ist. Weiterarbeiten geht (fast) immer. Entweder, indem der Renteneintritt nach hinten verschoben wird. Das ist einfach, denn wer keinen Rentenantrag stellt, bekommt auch keine Leistung. Details dazu und ob sich das lohnt, erläutern wir ab → Seite 61.

Auch ist es möglich, Rente zu beziehen und daneben weiterzuarbeiten. Hier gibt es verschiedene Modelle, deren Vor- und Nachteile wir ab → Seite 61 vorstellen. Beim Hinzuverdienst gibt es in der Regel keine Grenze mehr.

## Regelaltersrente

Regelaltersrente ist die „normale" Rente aus der gesetzlichen Rentenversicherung, auf die fast alle, die gearbeitet oder Kinder erzogen haben, Anspruch haben. Diese erhalten Versicherte, wenn sie die Regelaltersgrenze erreicht haben. Dabei galt früher die Regel: Mit 65 Jahren ist Schluss mit der Arbeit. Seit 2012 wurde das Eintrittsalter für die Regelaltersrente jedoch stufenweise angehoben. Für die Jahrgänge bis 1958 erfolgte die Anhebung in Schritten von einem Monat, für Versicherte der Jahrgänge 1959 bis 1963 in zweimonatigen Schritten. Für 1964 und später geborene Versicherte liegt die Regelaltersgrenze beim 67. Lebensjahr. Die Festlegung dieser Altersgrenze je Geburtenjahrgang ist die Basis, nach der die weiteren Altersrenten geregelt werden, vor allem die für besonders langjährig Versicherte beziehungsweise langjährig Versicherte.

**Stufenweise Anhebung der Regelaltersgrenze auf 67 Jahre**

| VERSICHERTE DES GEBURTSJAHRES | ANHEBUNG UM MONATE | RENTENBEGINN MIT JAHREN UND MONATEN |
|---|---|---|
| 1959 | 14 | 66 und 2 |
| 1960 | 16 | 66 und 4 |
| 1961 | 18 | 66 und 6 |
| 1962 | 20 | 66 und 8 |
| 1963 | 22 | 66 und 10 |
| ab 1964 | 24 | 67 |

GUT ZU WISSEN

### Rentenbeginn

Der erste Tag des Monats, der auf das Erreichen der jeweiligen Regelaltersgrenze des Geburtsjahrgangs folgt, ist der erste des „Rentnerdaseins“. Wer am Ersten eines Monats Geburtstag feiert, geht dann gleich auch an diesem Tag in Rente und muss sich nicht bis zum Folgemonat gedulden.

Bei der Ermittlung, ob die notwendigen 60 Beitragsmonate für die Zahlung der Regelaltersrente erfüllt sind, zählen auch Kindererziehungszeiten, Zeiten aus einem Versorgungsausgleich, einem Rentensplitting, aus Minijobs und Zeiten mit freiwilligen Beiträgen mit.

Die Regelaltersrente wird nicht vorzeitig – auch nicht mit Abschlägen – ausgezahlt.

WICHTIG

### Selbstständige sollten rechnen

Auch Selbstständige, die aktuell nicht in die Rentenversicherung einzahlen, können Anspruch auf Rentenzahlung haben. Und zwar dann, wenn sie in früheren Jahren eingezahlt und/oder durch Kindererziehungszeiten Beitragsmonate gesammelt haben. Es empfiehlt sich rechtzeitig zu prüfen, ob so die notwendige Mindestversicherungszeit von fünf Jahren erfüllt ist. Gegebenenfalls lohnt sich auch eine freiwillige Nachzahlung, damit die Einzahlungen nicht verschenkt sind.

## Altersrente für besonders langjährig Versicherte

Die Altersrente für besonders langjährig Versicherte gibt es für all jene, die mindestens 45 Jahre Versicherungszeit zurückgelegt und ein bestimmtes Mindestalter erreicht haben. Sie ist so etwas wie eine Belohnung dafür, dass sie besonders lange in die Rentenkasse eingezahlt haben. Diese „abschlagsfreie Rente“ wurde früher ab einem Alter von 63 Jahren gezahlt („Rente mit 63“), doch analog zur Regelaltersgrenze wurde auch hier das

Eintrittsalter schrittweise angehoben. Für im Jahr 1960 Geborene auf 64 und 4 Monate, sodass sie zwischen Mai 2024 und Mai 2025 in Rente gehen konnten. Für den Geburtsjahrgang 1964 ist nach 45 Jahren Versicherungszeit dann eine abschlagsfreie Rente zwischen Januar 2029 und Januar 2030 in Aussicht.

**GUT ZU WISSEN**

Das Mindestalter für die abschlagsfreie Rente für besonders langjährig Versicherte liegt immer zwei Jahre vor dem Alter für die Regelrente: Für Geburtsjahrgänge ab 1965 ab dem Jahr 2030 dann immer nach dem 65. Geburtstag.

Bei den Versicherungszeiten werden bei der Rente für besonders langjährig Versicherte unter anderem berücksichtigt:

- → Pflichtbeiträge für eine versicherte Beschäftigung,
- → Pflichtbeiträge für Kindererziehung, für nicht erwerbsmäßige Pflege sowie für Wehr- und Zivildienstpflicht,
- → Berücksichtigungszeiten für die Erziehung eines Kindes bis zum zehnten Geburtstag,
- → Zeiten des Bezugs von Übergangsgeld, Leistungen bei Krankheit (vor allem Kranken- oder Verletztengeld) oder Entgeltersatzleistungen der Arbeitsförderung (zum Beispiel Arbeitslosengeld), die gleichzeitig Pflichtbeitrags- oder Anrechnungszeiten sind,
- → freiwillige Beiträge, wenn insgesamt 18 Jahre Pflichtbeiträge gezahlt wurden.

Wurden in den letzten zwei Jahren vor Rentenbeginn Leistungen zur Arbeitsförderung gewährt, werden diese Versicherungszeiten nur berücksichtigt, wenn die jeweiligen Förderungen aufgrund einer Insolvenz des Arbeitgebers – oder weil dieser seine Geschäftstätigkeit vollständig aufgegeben hat – bewilligt wurden.

Auf die 45 Jahre nicht angerechnet werden Zeiten, in denen Arbeitslosengeld II oder Bürgergeld bezogen wurde, sowie Zeiten aus einem Versorgungsausgleich oder Rentensplitting. Auch Schul- und Hochschulzeiten zählen nicht mit. Kurzum: Die Voraussetzungen für die Rente für besonders langjährig Versicherte sind also sehr hoch. Diese Leistung kann erst in Anspruch genommen werden, wenn die erforderliche Wartezeit erfüllt ist – auch wenn das Mindestalter vielleicht bereits vorher erreicht wurde. Voraussetzung ist, dass sowohl Mindestversicherungszeit als auch Mindestalter erreicht sind.

GUT ZU WISSEN

Wer die 45 Jahre Versicherungszeit schon angesammelt hat, bevor das für den jeweiligen Jahrgang geltende Mindestalter erreicht ist, kann die abschlagsfreie Frührente für besonders langjährig Versicherte noch nicht in Anspruch nehmen.

Die Altersrente für besonders langjährig Versicherte kann nicht vorzeitig in Anspruch genommen werden – auch nicht mit Abschlägen.

## Altersrente für langjährig Versicherte

Wer 35 Jahre an anrechenbaren Zeiten in der Rentenversicherung zusammenbekommt, kann sich für die Altersrente für langjährig Versicherte entscheiden. „Frührente mit 63" wurde und wird das landläufig genannt. Den Zeitpunkt des Rentenbeginns können Versicherte selbst festlegen – vorausgesetzt, sie haben das 63. Lebensjahr vollendet und mindestens 35 Versicherungsjahre angesammelt.

Der vorgezogene Ruhestand ist allerdings nicht umsonst zu haben: Wer früher als nach der jeweiligen Regelaltersgrenze vorgesehen aus dem Beruf aussteigen will, muss Abschläge hinnehmen. Diese können, abhängig vom Geburtsjahr, bis zu 14,4 Prozent betragen. Für diejenigen, die 1964 oder später geboren sind, liegt das Renteneintrittsalter auch nach 35 Beitragsjahren bei 67 Jahren.

BEISPIEL

Sabine Kurz ist am 2. Mai 1965 geboren. Sie könnte im Juni 2032 (mit 67 Jahren) regulär in Rente gehen. Ab Juni 2030 (mit 65 Jahren) könnte sie eine Altersrente für besonders langjährig Versicherte beziehen (vorausgesetzt, sie hat 45 Versicherungsjahre gesammelt). Ab Juni 2028 (mit 63 Jahren) wäre ihr frühester Rentenbeginn mit Abschlägen, für jeden Monat bis zum Jahr 2032 werden 0,3 Prozent abgezogen. Insgesamt 14,4 Prozent von der Regelaltersrente, die mit 67 Jahren gezahlt worden wäre. Die Abschläge gelten für den gesamten Rentenbezug.

Bei der Rente für langjährig Versicherte werden für die Mindestversicherungszeit von 35 Jahren neben den eigenen Beiträgen der Versicherten und Zeiten mit freiwilligen Beiträgen auch Berücksichtigungszeiten aus einem Versorgungsausgleich, einem Rentensplitting unter Ehegatten, mitgezählt. Ebenso Zeiten aus Minijobs, diese allerdings nur anteilig, wenn die Beiträge vom Beschäftigten nicht selbst aufgestockt wurden. Anders als bei der Rente für besonders langjährig Versicherte werden hier auch Anrechnungszeiten mitgerechnet. Anrechnungszeiten sind Zeiten, in denen der Versicherte aus persönlichen Gründen keine Rentenversicherungsbeiträge bezahlen kann, etwa wegen Krankheit, Schwangerschaft oder Arbeitslosigkeit. Zudem zählen Monate aus der Schulausbildung ab dem 17. Geburtstag und dem Studium. Allerdings begrenzt auf einen Zeitraum von insgesamt acht Jahren.

## Altersrente für schwerbehinderte Menschen

Eine Altersrente für schwerbehinderte Menschen erhalten Versicherte, die schwerbehindert sind und die Mindestversicherungszeit von 35 Jahren erfüllt haben. Schwerbehindert sind alle Personen mit einem Grad der Behinderung (GdB) von mindestens 50 (höchstmöglicher GdB = 100). Die Schwerbehinderung muss durch einen Schwerbehindertenausweis oder -bescheid nachgewiesen werden. Die Altersgrenze für die Altersrente für schwerbehinderte Menschen liegt ab dem Geburtsjahrgang 1964 bei 65 Jahren.

Bei der Mindestversicherungszeit werden alle Monate mit rentenrechtlichen Zeiten angerechnet. Diese umfassen sogenannte Beitragszeiten, beitragsfreie Zeiten und Berücksichtigungszeiten. Beitragszeiten sind Monate, in denen Versicherte in die Rentenversicherung einzahlen. Zu den beitragsfreien Zeiten zählen unter anderem Anrechnungszeiten (zum Beispiel Krankheit, Arbeitslosigkeit, Schulbildung, jeweils unter bestimmten Voraussetzungen). Eine Berücksichtigungszeit ist die Zeit der Erziehung eines Kindes bis zu dessen vollendetem zehnten Lebensjahr.

### Exkurs: Erwerbsminderungsrente

Die gesetzliche Rentenversicherung zahlt nicht nur Altersrenten, sondern bietet auch Leistungen für den Fall, dass eine versicherte Person aufgrund ihres Gesundheitszustands keine Vollzeitbeschäftigung mehr ausüben und daher den eigenen Lebensunterhalt nicht sichern kann. Abhängig vom Grad der Einschränkung der Erwerbsfähigkeit unterscheidet das Gesetz zwischen der Rente wegen voller und teilweiser Erwerbsminderung.

Für die Erwerbsminderungsrenten ist von Bedeutung, in welchem zeitlichen Umfang der Versicherte noch einer Beschäftigung auf dem allgemeinen Arbeitsmarkt nachgehen kann. Von diesem Leistungsvermögen hängt es ab, ob eine Rente wegen voller oder teilweiser Erwerbsminderung in Betracht kommt.

Ein Arzt des Rentenversicherungsträgers stellt fest, wie viele Stunden am Tag der Versicherte mit seiner Krankheit oder Behinderung noch arbeiten kann. Bei der Beurteilung der Leistungsfähigkeit wird von einem üblichen Arbeitsverhältnis im Rahmen einer Fünf-Tage-Woche ausgegangen. Geprüft wird jedoch nicht nur, in welchem Umfang der bisherige Beruf, sondern auch andere Tätigkeiten, die auf dem Arbeitsmarkt angeboten werden, ausgeübt werden können.

**Rente wegen voller Erwerbsminderung:**
Eine volle Erwerbsminderung liegt vor, wenn der Versicherte wegen Krankheit oder Behinderung auf nicht absehbare Zeit unter den üblichen Bedingungen des allgemeinen Arbeitsmarktes nur noch weniger als drei Stunden täglich erwerbsmäßig tätig sein kann. Voll erwerbsgemindert sind grundsätzlich auch Personen, die in einer anerkannten Werkstatt für behinderte Menschen oder in einer anderen beschützenden Einrichtung beschäftigt sind und wegen der Art und Schwere ihrer Behinderung nicht auf dem allgemeinen Arbeitsmarkt tätig sein können. Auch wer arbeitslos ist und aus gesundheitlichen Gründen nur noch eine Teilzeitarbeit von mindestens drei Stunden, aber weniger als sechs Stunden täglich ausüben kann, gilt als voll erwerbsgemindert.

**Rente wegen teilweiser Erwerbsminderung:**
Wer nur noch eingeschränkt arbeitsfähig ist, kann eine Rente wegen teilweiser Erwerbsminderung erhalten. Eine teilweise Erwerbsminderung liegt vor, wenn der Versicherte wegen Krankheit oder Behinderung auf nicht absehbare Zeit außerstande ist, unter den üblichen Bedingungen des allgemeinen Arbeitsmarktes täglich noch mindestens sechs Stunden zu arbeiten. Die Rente bei teilweiser Erwerbsminderung ist halb so hoch wie die Rente bei voller Erwerbsminderung.

Neben medizinischen Voraussetzungen sind bei der Rente wegen Erwerbsminderung weitere versicherungsrechtliche Bedingungen zu erfüllen, insbesondere die sogenannte allgemeine Wartezeit von fünf Jahren. Zur Wartezeit zählen etwa Pflichtbeitragszeiten, Zeiten der Kindererziehung, der Pflege von Pflegebedürftigen sowie Zeiten, in denen Arbeitslosen- oder Krankengeld bezogen wurde. Die fünfjährige Wartezeit kann auch vorzeitig erfüllt sein; so etwa, wenn die Erwerbsminderung durch einen Arbeitsunfall oder eine Berufskrankheit verursacht wurde.

Eine besondere versicherungsrechtliche Voraussetzung bei der Erwerbsminderungsrente ist, dass der oder die Versicherte in den letzten fünf Jahren vor Beginn der Erwerbsminderung mindestens drei Jahre Pflichtbeiträge in die gesetzliche Rentenversicherung eingezahlt hat. Aber auch von dieser Regel gibt es Ausnahmen, beispielsweise zugunsten von Menschen mit Behinderung.

HINTERGRUND

## Witwen-/Witwerrente

Wer ans finanzielle Auskommen im Alter denkt, überlegt häufig auch, wie der Ehepartner oder die -partnerin im Todesfall abgesichert ist. Sie können Anspruch auf Witwen- oder Witwerrente haben. Wobei eigenes Einkommen hier immer angerechnet wird. Zwar gibt es einen Freibetrag (Stand Juli 2025: 1.076,86 Euro monatlich), doch wenn das Nettoeinkommen darüber liegt, werden von dem übersteigenden Teil 40 Prozent auf die Hinterbliebenenrente angerechnet. Witwen-/Witwerrente kann grundsätzlich nur bekommen, wer bis zum Tod des Partners oder der Partnerin mit ihm oder ihr verheiratet war. Bei ab dem 1. Januar 2002 geschlossenen Ehen wird eine Witwen-/Witwerrente nur noch gezahlt, wenn diese mindestens ein Jahr bestanden hat. Unter Umständen besteht auch bei kürzerer Ehedauer ein Rentenanspruch, so etwa, wenn der Ehepartner bei einem Unfall stirbt.

Um Witwen-/Witwerrente zu erhalten, muss der verstorbene Partner die allgemeine Wartezeit von fünf Jahren (Mindestversicherungszeit) erfüllt und der oder die Längerlebende nicht wieder geheiratet haben. Für die Wartezeit zählen Beitragszeiten (Pflichtbeiträge und freiwillige Beiträge), Ersatzzeiten sowie Zeiten, die durch einen Versorgungsausgleich, ein Rentensplitting oder durch eine geringfügige Beschäftigung erworben wurden. Im Übrigen ist zwischen der kleinen und der großen Witwen-/Witwerrente zu unterscheiden.

- **Große Witwen-/Witwerrente:** Zusätzlich zu den oben genannten Voraussetzungen muss mindestens eine der folgenden Bedingungen erfüllt sein: Die Witwe oder der Witwer muss mindestens 46 Jahre und 4 Monate (Stand 2025) alt oder erwerbsgemindert sein oder ein eigenes Kind oder ein Kind des oder der Verstorbenen erziehen, das noch keine 18 Jahre alt ist (diese Altersgrenze steigt bis zum Jahr 2029 auf das vollendete 47. Lebensjahr an).

- **Kleine Witwen-/Witwerrente:** Wer zum Todeszeitpunkt des Partners oder der Partnerin jünger als 46 Jahre und 4 Monate (Stand 2025) und weder erwerbsgemindert ist noch ein Kind erzieht, bekommt die kleine Witwen-/Witwerrente.

Maßgebend für die Höhe der Witwen-/Witwerrente ist die Rente, auf die der oder die verstorbene Versicherte zum Todeszeitpunkt Anspruch gehabt hätte oder gehabt hat. Die kleine Witwen-/Witwerrente beträgt 25 Prozent dieser Rente, die große Witwen-/Witwerrente 55 Prozent. Die Zahlung der kleinen Witwen-/Witwerrente ist auf 24 Monate begrenzt. Haben Sie vor 2002 geheiratet und ist ein Ehe- oder Lebenspartner oder eine -partnerin vor dem 2. Januar 1962 geboren, gelten für Sie noch die Regelungen des „alten Hinterbliebenenrechts". Ihre große Witwen- oder Witwerrente beträgt dann 60 statt 55 Prozent einer Rente wegen voller Erwerbsminderung oder der Altersrente, die Ihr Ehe- oder Lebenspartner oder Ihre Ehe- oder Lebenspartnerin zum Zeitpunkt des Todes bezogen hat oder hätte. Die kleine Witwen-/Witwerrente wird nach dem alten Hinterbliebenenrecht zeitlich unbegrenzt gezahlt. Ist der Ehepartner oder die -partnerin vor dem 65. Lebensjahr verstorben, wird sowohl die kleine als auch die große Witwen-/Witwerrente um einen Abschlag gemindert.

## Grundrente: Zuschlag mit Bedingungen

Die Grundrente ist keine eigene Rentenart, sondern ein Zuschlag zur gesetzlichen Rente. Diesen gibt es auf Altersrenten, auf Renten wegen Erwerbsminderung sowie auf Renten für Hinterbliebene und auf Erziehungsrenten. Die Idee hinter der Grundrente ist, dass Menschen, die zwar lange gearbeitet, aber dennoch nur eine niedrige Rente beziehen, im Alter mehr Geld zur Verfügung haben sollen als diejenigen, die auf Grundsicherung angewiesen sind (→ Seite 43).

GUT ZU WISSEN

### Automatische Auszahlung

Die Rentenversicherung überprüft bei allen Rentnerinnen und Rentnern, ob sie die entsprechenden Voraussetzungen für den Rentenzuschlag erfüllen. Ein Antrag muss nicht gestellt werden.

Um die volle Grundrente zu erhalten, muss der oder die Versicherte mindestens 35 Jahre sogenannte Grundrentenzeiten vorweisen können. Hierzu zählen unter anderem:

- → Pflichtbeitragszeiten aus einer Beschäftigung,
- → Beitragszeiten mit Pflichtbeiträgen für Kindererziehung (bis zu 36 Monate für Kinder, die ab dem 1. Januar 1992 geboren wurden; bis zu 30 Monate für vor 1992 geborene Kinder),
- → Berücksichtigungszeiten wegen Kindererziehung bis zum zehnten Lebensjahr des Kindes,
- → Beitragszeiten mit Pflichtbeiträgen für die Pflege von Angehörigen,
- → Zeiten mit Leistungen bei Krankheit oder Rehabilitation (Krankengeld, Übergangsgeld),
- → Pflichtbeitragszeiten für Kindererziehung und nicht erwerbsmäßige Pflegetätigkeit,
- → Beitragszeiten aufgrund einer rentenversicherungspflichtigen geringfügigen Beschäftigung (Minijob) mit eigener Beitragszahlung.

**! ACHTUNG**

Bei den Grundrentenzeiten werden Zeiträume, in denen Arbeitslosengeld, Arbeitslosengeld II oder Bürgergeld bezogen wurde, nicht berücksichtigt. Auch Beitragszeiten nach dem Beginn der Altersrente, Zeiten freiwilliger Beitragszahlung und Zeiten einer geringfügigen Beschäftigung, in denen keine eigenen Beiträge gezahlt wurden, zählen nicht dazu.
Wer keine 35 Jahre, aber mindestens 33 Jahre Grundrentenzeit vorweisen kann, erhält die Grundrente nicht in voller Höhe, sondern als gestaffelten Rentenzuschlag.

Die Berechnung der Grundrente ist ein recht kompliziertes Verfahren. Vereinfacht gesagt werden die Entgeltpunkte (→ Seite 45), die der oder die Versicherte während des Berufslebens im Rentensystem gesammelt hat, durch die Grundrente aufgewertet. Dabei werden allerdings nur Entgeltpunkte aus Zeiten berücksichtigt, in denen der oder die Versicherte mindestens 30 Prozent des Durchschnittsentgelts aller Versicherten erzielt und entsprechende Beiträge gezahlt hat. Für die weitere Berechnung der Grundrente wird dann ein Durchschnittswert aus den bisher vom Versicherten in den zu berücksichtigenden Zeiten erworbenen Entgeltpunkten ermittelt. Dieser Durchschnittswert muss zwischen 0,3 und 0,8 Entgeltpunkten liegen. Anschließend wird der Durchschnittswert verdoppelt. Im Anschluss wird der Zuschlag um 12,5 Prozent gekürzt. Der Wert der Entgeltpunkte wird auf alle sogenannten Grundrentenjahre hochgerechnet und mit dem jeweiligen aktuellen Rentenwert multipliziert.

**BEISPIEL**

Martin Schuler, geboren am 1. Mai 1959, hat für die Zeit ab Juli 1988 bis Juni 2025 insgesamt 37 Jahre Rentenversicherungsbeiträge gezahlt und jeweils 30 Prozent des Durchschnittslohns in Deutschland verdient. Er hat ab 1. Juli 2025 seine Regelaltersrente in Anspruch genommen. Aufgrund einer besonderen Bewertung seiner vor 1992 gezahlten Beiträge erhält er daraus eine Regelaltersrente in Höhe von 474,18 Euro. Daraus resultiert ein Grundrentenzuschlag in Höhe von 392,32 Euro. Ohne Einkommensanrechnung beträgt seine Regelaltersrente 866,50 Euro.

Wenn das Einkommen des Versicherten eine bestimmte Grenze überschreitet, wird es auf den Grundrentenzuschlag angerechnet. Dann wird der Zuschlag gar nicht oder nicht in voller Höhe gezahlt. Aktuell (2025) gelten folgende Freibeträge:

- → Monatliches Einkommen wird bei Alleinstehenden bis zu einer Höhe von 1.492 Euro (bei Paaren und Lebenspartnerschaften sind es 2.327 Euro) nicht angerechnet. Liegt das Einkommen unter dieser Grenze, wird der volle Grundrentenzuschlag gezahlt.
- → Einkommen über 1.492 Euro bis zu 1.909 Euro im Monat (bei Paaren: 2.327 bis 2.744 Euro) wird zu 60 Prozent auf den Zuschlag angerechnet.
- → Ist das Einkommen eines Alleinstehenden höher 1.909 Euro im Monat (Paare: 2.744 Euro), wird es zu 100 Prozent angerechnet.

Der Einkommensfreibetrag bezieht sich auf das zu versteuernde Einkommen. Heißt also, dass beispielsweise Renten, Betriebsrenten, Gehalt oder Mieteinkünfte mitzählen. Abzüge wie Werbungskosten oder Sonderausgaben reduzieren wiederum das zu versteuernde Einkommen.

GUT ZU WISSEN

**Einkommensfreibetrag**

Einkünfte aus einem pauschal versteuerten Minijob bleiben ebenso unberücksichtigt wie Immobilienvermögen oder Goldbarren. Auch Zinsen und Erträge unterhalb des Sparerfreibetrags von 1.000 Euro für Alleinstehende zählen bei den Einkommensgrenzen für die Grundrente nicht mit.

**Rund 1,3 Millionen Rentenzahlungen werden durch Grundrentenzuschlag aufgestockt.**

**Dies entspricht einer Quote von etwa 4,9 Prozent aller laufend von der Rentenversicherung gezahlten rund 26 Millionen Renten.**

Angaben des Bundesministeriums für Arbeit und Soziales, Januar 2025

Der Grundrentenzuschlag wird auf Basis des Einkommens aus dem vorletzten Kalenderjahr berechnet. Bei einem Rentenbeginn in 2025 wird also das Einkommen im Jahr 2023 zugrunde gelegt. Dadurch kann es passieren, dass Neurentnern der Grundrentenzuschlag nicht ausgezahlt wird, obwohl ihr aktuelles Einkommen unter den entsprechenden Grenzen liegt.

Das Einkommen wird jährlich überprüft. Dadurch können sich jeweils ab Januar eines Jahres Änderungen in der Höhe des Grundrentenzuschlags ergeben. Hierfür meldet das Finanzamt im Herbst das Einkommen des vorletzten Jahres. Sollte dieses noch nicht bekannt sein, wird das Einkommen des vorvorletzten Jahres gemeldet.

Wissenswertes zur Grundrente unter:
**deutsche-rentenversicherung.de**

# Wie hoch wird die Rente sein?

**Neben der Entscheidung für die passende Rentenart und der Prüfung notwendiger Voraussetzungen ist das A und O für die Finanzplanung natürlich, wie hoch die künftige Rente ausfallen wird. Wichtige Daten hierzu liefert die Rentenauskunft, die den persönlichen Versicherungsverlauf dokumentiert. Dieses Kapitel zeigt, wie die Schreiben der Deutschen Rentenversicherung zu lesen sind und wie der Überblick über die eigenen Rentenansprüche gelingt.**

Jedes Jahr informiert die Deutsche Rentenversicherung ihre Versicherten per Post über den aktuellen Stand der Rentenansprüche in „Ihre Renteninformation". Ab 55 Jahren ersetzt die sogenannte Rentenauskunft automatisch alle drei Jahre diesen Brief.

Grundsätzlich gilt: Wie hoch Ihre Rente ausfällt, hängt im Wesentlichen davon ab, wie lange Sie gearbeitet haben und wie viel Sie dabei verdient haben.

Wie lange Sie gearbeitet haben – also welche rentenrelevanten Zeiten bei der Deutschen Rentenversicherung erfasst sind – dokumentiert die Rentenauskunft.

> **!** WICHTIG
>
> **Wie die Rente berechnet wird**
>
> Die gesetzliche Rente ist eine beitragsbezogene Leistung: Je länger und je mehr eingezahlt wurde, desto höher fällt sie aus. Die Einzahlungen werden in Entgeltpunkte umgerechnet. Dabei wird der individuelle Verdienst ins Verhältnis zum durchschnittlichen Einkommen aller Rentenversicherungspflichtigen eines Jahres gesetzt (→ Seite 62). Einen Entgeltpunkt gibt es, wenn der Verdienst genau durchschnittlich ist. Für das halbe Jahreseinkommen gibt es einen halben Punkt. Bei Renteneintritt werden die gesammelten Entgeltpunkte dann umgerechnet: Im Juli 2025 entspricht ein Punkt einer monatlichen Rente von 40,79 Euro.

## Rentenauskunft

Das Herzstück der Rentenauskunft ist Ihr persönlicher Versicherungsverlauf: Dort sind alle Zeiten Ihres gesamten „Versicherungslebens" chronologisch aufgelistet, die von Arbeitgebern, Krankenkassen und sonstigen Stellen an die Deutsche Rentenversicherung in der Regel automatisch gemeldet wurden. Es gibt aber auch Zeiten, die Sie selbst beantragen und durch Belege nachweisen müssen, so beispielsweise Schul- und Studienzeiten, Kindererziehungszeiten oder berufliche Auslandsaufenthalte.

**→ TIPP**

Prüfen Sie unbedingt mindestens ein Jahr vor dem geplanten Rentenbeginn, ob Ihr Versicherungsverlauf alle relevanten Zeiten enthält oder Lücken aufweist. Das gilt insbesondere dann, wenn Sie den Aufforderungen zur Kontenklärung der Deutschen Rentenversicherung bisher nicht nachgekommen sind. Diese hat jeder ab dem 43. Geburtstag automatisch regelmäßig erhalten, um den derzeitigen Stand des Versicherungsverlaufs, wie er dem Rententräger bekannt ist, mit dem tatsächlichen Verlauf abzugleichen und eventuelle Lücken zu schließen.

HINTERGRUND

## Kontenklärung

Versicherte sind gesetzlich verpflichtet, bei der Klärung des Versicherungskontos mitzuwirken und

- den Versicherungsverlauf auf Richtigkeit und Vollständigkeit zu überprüfen,
- alle für die Kontenklärung erheblichen Fakten und Daten anzugeben und
- notwendige Urkunden und sonstige Nachweise beizubringen.

Dies ist auch im eigenen Interesse des oder der Versicherten, denn

- wenn Leistungen beantragt werden (etwa Zahlung einer Rente wegen Erwerbsminderung), sind nach einer Kontenklärung bei der Rentenkasse alle Unterlagen vollständig vorhanden. So kann die Höhe der Rente schnell festgestellt werden.
- je früher mit der Kontenklärung begonnen wird, desto größer sind die Chancen, Nachweise und Bescheinigungen noch zu beschaffen. Wird damit zu lange gewartet, kann unter Umständen nicht mehr auf notwendige Unterlagen zurückgegriffen werden (zum Beispiel, weil die Aufbewahrungsfristen abgelaufen sind).
- nach einer Kontenklärung ist genau ersichtlich, wie viele Entgeltpunkte (→ Seite 45) bereits erreicht wurden. Auf dieser Grundlage kann dann die Rentenberechnung erfolgen und die finanzielle Planung für den Ruhestand angegangen werden.

Bei der Suche nach fehlenden Versicherungszeiten hilft die folgende Checkliste:

CHECKLISTE

## Welche Zeiten zählen

- ☐ **Schule und Studium:** Ein Schulbesuch zählt ab einem Alter von 17 Jahren. Diese Zeiten können etwa mit Zeugnissen nachgewiesen werden. Dadurch erhöhen sich zwar die Rentenansprüche nicht, diese Schulzeiten können aber dazu beitragen, dass Mindestversicherungszeiten erfüllt werden.
- ☐ **Übergang Schule und Studium/Schule und Ausbildung:** Bei der Rente werden für diesen Übergangszeitraum bis zu vier – in Ausnahmefällen auch bis zu fünf – Monate angerechnet. Diese Zeiträume sind durch entsprechende Bescheinigungen oder Abschlusszeugnisse nachzuweisen.
- ☐ **Ausbildungszeiten:** Diese Zeiträume sollten korrekt erfasst und als solche gekennzeichnet sein. Das hat nämlich Auswirkungen auf die Entgeltpunkte, die während der Ausbildung gesammelt werden. Die orientieren sich während der dreijährigen Ausbildung nicht wie im übrigen Berufsleben am Verdienst, sondern zählen zu 75 Prozent des eigenen Durchschnittsgehalts während der Berufstätigkeit.
- ☐ **Kindererziehungszeiten:** Ein Elternteil, häufig die Mutter, erhält für ab 1992 geborene Kinder drei Jahre lang jeweils einen Entgeltpunkt ab dem Monat nach der Geburt. Für Kinder, die vor dem 1. Januar 1992 geboren wurden, gibt es einen Entgeltpunkt für einen Zeitraum von zweieinhalb Jahren. Die Entgeltpunkte werden zusätzlich zu denen aus einer Beschäftigung aufs Rentenkonto gutgeschrieben. Zudem wird der Erziehungsperson die Zeit von der Geburt des ältesten Kindes bis zum vollendeten zehnten Lebensjahr des jüngsten Kindes als Berücksichtigungszeit (→ Seite 23) auf die Versicherungszeit angerechnet. Zu den Einzelheiten gibt es Informationen auf der Webseite der Deutschen Rentenversicherung: **deutsche-rentenversicherung.de**

Außerdem sollte darauf geachtet werden, ob Zeiten von Arbeitslosigkeit oder in denen Angehörige gepflegt wurden, in denen Krankengeld bezogen oder Wehrdienst oder ein freiwilliges soziales Jahr geleistet wurde, im Versicherungsverlauf erfasst sind.

Die Rentenauskunft dokumentiert übrigens nicht nur chronologisch Ihren „Versicherungslebenslauf" bei der Deutschen Rentenversicherung, sondern listet auch dort gemeldete Zeiträume, Bezüge und Status auf. Diese Angaben sollten ebenfalls überprüft werden.

! ACHTUNG

### Scheidung

Auch wenn bei einer Scheidung einem der Ehepartner im Rahmen des Versorgungsausgleichs Entgeltpunkte abgezogen oder hinzugerechnet wurden, muss das im Versicherungsverlauf dokumentiert sein.

Wer feststellt, dass beispielsweise Ausbildungs- oder andere relevante Zeiten im Versicherungsverlauf fehlen, muss gegebenenfalls bei der Rentenversicherung eine Kontoklärung beantragen, damit diese berücksichtigt werden.

→ **TIPP**

Das passende Formular hierfür (Formularnummer V 0 100 Antrag auf Kontenklärung) kann auf der Webseite der Deutschen Rentenversicherung heruntergeladen oder dort auch gleich online ausgefüllt werden.
Auch fürs Nachmelden relevanter Zeiten gibt es Antragsformulare: für Kindererziehungszeiten V 0 800, für Schul- und Ausbildungszeiten V 0410.
**deutsche-rentenversicherung.de**

Fehlende Versicherungszeiten müssen nachgewiesen werden, beispielsweise durch Zeugniskopien, Studienbescheinigungen der Hochschule oder Geburtsurkunden der Kinder.

Wurden alle fehlenden Zeiten nachgetragen, schickt die Rentenversicherung einen sogenannten Feststellungsbescheid. Obwohl dieser verbindlich ist, können fehlerhaft gespeicherte Zeiten aber trotzdem jederzeit überprüft und korrigiert werden.

**GUT ZU WISSEN**

Auch wenn Sie Ihren Rentenbescheid bereits erhalten haben, dürfen Sie Ihren Versicherungsverlauf noch korrigieren, wenn Sie dadurch mehr Entgeltpunkte sammeln oder Wartezeiten erfüllt werden. Der Hinweis auf notwendige Korrekturen kann formlos erfolgen. Sollten daraus Nachzahlungen resultieren, werden diese vom Antragsjahr rückwirkend vier Jahre lang gezahlt.

Darüber hinaus enthält die Rentenauskunft weitere Informationen, beispielsweise wie die persönlichen Entgeltpunkte ermittelt wurden, Angaben, wie hoch die zu erwartende Rente sein wird oder mit welchen Abschlägen zu rechnen ist, wenn die Rente vor Erreichen der Regelaltersgrenze in Anspruch genommen wird. Zahlen und Fakten, die Sie ja auch in der jährlich aktualisierten Renteninformation finden.

## Renteninformation richtig lesen

Wer den Rentenbeginn planen und die zu erwartende Rente berechnen will, sollte seine aktuelle Renteninformation zur Hand nehmen. Dort können folgende Angaben nachgelesen werden:

- → wann der oder die Versicherte ohne Abschläge in Altersrente gehen kann,
- → wie hoch die Altersrente ausfallen könnte, wenn bis zum Rentenbeginn Beiträge wie durchschnittlich in den vergangenen fünf Jahren eingezahlt würden,
- → in welcher Höhe aktuell Anspruch auf eine Rente wegen voller Erwerbsminderung besteht,
- → den Hinweis, dass es sich bei den angegebenen Rentenwerten um Bruttorenten handelt,
- → die Berechnung von möglichen Rentenanpassungen,
- → den Hinweis auf die Bedeutung einer zusätzlichen privaten Altersvorsorge,
- → den Hinweis, dass bei der zu erwartenden Rente der Kaufkraftverlust zu beachten ist,
- → Angaben über die Berechnung des Rentenanspruchs.

Konkret zeigt die **Renteninformation** dem oder der Versicherten dann die persönlichen Eckdaten für die eigene „Rentenplanung“:

**Möglicher Beginn der Altersrente:** Hier werden Jahr und Monat genannt, ab dem die Regelaltersrente gezahlt wird. Der oder die Versicherte erhält sie, wenn die Regelaltersgrenze erreicht und die allgemeine Wartezeit erfüllt ist.

**→ TIPP**

Wer die Regelaltersgrenze erreicht, aber noch keine Rente beantragt, erhöht seinen Rentenanspruch auch ohne weitere Beitragszahlung. Als Ausgleich gibt es einen Zuschlag von 0,5 Prozent für jeden Kalendermonat, wenn die Rente nach Erreichen der Regelaltersgrenze nicht in Anspruch genommen wird. So werden nach einem Jahr immerhin sechs Prozent mehr an Rente erreicht. In der Regel rechnet sich eine Verschiebung des Renteneintritts aber nicht (→ Seite 42).

**Aktuelle Höhe der Regelaltersrente:** Auf Grundlage der bisher erworbenen Anwartschaften und dem geltenden Rentenwert wird die aktuelle Altersrente mitgeteilt, wenn der oder die Versicherte die Regelaltersgrenze erreicht und keine Beiträge mehr in die Rentenkasse leisten würde.

**Prognostizierte künftige Altersrente:** Die Altersrente wird hochgerechnet und eine mögliche künftige Rente angegeben. Allerdings handelt es sich dabei um eine reine Prognose, die nur in seltenen Fällen eintritt. Denn es wird unterstellt, dass bis zum Rentenbeginn Beiträge im Durchschnitt der letzten fünf Kalenderjahre gezahlt werden. Nicht berücksichtigt werden mögliche Rentenanpassungen.

**Aktueller Anspruch auf eine Erwerbsminderungsrente:** Die gesetzliche Rentenversicherung zahlt eine Rente wegen voller Erwerbsminderung (→ Seite 23 erläutert die Voraussetzungen). In der Renteninformation wird angegeben, wie hoch diese Rente wäre, wenn sie aktuell in Anspruch genommen werden müsste.

**Rentenwerte sind Bruttorenten:** Der Hinweis, dass es sich bei den angegebenen Rentenwerten um Bruttorenten handelt, bedeutet für die Finanzplanung: Von diesem Betrag werden noch Kranken- und Pflegeversicherungsbeiträge abgezogen. Gegebenenfalls sind für die Rentenbezüge auch noch Steuern zu zahlen.

**Berücksichtigung von Rentenanpassungen:** Bei der Angabe, wie viel Rente unter den verschiedenen Annahmen zu erwarten ist, sind Rentenanpassungen nicht berücksichtigt. Über eine prozentuale Erhöhung können sich Rentnerinnen und Rentner regelmäßig zum 1. Juli eines jeden Jahres freuen. In die Berechnung der jährlichen Rentenerhöhung fließen Faktoren wie die Entwicklung der Bruttolöhne, die Höhe des Beitragssatzes in der Rentenversicherung und das zahlenmäßige Verhältnis von Beitragszahlenden zu Rentnerinnen und Rentnern ein.

Beispielhaft zeigt die Renteninformation zwei mögliche Varianten der Rentenanpassung: Zum einen wird eine jährliche Anpassung von einem Prozent, zum anderen eine von zwei Prozent angenommen. Als Grundlage der Rentenanpassung dient die Entwicklung des aktuellen Rentenwerts. Wie sich Anpassungswerte und Entgeltpunkte entwickelt haben, zeigt die Tabelle unten.

**Jährliche Anpassungssätze und Wert eines Entgeltpunkts seit 2020**

| RENTENANPASSUNG ZUM 1. JULI | ANPASSUNG WEST/OST | WERT EINES ENTGELTPUNKTS WEST/OST |
|---|---|---|
| 2020 | 3,45/4,20 Prozent | 34,19/33,23 Euro |
| 2021 | -/0,72 Prozent | 34,19/33,47 Euro |
| 2022 | 5,35/6,12 Prozent | 36,02/35,52 Euro |
| 2023 | 4,39/5,86 Prozent | 37,60/37,60 Euro |
| 2024 | 4,57 Prozent | 39,32 Euro |
| 2025 | 3,74 Prozent | 40,79 Euro |

ACHTUNG

### Abzüge im Auge behalten

Auch bei den beiden in der Renteninformation genannten angepassten Rentenhöhen werden die Beiträge zur Kranken- und Pflegeversicherung sowie die Steuern nicht berücksichtigt. Auch ein Kaufkraftverlust wird nicht eingerechnet.

**Hinweis auf einen zusätzlichen Vorsorgebedarf:** In der Renteninformation wird ausdrücklich auf einen etwaigen zusätzlichen Vorsorgebedarf hingewiesen, weil die Renten im Vergleich zu den Löhnen künftig weniger steigen werden und sich somit die spätere Lücke zwischen Rente und Erwerbseinkommen vergrößert.

HINTERGRUND

## Zurechnungszeit

Bei der Berechnung der Rente wegen voller Erwerbsminderung werden nicht nur die vom Versicherten bereits erreichten Entgeltpunkte berücksichtigt. Vielmehr werden Versicherte durch die sogenannte Zurechnungszeit bei der Rentenberechnung so gestellt, als seien sie vor Eintritt der Erwerbsminderung weiterhin beitragspflichtig beschäftigt gewesen: Bei einem Rentenbeginn ab dem Jahr 2025 wird die Zurechnungszeit bis zu einem Alter von 66 Jahren und 2 Monaten berücksichtigt. Für die Berechnung der Rentenhöhe wird so getan, als wäre bis zum 66. Lebensjahr und 2 Monate weitergearbeitet und Beiträge gezahlt worden. Die Zurechnungszeit wird für spätere Rentenjahrgänge schrittweise auf das 67. Lebensjahr angehoben, ab dem Jahr 2031 wird die Zurechnungszeit einheitlich bis zu diesem Zeitpunkt berücksichtigt.

**Hinweis auf die Berücksichtigung eines Kaufkraftverlustes:** Die in der Renteninformation angegebenen Rentenwerte berücksichtigen den Kaufkraftverlust nicht. Die ermittelten Beträge sind daher nicht mit dem heutigen Einkommen vergleichbar, weil der Anstieg der Lebenshaltungskosten und die damit verbundene Inflation nicht eingerechnet werden. In der Beispielrechnung in der Renteninformation wird der Kaufkraftverlust mit 1,5 Prozent pro Jahr angesetzt.

**Berechnung des Rentenanspruchs:** In der Renteninformation wird über die Grundlagen der Rentenberechnung und insbesondere die Berechnung des Rentenanspruchs informiert. Es wird erklärt, wie die Rente und die Entgeltpunkte (→ Seite 45) ermittelt werden. Es wird auch der aktuelle Rentenwert angegeben (→ Seite 47).

**Rentenbeiträge und Entgeltpunkte:** Im Kasten auf Seite 2 der Renteninformation werden die bisherigen Beiträge des oder der Versicherten aufgelistet, und zwar getrennt nach Beiträgen vom Arbeitgeber, vom Versicherten selbst und von öffentlichen Kassen (zum Beispiel Beiträge der Agentur für Arbeit bei Arbeitslosigkeit). Zudem werden die erworbenen Entgeltpunkte angegeben. Diese Entgeltpunkte multipliziert mit dem aktuellen Rentenwert ergeben dann die bisher erworbene Rente.

Im Jahr 2023 lag die durchschnittlich ausgezahlte Altersrente einer Frau in Deutschland bei etwa 937 Euro im Monat. Männer erhielten mit im Schnitt 1.295 Euro je Monat eine deutlich höhere Rente von der Deutschen Rentenversicherung.

## Digitale Rentenübersicht

Es ist nicht immer leicht, bei den möglichen Ansprüchen aus gesetzlicher, privater und betrieblicher Altersvorsorge den Überblick zu behalten. Dabei hilft ein Online-Portal der Deutschen Rentenversicherung: die Digitale Rentenübersicht. Darin werden die verschiedenen Altersvorsorgeansprüche übersichtlich und zentral gebündelt dargestellt. Bis zum 31. Dezember 2024 mussten sich alle Vorsorgeeinrichtungen an die Digitale Rentenübersicht anbinden. Seit Januar 2025 können Interessierte hier nun einen vollständigen Überblick über ihre gesetzlichen, privaten und betrieblichen Altersvorsorgeansprüche abrufen:
**rentenuebersicht.de**

**→ TIPP**

Unabhängig von den Informationen in der Digitalen Rentenübersicht erhalten die Versicherten weiterhin die bisher von den jeweiligen Vorsorgeeinrichtungen versandten Informationen zu einzelnen Altersvorsorgeansprüchen (etwa die Renteninformation der Deutschen Rentenversicherung).

Die Digitale Rentenübersicht umfasst Anwartschaften aus:

→ Renten aus der gesetzlichen Rentenversicherung,
→ betriebliche Altersversorgung in der Privatwirtschaft (Direktversicherung, Direktzusage, Unterstützungskasse, Pensionskassen und Pensionsfonds),
→ Zusatzversorgung des öffentlichen Dienstes,
→ geförderte private Altersvorsorge (Riester-Renten, Rürup-Renten),
→ private kapitalbildende Lebensversicherungen mit Auszahlungsbeginn ab dem 60. Lebensjahr,
→ Altersvorsorge-Verträge in Form von Fondssparplänen mit Auszahlungsbeginn ab dem 60. Lebensjahr.

Die Nutzung des Online-Portals ist freiwillig und kostenlos. In der Digitalen Rentenübersicht werden die individuellen Daten nur für die Abfrage zusammengeführt und können anschließend freiwillig in einem Nutzerkonto gespeichert werden – andernfalls werden sie gelöscht.

**ACHTUNG**

Steuern und Sozialabgaben werden in der Digitalen Rentenübersicht nicht berücksichtigt. Diese hängen zu stark von der persönlichen Situation ab. In einer detaillierteren Ansicht gibt es jedoch einen Hinweis, ob Steuern oder Sozialabgaben anfallen könnten.

## Wie Sie Ihre Rente erhöhen können

Wenn Sie anhand der Angaben in Ihrer Renteninformation beziehungsweise Rentenauskunft feststellen, dass Ihre Rente im Alter nicht ausreichen wird, um Ihren Lebensstandard (einigermaßen) zu halten, können Sie entweder privat vorsorgen (→ Seite 107), den Rentenbeginn hinausschieben oder Ihre Rentenansprüche in der gesetzlichen Rentenversicherung durch freiwillige Zahlungen erhöhen. Dort gibt es Möglichkeiten, zusätzliche Entgeltpunkte zu kaufen – auch noch kurz vor der Rente. Allerdings: Dafür sind immer größere Summen aufzubringen. Deshalb muss genau überlegt werden, was im Einzelfall für oder gegen freiwillige Beitragszahlungen spricht.

Da ist einerseits die lebenslange sichere Zahlung, egal wie alt man wird. Andererseits hängt die Rendite eben stark davon ab, wie lange der oder die Versicherte lebt. Während Steuererleichterungen bei der Einzahlung winken, wird auch das zusätzlich eingezahlte Geld bei der Rentenzahlung wieder versteuert. Außerdem sind hierauf bei gesetzlich Krankenversicherten Kranken- und Pflegeversicherungsbeiträge zu zahlen. Nicht zuletzt: Auf Geld, das einmal in die gesetzliche Rentenversicherung eingezahlt wird, kann nicht flexibel zugegriffen werden. Und für Erben ist es verloren. Allerdings können die Einzahlungen auf der anderen Seite den Schutz der Hinterbliebenen durch höhere Witwen-/Witwer- oder Waisenrenten stärken.

Insbesondere die Ausgleichszahlungen ab 50 Jahren, die im Ansatz dazu gedacht sind, Abschläge bei einer Frührente durch Überweisung freiwilliger Beiträge wettzumachen, sollten hierbei geprüft werden (→ Seite 56).

## Späterer Eintritt in den Ruhestand

Sie können den Rentenbeginn hinausschieben, obwohl Sie die Voraussetzungen für die Rente erfüllen. Dadurch steigern Sie durch die monatlichen Beiträge weiter Ihre Rente, zum anderen gibt es einen Zuschlag von 0,5 Prozent pro Monat. Aber Achtung: Das klingt nur auf den ersten Blick gut. Denn damit verzichten Sie ja auch auf Rentenzahlungen, die während der „Verlängerung" ansonsten auf Ihrem Konto gelandet wären. Bis diese ausgeglichen sind, müssten Sie in der Regel schon sehr alt werden, damit höhere Beiträge und Zuschlag das wettmachen.

## Zahlung von freiwilligen Beiträgen

Wenn Sie nicht in der gesetzlichen Rentenversicherung versicherungspflichtig sind, können Sie jederzeit mit freiwilligen Beiträgen Ihre Rente aufbessern. Das ist beispielsweise eine Überlegung für Hausfrauen und -männer sowie für Selbstständige. Die Höhe der freiwilligen Beiträge können Sie selbst festlegen und jederzeit ändern. Aktuell (2025) können freiwillige Beiträge zwischen 103,42 Euro und 1.497,30 Euro pro Monat gezahlt werden.

Freiwillige Beiträge steigern den Rentenanspruch. Je höher die gezahlten Beiträge sind, desto höher ist auch die Rentensteigerung. Wird der freiwillige Mindestbeitrag von 103,42 Euro ein Jahr lang gezahlt, ergibt sich eine monatliche Rentensteigerung (Stand: Juli 2025) von 5,40 Euro; beim Höchstbeitrag von 1.497,30 Euro sind es rund 78 Euro. Bis zum 31. März können freiwillige Beiträge auch rückwirkend für das vorangegangene Jahr gezahlt werden. Ein Antragsformular (V0060) gibt es bei der Deutschen Rentenversicherung.

→ **TIPP**

Durch die Zahlung freiwilliger Beiträge erhöht sich nicht nur der Rentenanspruch, sondern es können auch Wartezeiten für einen Rentenanspruch erfüllt und in manchen Fällen bereits bestehende Rentenanwartschaften aufrechterhalten werden. So kann, wer trotz Kindererziehung keine fünf Jahre mit Beiträgen belegt hat, durch freiwillig gezahlte Beiträge einen Anspruch auf Regelaltersrente erwerben.

### Grundsicherung im Alter beantragen

Reichen Ihre Einkünfte im Alter oder bei voller Erwerbsminderung nicht für Ihren Lebensunterhalt aus, können Sie unter Umständen Grundsicherung bekommen. Diese soll Ihren notwendigen Lebensunterhalt, Aufwendungen für Unterkunft und Heizung, Kranken- und Pflegeversicherungsbeiträge, Vorsorgebeiträge, Mehrbedarf für bestimmte Personengruppen und Hilfe in Sonderfällen abdecken (→ Seite 100).

**Ende 2024**

**bezogen in Deutschland rund**

**739.000**

**Personen**

**Grundsicherung**

**im Alter.**

Statista 2025

Damit ist die Zahl der Empfänger das achte Jahr in Folge und auf einen erneuten Höchststand gestiegen.

Rente ?!?

# Wie die Rente berechnet wird

**Wer länger oder höhere Beiträge als andere in die gesetzliche Rentenversicherung einzahlt, erhält später auch eine höhere Rente. Doch jenseits dieser Grundregel gilt: Die Berechnung der Rente ist recht kompliziert. Entgeltpunkte, Zugangsfaktor, Rentenartfaktor und aktueller Rentenwert, das sind die wichtigsten Bausteine, um die voraussichtliche Höhe der gesetzlichen Altersrente zu berechnen. Die monatlichen Zahlungen werden mit der sogenannten Rentenformel ermittelt. Dieses Kapitel erklärt die wichtigsten Rechenarten der Renten-Mathematik.**

Weil die von den Beitragszahlern in die Deutsche Rentenversicherung entrichteten Beiträge sofort wieder an die aktuellen Rentnerinnen und Rentner ausgezahlt werden, gibt es kein individuelles Konto des oder der Versicherten, auf dem die künftige Rente zurückgelegt und angespart wird. Beitragszahlende sammeln vielmehr Ansprüche in Form von Entgeltpunkten, die sich an der Höhe ihres Arbeitseinkommens orientieren.

## Entgeltpunkte

Entgeltpunkte heißt die relevante Größe für die Rentenberechnung. Von den Entgeltpunkten hängt es in erster Linie ab, wie hoch die spätere Rente ausfällt. Wer genau das jährliche Durchschnittseinkommen verdient, erreicht einen Entgeltpunkt. Im Jahr 2024 betrug dies 45.358 Euro. Wer also einen Jahresverdienst in dieser Höhe hatte, erhielt einen Entgeltpunkt. Lag das Entgelt höher, so erhielten Versicherte einen höheren Entgeltpunktwert. Lag es darunter, so war es weniger als ein Entgeltpunkt. Wer zum Beispiel nur die Hälfte des jährlichen Durchschnittseinkommens verdiente, bekam für das Jahr 2024 einen halben Entgeltpunkt gutgeschrieben, wer das Doppelte verdient hat, erhielt zwei Punkte.

Allerdings: Für die Beitragszahlungen gibt es eine Obergrenze, die sogenannte Beitragsbemessungsgrenze, die jeweils jährlich festgelegt wird. Wenn der Verdienst darüber lag, mussten für diesen Teil keine Beiträge mehr entrichtet werden. Das heißt umgekehrt aber auch, dass die Rentenansprüche nach oben hin begrenzt sind.

## Zugangsfaktor

Mit dem Zugangsfaktor wird berücksichtigt, ob das gesetzlich festgelegte Rentenalter bei Rentenbeginn erreicht ist. Dann beträgt er grundsätzlich 1,0. Das ist der Fall, wenn

- → eine Altersrente mit Ablauf des Kalendermonats beginnt, in dem der oder die Versicherte die Regelaltersgrenze oder ein anderes maßgeblich niedrigeres Rentenalter erreicht,
- → eine Rente wegen Erwerbsminderung mit Vollendung des 65. Lebensjahres in Anspruch genommen wird,
- → bei einer Hinterbliebenenrente der oder die Versicherte erst im Kalendermonat oder nach Ablauf des Kalendermonats, in dem das 65. Lebensjahr vollendet wurde, verstirbt.

Der Zugangsfaktor ist kleiner als 1,0, wenn die Rente vorzeitig in Anspruch genommen wird. Das ist der Fall, wenn

- → eine Altersrente vor dem für diese Rente maßgebenden Lebensalter beansprucht wird,
- → eine Rente wegen Erwerbsminderung oder eine Erziehungsrente vor Ablauf des Kalendermonats der Vollendung des 65. Lebensjahres beansprucht wird,
- → eine Hinterbliebenenrente beansprucht wird und der oder die Versicherte vor Ablauf des Kalendermonats verstirbt, in dem das 65. Lebensjahr vollendet wurde (sofern er oder sie noch keine Rente beansprucht hat).

Der Zugangsfaktor wird um 0,003 je vollem Kalendermonat der vorzeitigen Inanspruchnahme gemindert. Dies entspricht einem Abschlag von 0,3 Prozent je Kalendermonat. Bei den Erwerbsminderungsrenten, Erziehungsrenten und Hinterbliebenenrenten beträgt der Rentenabschlag maximal 10,8 Prozent, sodass der Zugangsfaktor mindestens 0,892 entspricht.

Wird eine Altersrente nicht bei Erreichen der Regelaltersgrenze in Anspruch genommen, sondern der Zeitpunkt hinausgeschoben, erhöht sich der Zugangsfaktor. Und zwar um 0,005 je Monat, der erst später in Rente gegangen wird. Dies entspricht einem Zuschlag von 0,5 Prozent je Kalendermonat.

**→ TIPP**

**Mit dem Zugangsfaktor sind die ermittelten Entgeltpunkte zu vervielfältigen. Das Ergebnis sind die persönlichen Entgeltpunkte. Sofern der Zugangsfaktor 1,0 beträgt, sind die erreichten Entgeltpunkte mit den persönlichen Entgeltpunkten identisch.**

## Aktueller Rentenwert

Der aktuelle Rentenwert ist der monatliche Rentenbetrag, den ein Altersrentner oder eine -rentnerin erhält, wenn er oder sie Rentenversicherungsbeiträge für ein Jahr entsprechend dem Durchschnittsentgelt in der Rentenversicherung gezahlt hat. Ein Rentner oder eine Rentnerin erhält also für jeden vollen persönlichen Entgeltpunkt als monatliche Regelaltersrente (vor Abzug von Kranken- und Pflegeversicherungsbeiträgen) den Betrag des aktuellen Rentenwertes. Dieser beträgt – seit dem 1. Juli 2025 – einheitlich 40,79 Euro in den alten und neuen Bundesländern.

## Rentenartfaktor

Die Höhe der Rente ist auch abhängig von der Rentenart, also ob eine Altersrente, eine Erwerbsminderungsrente oder eine Waisenrente gezahlt wird. Dieser Rentenartfaktor stellt in Rechnung, dass die Renten unterschiedliche Absicherungsniveaus zum Ziel haben. So haben Altersrenten und Renten wegen voller Erwerbsminderung den Faktor 1,0 und damit den höchsten Rentenartfaktor, da sie der vollständigen Absicherung des Versicherten dienen.

Andere Rentenarten werden entsprechend dem geringeren Sicherungsziel mit einem niedrigeren Rentenartfaktor berechnet. So haben Renten wegen teilweiser Erwerbsminderung den Rentenfaktor 0,5, eine Vollwaisenrente den Faktor 0,2 und eine Halbwaisenrente den Faktor 0,1.

## Rentenformel

Grundlage für die Berechnung einer Rente ist folgende Rentenformel:

**Monatliche Rente**

**=**

**Entgeltpunkte**

**x**

**Zugangsfaktor**

**x**

**Rentenartfaktor**

**x**

**aktueller Rentenwert**

BEISPIEL

Simone Kraus hat 45 Jahre jeweils entsprechend dem Durchschnitt aller Versicherten verdient. Daraus resultieren 45 Entgeltpunkte (für jedes Jahr 1 Entgeltpunkt). Sie nimmt ihre Altersrente mit Beginn der Regelaltersgrenze in Anspruch. Es gibt keine Zu- und Abschläge.
Zugangsfaktor = 1,0
Persönliche Entgeltpunkte: 45
Rentenartfaktor = 1,0
aktueller Rentenwert 2025 = 40,79 Euro
Die monatliche Bruttorente beträgt 1.835,55 Euro (45 x 1,0 x 40,79 Euro x 1,0).

# Früher in Rente

Viele Beschäftigte wollen oder können nicht mehr bis zur Regelaltersgrenze arbeiten. Unter bestimmten Voraussetzungen ist es dann möglich, früher in Rente zu gehen. Es sollte aber genau gerechnet werden, welche Einbußen damit auf lange Sicht verbunden sind – Abschläge bleiben nämlich ein Leben lang bestehen. Auch ein fließender Übergang aus dem Beruf in den Ruhestand ist denkbar, um das Rentnerdasein zwar früher, aber eben erst „in Teilzeit" auszuprobieren.

Wer überlegt, in Frührente zu gehen, muss sich zunächst über die Rahmenbedingungen klar werden: Ein vorzeitiger Ruhestand kann die künftige Monatsrente deutlich nach unten drücken: Denn zum einen werden die Rentenansprüche grundsätzlich etwas niedriger ausfallen, weil der oder die Versicherte nicht bis zur Regelaltersgrenze Beiträge in die Rentenkasse einzahlt. Zum anderen ist der vorzeitige Renteneintritt häufig mit Abschlägen verbunden.

## Wer früher gehen darf

- → Streng genommen können nur diejenigen, die **mindestens 35 Jahre** in der Rentenversicherung zurückgelegt haben, buchstäblich früher in Rente gehen. Dann kann die Altersrente für langjährig Versicherte beantragt werden. Gegen Abschläge können diese Versicherten maximal vier Jahre früher in Rente gehen als es ihre Regelaltersgrenze vorsieht.
- → Für alle, die **45 Jahre** in der Rentenversicherung aufweisen können, liegt der Rentenbeginn regulär früher als bei der

Regelaltersrente. Sie können früher in Rente als andere, aber faktisch ihre Altersrente für langjährig Versicherte nicht vorzeitig in Anspruch nehmen (auch nicht mit Abschlägen).

→ Besondere Altersgrenzen gelten für Personen mit einer **Schwerbehinderung**. Wer 1964 oder später geboren ist, kann mit 65 Jahren ohne Abschläge oder ab 62 Jahren mit Abschlägen in Rente gehen. Wenn der oder die Versicherte zwischen 1952 und 1963 geboren ist, erhöht sich die Altersgrenze für eine abschlagsfreie Rente schrittweise von 63 auf 65 Jahre.

## Früher in Rente ohne Abschläge

Wer mindestens 45 Jahre in die Rentenversicherung eingezahlt hat, kann die abschlagsfreie Frührente für besonders langjährig Versicherte beantragen. Je nach Geburtsjahr ist ein Rentenbeginn zwischen dem 63. und dem 65. Lebensjahr möglich. Mit 63 Jahren konnten allerdings nur die Geburtsjahrgänge 1951 und 1952 abschlagsfrei in Rente gehen. Ab dem Jahrgang 1953 erhöhte sich die Altersgrenze von 63 Jahren jeweils um zwei Monate pro Jahr. Alle ab 1964 geborenen besonders langjährig Versicherten können dann frühestens mit 65 Jahren abschlagsfrei in Rente gehen.

**→ TIPP**

**Neben dem vorzeitigen Ruhestand gibt es auch die Möglichkeit, die Arbeitszeit in Form der Altersteilzeit zu reduzieren (→ Seite 65) oder eine Teilrente zu beziehen und in Teilzeit weiterzuarbeiten (→ Seite 63).**

**Frührente ohne Abzüge: Rentenbeginn nach 45 Versicherungsjahren**

| ANHEBUNG UM MONATE | AUF ALTER JAHRE PLUS MONATE | RENTENBEGINN MONAT/JAHR |
|---|---|---|
| 16 | 64 und 4 | 05/2024 bis 05/2025 |
| 18 | 64 und 6 | 07/2025 bis 07/2026 |
| 20 | 64 und 8 | 09/2026 bis 09/2027 |
| 22 | 64 und 10 | 11/2027 bis 11/2028 |
| 24 | 65 | 01/2029 bis 01/2030 |
| | 65 | ab 2030 immer nach dem 65. Geburtstag |

**ACHTUNG**

Die abschlagsfreie Frührente kann nicht vorzeitig in Anspruch genommen werden. Heißt also: Auch wenn die 45 Jahre an Versicherungszeit schon vorher erfüllt sind, gibt es die abschlagsfreie Frührente erst, wenn das Mindestalter erreicht ist, das für den entsprechenden Geburtsjahrgang gilt.

Wer auf 45 Versicherungsjahre kommt und für das zum Geburtsjahr relevante Mindestalter erreicht hat, sollte den Rentenantrag in der Regel nicht hinausschieben. Denn bis zu zwei Jahre früher kann dann Rente bezogen werden, was sich für Versicherte (fast) immer auszahlt.

## Früher in Rente mit Abschlägen

Versicherte, die zwar keine 45 Jahre Versicherungszeit, aber mindestens 35 Jahre vorweisen, können eine Altersrente für langjährig Versicherte beantragen. Die Rente kann bereits nach Vollendung des 63. Lebensjahrs vorzeitig in Anspruch genommen werden. Sie wird dann auf Dauer um 0,3 Prozent pro Monat gekürzt – und zwar für jeden Monat, der vor Vollendung des 67. Lebensjahrs vorzeitig Rente bezogen wird, maximal um 14,4 Prozent (0,3 Prozent x 48 Monate). Wie viel von den Rentenansprüchen verloren geht, hängt vom Geburtsjahr des Versicherten ab.

Die Altersgrenze von 67 Jahren für den abschlagsfreien Rentenbezug gilt für Versicherte ab Geburtsjahrgang 1964. Bei Versicherten der Geburtsjahrgänge 1949 bis 1963 wird die Altersgrenze vom vollendeten 65. Lebensjahr schrittweise auf das vollendete 67. Lebensjahr angehoben. Die Anhebungen erfolgen in den gleichen Schritten wie bei den Altersgrenzen für die Regelaltersrente.

**Steigende Abschläge abhängig vom Geburtsjahrgang**

| VERSICHERTE DES GEBURTSJAHRES | REGULÄRER RENTENBEGINN IM ALTER VON ... | ANZAHL DER MONATE VOR DER REGELALTERSRENTE | RENTENABSCHLAG IN PROZENT BEI RENTE MIT 63 JAHREN |
|---|---|---|---|
| 1960 | 66 Jahren und 4 Monaten | 40 | 12,0 |
| 1961 | 66 Jahren und 6 Monaten | 42 | 12,6 |
| 1962 | 66 Jahren und 8 Monaten | 44 | 13,2 |
| 1963 | 66 Jahren und 10 Monaten | 46 | 13,8 |
| ab 1964 | 67 Jahren | 48 | 14,4 |

Für Versicherte mit Geburtsjahrgang 1962 gilt beispielsweise die Regelaltersgrenze von 66 Jahren und 8 Monaten. Wenn sie mit 63 Jahren und damit 44 Monate früher in Rente gehen wollen, beträgt der künftige Rentenabschlag 13,2 Prozent.

**→ TIPP**

Für langjährig Versicherte kann es sich lohnen, über einen Antrag auf Frührente nachzudenken. Denn neben der etwas niedrigeren Rente kann unbegrenzt hinzuverdient werden, sodass die Entgeltpunkte aus der Beschäftigung einerseits einen Teil der Abschläge ausgleichen können. Andererseits steht jeden Monat mehr Geld zur Verfügung, das dann angelegt werden kann, um es als Ausgleich für die rentenschmälernden Abschläge zu nutzen.

## Früher in Rente bei Schwerbehinderung

Für Menschen mit Schwerbehinderung beginnt die Rente zwei Jahre früher als die Regelaltersgrenze. Für alle Jahrgänge ab 1964 heißt das: mit Erreichen des 65. Lebensjahrs. Und vorausgesetzt, dass sie 35 Versicherungsjahre vorweisen können. Ältere Schwerbehinderte müssen berücksichtigen, dass die Grenze für das Eintrittsalter erst schrittweise von 63 auf 65 ansteigt. So erhalten beispielsweise im Jahr 1961 geborene Schwerbehinderte die abschlagsfreie Rente bereits mit 64 Jahren und 6 Monaten.

**Altersrente für Menschen mit Schwerbehinderung: Anhebung der Altersgrenze**

| VERSICHERTE DES GEBURTSJAHRES | ANHEBUNG UM MONATE | AUF ALTER IN JAHR UND MONAT | RENTENSTART ZWISCHEN MONAT UND JAHR |
|---|---|---|---|
| 1961 | 18 | 64 und 6 | 07/2025 bis 07/2026 |
| 1962 | 20 | 64 und 8 | 09/2026 bis 09/2027 |
| 1963 | 22 | 64 und 10 | 11/2027 bis 11/2028 |
| ab 1964 | 24 | 65 | ab 1/2029, immer nach Vollendung des 65. Lebensjahrs |

GUT ZU WISSEN

### Verluste genau kalkulieren

Selbst wenn Menschen mit einer Schwerbehinderung regulär in Rente gehen, werden die Altersbezüge niedriger ausfallen. Denn sie zahlen ja auch bis zu zwei Jahre kürzer ein. Nach Berechnungen der Stiftung Warentest heißt das für Beschäftigte mit einem Durchschnittsverdienst: Ein zwei Jahre früherer Rentenbeginn summiert sich nach aktuellen Werten auf monatlich brutto etwa 80 Euro weniger.
Allerdings: Eine niedrigere Rente durch einen früheren Rentenbeginn bedeutet nicht zwangsläufig Rentenverluste. Denn fünf Jahre früher in Rente heißt auch fünf Jahre längerer Rentenbezug. Die müssten erst einmal durch die höheren monatlichen Rentenzahlungen ausgeglichen werden.

Die Altersrente für schwerbehinderte Menschen kann auch schon bis zu drei Jahre früher in Anspruch genommen werden. Die Altersgrenze für die Frührente steigt schrittweise auf 62 Jahre.

Für jeden Monat, den diese Rente vor der Altersgrenze bezogen wird, muss jedoch eine Kürzung von je 0,3 Prozent hingenommen werden. Bei einem um drei Jahre vorgezogenen Rentenbeginn betragen die Abschläge so maximal 10,8 Prozent (36 Monate × 0,3).

**Frührentenstart: Ein Jahr früher mit Abschlägen von 3,6 Prozent pro Jahr**

| VERSICHERTE DES GEBURTSJAHRES | ALTER IN JAHR UND MONAT | RENTENBEGINN IM JAHR UND MONAT |
|---|---|---|
| 1962 | 63 und 8 | 09/2025 bis 09/2026 |
| 1963 | 63 und 10 | 11/2026 bis 11/2027 |
| ab 1964 | 64 | 01/2028 bis 01/2029 |

Wollen schwerbehinderte Versicherte des Jahrgangs 1962 ein Jahr früher in Rente gehen (Altersgrenze 63 Jahre und 8 Monate), so könnten sie zwischen September 2025 und September 2026 starten. Dann würde die Rente um 3,6 Prozent pro Jahr geringer ausfallen.

Frühestens – also drei Jahre früher – hätte also mit 61 Jahren und 8 Monaten Rente bezogen werden können. Die Abzüge hätten dann bei 10,8 Prozent gelegen. Die Rentenkürzung für den vorzeitigen Bezug ist dauerhaft, das heißt, sie fällt mit dem Erreichen der Altersgrenze nicht weg und führt nach dem Tod der versicherten Person auch dazu, dass die Hinterbliebenenrente gekürzt wird.

## Abschläge ausgleichen: Freiwillige Zahlungen ab 50 Jahren

Ab ihrem 50. Lebensjahr können Versicherte Ausgleichszahlungen vornehmen, um die bei einer Frührente drohenden Abschläge

**WICHTIG**

Ausgleichszahlungen sind nicht zwingend mit einem vorzeitigen Rentenstart verbunden. Wenn doch bis zur Regelaltersgrenze gearbeitet wird, steigern diese Zahlungen einfach die spätere Rente.
Es kann auch – wenn keine arbeitsrechtlichen Gründe entgegenstehen – über die Regelaltersgrenze hinaus gearbeitet werden. Auch in diesem Fall erhöht die Sonderzahlung dann die Rente. Eine direkte Rückzahlung einmal geleisteter Zusatzbeiträge ist jedoch nicht möglich.

auszugleichen. Lebenslang sind das ja immerhin 0,3 Prozent, um die die Auszahlung sinkt – für jeden Monat, den die Rente vorzeitig fließt. Maximal 14,4 Prozent der Rente. Dieses Minus kann durch freiwillige Zahlungen ganz oder teilweise ausgeglichen werden. Je höher der prozentuale Abschlag der Rente, desto höher ist auch der mögliche Ausgleichsbetrag.

Ausgleichszahlungen kann allerdings nur vornehmen, wer – zumindest perspektivisch – auch die Voraussetzungen für eine Frührente erfüllen wird. Nur wer 35 Versicherungsjahre zusammenbekommt, bevor die Regelaltersgrenze erreicht ist, kann diese freiwilligen Zahlungen vornehmen.

**BEISPIEL**

B hat im Alter von 55 Jahren wegen eines langen Studiums, Auslandsaufenthalten und Familienphase erst 15 Versicherungsjahre in der Rentenversicherung gesammelt. Die fehlenden 20 Jahre wird sie bis zur Regelaltersgrenze also nicht mehr erreichen. Für sie gibt es daher keine Möglichkeit, Ausgleichszahlungen zu leisten.

Zudem können nur die Monate ausgeglichen werden, die Versicherte tatsächlich entsprechend des Geburtsjahrgangs früher in Rente gehen können. Für Jahrgänge ab 1964 wäre das ein Zeitraum von maximal vier Jahren.

**BEISPIEL**

A ist Jahrgang 1962. Entsprechend der Regelaltersgrenze für diesen Jahrgang darf er mit 66 Jahren und 8 Monaten in den Ruhestand gehen. Verabschiedet er sich bereits mit 63 in Frührente, würden seine Abschläge 13,2 Prozent betragen. Nur diese könnten durch Ausgleichszahlungen abgefangen werden.

## Schritte, um Abschläge auszugleichen

Ausgleichszahlungen müssen bei der gesetzlichen Rentenversicherung beantragt werden. Diese berechnet dann für Sie individuell, wie viel Sie maximal zusätzlich einzahlen können, um die Abschläge bis zum gewünschten vorzeitigen Rentenbeginn auszugleichen. Vorausgesetzt, die notwendigen 35 Versicherungsjahre für eine Frührente (Altersrente für langjährig Versicherte) werden erfüllt. Grundlage für die Berechnung ist Ihr vom Arbeitgeber bestätigtes Gehalt zum Zeitpunkt der Antragstellung. Liegt die Bescheinigung des Arbeitgebers nicht vor, wird mit den Entgeltpunkten Ihres Gehalts aus dem Vorjahr gerechnet.

**BEISPIEL**

Ein Rentner mit 35 Jahren Durchschnittsverdienst, der zwei Jahre früher in Rente geht, muss dafür Abschläge von 7,2 Prozent (0,3 pro Monat) in Kauf nehmen. Das reduziert seine Bruttorente in Höhe von rund 1.428 Euro pro Monat um 103 Euro. Um das auszugleichen, wären Zusatzbeiträge in Höhe von 25.503 Euro nötig.
Wer sich 48 Monate vor der Regelaltersgrenze aus dem Arbeitsleben verabschiedet, muss Abschläge von 14,4 Prozent hinnehmen. Beträgt die Rente – vor der Minderung – 1.428 Euro, wären das nur noch 1.227 Euro. Um die monatliche Rentenminderung von 205 Euro auszugleichen, wären Zahlungen von 55.297 Euro erforderlich. (Stand: Juli 2025)

**→ TIPP**

Bei der Deutschen Rentenversicherung gibt es das Formular V0210 „Antrag auf Auskunft über die Höhe der Beitragszahlung zum Ausgleich einer Rentenminderung bei vorzeitiger Inanspruchnahme einer Rente wegen Alters“ und das Formular V0211 „Arbeitgeberbescheinigung“, mit dem die unverbindliche Anfrage zum Ausgleichsbetrag gestellt werden kann.
**deutsche-rentenversicherung.de**

Die Rentenversicherung informiert dann in ihrer „Auskunft zum Ausgleich einer Rentenminderung“ über

- die voraussichtliche Höhe der Altersrente zum beabsichtigten vorzeitigen Rentenbeginn,
- die Höhe der Rentenminderung sowie
- die Höhe des Beitrags, der zum Ausgleich der Rentenminderung gezahlt werden könnte.

Wie viel Sie an Ausgleichszahlungen leisten wollen, können Sie selbst entscheiden. Immer ist es möglich, weniger zu überweisen. Die Rentenversicherung schickt eine Beitragsbescheinigung über jeweils eingezahlte Beträge.

→ **TIPP**

Zahlungen zum Ausgleich einer Rentenminderung zählen zu den Altersvorsorgeaufwendungen, die in der Steuererklärung als Sonderausgaben abgesetzt werden können. Deshalb ist es unter Umständen sinnvoll, die Einzahlungen über mehrere Jahre zu strecken. Denn das Finanzamt berücksichtigt diese nur bis zu einer gewissen Grenze pro Jahr: 2025 können Alleinstehende 29.344 Euro angeben, gemeinsam veranlagte Paare bis zu 58.688 Euro. Auf jeden Fall sollte vor einer Entscheidung eine Steuerberatung erfolgen.

# Rente und Arbeit – ein lohnendes Duo?

Arbeiten neben der Rente oder trotz Rente? Die Motive, sich für eine Weiterarbeit zu entscheiden, sind ganz unterschiedlich: Aufbessern der Altersbezüge, Engpässe überbrücken, Einbußen aus der Frührente ausgleichen oder ganz einfach im gern ausgeübten Job noch etwas in die Verlängerung zu gehen. Weil Hinzuverdienstgrenzen weggefallen sind, kann sich Weiterarbeit auch für Frührentnerinnen und -rentner häufig lohnen.

Für Regelaltersrentnerinnen und -rentner galt schon immer: Sie können unbegrenzt weiterarbeiten und verdienen, obwohl sie schon in Rente sind. Seit Anfang 2023 dürfen auch Frührentnerinnen und -rentner neben der Rente unbegrenzt hinzuverdienen. Rente neben Arbeitseinkommen – dieses Modell ermöglicht es, den Übergang zwischen Job und Ruhestand gleitend zu gestalten, weil etwa eine Teilzeitbeschäftigung langsam an den neuen Lebensabschnitt mit mehr Freizeit heranführt.

## Weiter arbeiten neben der Rente

Wer die Voraussetzungen für eine vorgezogene Altersrente erfüllt, kann diese beantragen und dessen ungeachtet beim bisherigen Arbeitgeber weiterarbeiten. Die Beschäftigung muss nicht aufgegeben werden. Ja der Arbeitgeber muss vorab nicht einmal darüber informiert werden, dass Sie nebenbei eine vorgezogene Altersrente beantragen. Zu den vorgezogenen Altersrenten gehören

→ die Altersrente für besonders langjährig Versicherte

→ die Altersrente für langjährig Versicherte und
→ die Altersrente für schwerbehinderte Menschen.

Es kann dann Voll- oder auch Teilzeit bis zur Regelaltersgrenze weitergearbeitet werden.

> **WICHTIG**
>
> Wer 45 Versicherungsjahre nachweisen und eine Altersrente für besonders langjährig Versicherte beziehen kann, sollte die Möglichkeit der Frührente unbedingt nutzen, selbst wenn erst ein Ruhestand mit beispielsweise 67 Jahren geplant ist. Denn durch das Duo von Rente und Vollzeiteinkommen erhöht sich nicht nur das Einkommen in dieser Zeit deutlich, sondern es werden auch höhere Rentenansprüche erzielt.

Wenn Sie vorzeitig in Rente gehen und daneben noch weiterarbeiten wollen, sind Sie in Ihrer Beschäftigung grundsätzlich weiter rentenversicherungspflichtig. Sie müssen also weiterhin Beiträge zur Rentenversicherung zahlen. Alle Beiträge, die Sie zwischen dem Beginn Ihrer vorgezogenen Altersrente und dem Erreichen der Regelaltersgrenze gezahlt haben, werden bei Ihrer Rente berücksichtigt, sobald Sie die Regelaltersgrenze erreicht haben. Verdienen Sie ein Jahr lang den Durchschnittsverdienst von aktuell (2025) 50.493 Euro und zahlen Sie darauf Beiträge, bringt das eine monatliche Erhöhung der Rente um rund 40 Euro.

> **ACHTUNG**
>
> ### Hinzuverdienstgrenze bei Erwerbsminderungsrente
>
> Für Erwerbsminderungsrenten gelten weiterhin Hinzuverdienstgrenzen. Aktuell (2025) sind das pro Jahr mindestens:
>
> - bei teilweiser Erwerbsminderungsrente: 39.322 Euro,
> - bei voller Erwerbsminderungsrente: 19.661 Euro.
>
> Werden die Hinzuverdienstgrenzen überschritten, wird der über der Grenze liegende Betrag (zum Teil) auf die Rente angerechnet.
> Außerdem können Erwerbsminderungsrentner einer Beschäftigung nur in dem Rahmen nachgehen, die Grundlage für die Beurteilung ihrer Leistungsfähigkeit war (→ Seite 23). Wird dies nicht beachtet, ist der Anspruch auf die Erwerbsminderungsrente gefährdet, auch wenn die geltenden Hinzuverdienstgrenzen eingehalten werden.

**ACHTUNG**

### Lebenslange Abschläge

Bei der Altersrente für langjährig Versicherte und bei der Altersrente für schwerbehinderte Menschen müssen Sie Abschläge hinnehmen, wenn Sie früher in Rente gehen. Diese Abschläge bleiben ein Leben lang bestehen, auch wenn Sie irgendwann nicht mehr arbeiten und der Hinzuverdienst wegfällt. Die mit der weiteren Beschäftigung verbundene Rentenerhöhung sollte also zumindest die Rentenabschläge durch den vorzeitigen Ruhestand auffangen.

Wer eine Frührente für langjährig Versicherte ins Auge fasst und dabei Abschläge hinnimmt, kann diese bei einer Weiterarbeit in der Regel etwas ausgleichen. Es gibt frühere Zahlungen aus der Rentenkasse, sodass jeden Monat mehr Geld zur Verfügung steht. Die Rente ist zwar um die Abschläge des vorzeitigen Beginns gekürzt, die Entgeltpunkte aus der Beschäftigung können diese Einbußen aber zumindest teilweise wieder ausgleichen. Und in den meisten Fällen gehen die finanziellen Vorteile gegenüber einer regulären Altersrente erst nach vielen Jahren verloren.

## Teilrente

Wer Anspruch auf eine Altersrente durch die gesetzliche Rentenversicherung hat, kann auch eine Teilrente beantragen. Das kann die klassische Rente bei Erreichen der Regelaltersgrenze sein, aber auch eine Frührente ab 63 Jahren ist als Teilrente möglich.

Bei einer Teilrente wird auf einen Teil der Rentenbezüge verzichtet – häufig entscheiden sich diejenigen für dieses Modell, die vor der Regelaltersgrenze in Teilzeit wechseln, so reduziert weiterarbeiten und diese Einbußen beim Einkommen mit Rentenzahlungen ausgleichen wollen.

Bei der Wahl des Anteils, zu dem die Rente als Teilrente in Anspruch genommen werden soll, sind angehende Rentnerinnen und Rentner ziemlich frei: Es müssen mindestens zehn Prozent der Rente als Teilrente beantragt werden. Der maximale Anteil liegt bei 99,99 Prozent.

**→ TIPP**

Der Verzicht auf 0,01 Prozent der Rente ist insbesondere dann von Vorteil, wenn Sie eine Person pflegen und selber schon das Regelalter erreicht haben. Dann werden nämlich weiterhin Beiträge für Sie als Pflegeperson von der Pflegekasse gezahlt, und diese Beiträge steigern dann Ihre Altersrente.

Der geringe Abschlag bei der Teilrente mit 90 oder mehr Prozent liegt bei nur wenigen Euro im Monat oder sogar im Cent-Bereich. Die Teilrente bietet zudem noch einen weiteren Vorteil: Wer neben dem Rentenbezug weiter arbeiten will, erhält nämlich – anders als die sogenannten „Vollrentnerinnen und -rentner" – bei längerer Krankheit weiterhin Krankengeld.

Außerdem: Für den nicht in Anspruch genommenen prozentualen Anteil der Rente werden bei einer späteren Vollrente keine Abschläge berechnet.

**→ TIPP**

**Wenn Sie feststellen, dass Sie nur ein bisschen Rente brauchen, um Ihren Lebensunterhalt zu bestreiten, nutzen Sie die Teilrente. Die Abschläge für eine Frührente haben Sie dann nur auf den prozentualen Anteil, den Sie für die Teilrente in Anspruch nehmen. Das erhöht dann wiederum Ihre spätere Rente.**

Ein früherer Rentenantritt per Teilrente kann aber auch steuerliche Vorteile haben. Weil die gesetzlichen Renten in Deutschland schrittweise mit einem immer höheren Anteil versteuert werden (2025 werden 83,5 Prozent besteuert, bis 2058 werden es dann 100 Prozent sein, → Seite 72), kann ein früherer Rentenbeginn mit der Teilrente eine lohnende Überlegung sein. Denn der Rententeil, der steuerfrei bleibt, hängt vom Jahr des Rentenbeginns ab. Wer also zum Beispiel mit 64 eigentlich noch gar nicht vorhat, eine Rente mit Abschlägen zu beantragen, sondern bis zur Regelaltersgrenze weiterarbeiten will, kann etwa eine zehnprozentige Teilrente beantragen. Damit sichert sich der oder die Versicherte dann lebenslang einen höheren Freibetrag bei der Rentenbesteuerung.

Die Entscheidung für eine Teilrente kann zwar schon mit dem Rentenantrag getroffen werden. Das ist aber nicht zwingend. So kann jede und jeder Rentenversicherte auch mit einer Vollrente starten und dann in die Teilrente wechseln etwa, wenn ein Angehöriger gepflegt oder wieder eine Beschäftigung aufgenommen werden soll. Die Höhe der Teilrente kann dabei ebenfalls angepasst werden. Dazu genügt ein formloses Schreiben an den Rentenversicherungsträger.

**ACHTUNG**

Wenn Sie eine Teilrente beziehen und Ihnen daneben noch Betriebsrente zusteht, kann dies Kürzungen und unter Umständen sogar das Ruhen der Betriebsrente zur Folge haben. In manchen Verträgen ist nämlich vorgesehen, dass die Betriebsrente erst bei einer Vollrente gezahlt wird. Sie sollten sich deshalb unbedingt bei Ihrem Arbeitgeber oder beim Träger Ihrer Betriebsrente erkundigen, inwieweit sich die Teilrente auf die Betriebsrente auswirken kann.

## Exkurs: Altersteilzeit

Ab 55 Jahren gerät natürlich nicht nur die finanzielle Absicherung durch die Rente verstärkt in den Blick, sondern auch, wie und ob ein gleitender Übergang in den Ruhestand möglich ist. Das lässt sich über Teilzeitarbeit im Alter organisieren. Wer das 55. Lebensjahr vollendet und in den letzten fünf Jahren vor Beginn der Altersteilzeit wenigstens 1.080 Kalendertage sozialversicherungspflichtig beschäftigt war, kann mit dem Arbeitgeber Altersteilzeit vereinbaren. Ein rechtlicher Anspruch auf Teilzeitarbeit besteht allerdings nicht.

Bei der Altersteilzeit wird die bisherige wöchentliche Arbeitszeit um die Hälfte reduziert. Dabei gibt es zwei Varianten:

→ Beim **Gleichverteilungsmodell** wird über den gesamten Zeitraum der Altersteilzeit die ursprüngliche Arbeitszeit reduziert.
→ Beim **Blockmodell** wird in der ersten Hälfte Vollzeit gearbeitet, aber ein reduziertes Gehalt (Arbeitsphase) bezogen. In der zweiten Hälfte (Freistellungsphase) sind Beschäftigte von der Arbeitsleistung freigestellt und bekommen das Altersteilzeit-Gehalt weiter gezahlt.

Das Blockmodell wird regelmäßig deshalb bevorzugt, weil es einen vollständigen Ausstieg aus dem Arbeitsleben in der Freistellungsphase ermöglicht. Dagegen ist beim Gleichverteilungsmodell ein gleitender Übergang vorgesehen. Beide Optionen bieten jedoch eine flexible Lösung für den Übergang in den Ruhestand.

Bei der Altersteilzeit wird das Arbeitsentgelt halbiert und vom Arbeitgeber um 20 Prozent des reduzierten Gehalts aufgestockt. Der Aufstockungsbetrag ist zwar steuer- und sozialabgabenfrei, er unterliegt aber dem Progressionsvorbehalt und wird in der späteren Steuererklärung zur Berechnung der Steuer herangezogen.

ACHTUNG

### Geringe Einbußen

Da während der Altersteilzeit ein geringeres Gehalt gezahlt wird, müssen Beschäftigte mit Renteneinbußen rechnen. Allerdings muss der Arbeitgeber – neben den Beiträgen für das Regelarbeitsentgelt – zusätzlich mindestens 80 Prozent der Rentenversicherungsbeiträge des Regelarbeitsentgelts zahlen. Das Regelarbeitsentgelt ist das auf einen Monat entfallende sozialversicherungspflichtige Arbeitsentgelt, das Arbeitnehmende während der Altersteilzeitarbeit regelmäßig erzielen. In der Regel entspricht das etwa 90 Prozent des Vollarbeitsentgelts. Die Renteneinbußen werden also gering ausfallen.

→ **TIPP**

Zu bedenken ist, ob das reduzierte Gehalt allein während der Altersteilzeit ausreicht, um alle Ausgaben zu bestreiten. Denn die gesetzliche Rente wird ja noch nicht gezahlt. Gegebenenfalls kann dann mit einem Minijob aufgestockt werden. Ein Rechner der Stiftung Warentest hilft, das ungefähre Nettoeinkommen während der Altersteilzeit auszurechnen:
**test.de/altersteilzeit**

## Arbeiten über die Regelaltersgrenze hinaus

Grundsätzlich endet das Arbeitsverhältnis nicht, wenn der oder die Beschäftigte das Renteneintrittsalter erreicht. Ein unbefristetes Arbeitsverhältnis endet also nicht automatisch, sondern muss entweder durch einen Aufhebungsvertrag oder eine Kündigung beendet werden, wobei eine Kündigung nicht aufgrund des Alters des Beschäftigten ausgesprochen werden kann.

Häufig ist allerdings in einem Tarifvertrag oder in einer Betriebsvereinbarung festgelegt, dass der Arbeitsvertrag mit Eintritt in den Ruhestand automatisch endet. Aber auch in diesem Fall darf das Arbeitsverhältnis weitergeführt werden. Arbeitgeber und Arbeitnehmer können vereinbaren, den Zeitpunkt hinauszuschieben, zu dem das Arbeitsverhältnis enden soll.

Wenn Sie die Regelaltersgrenze erreicht haben und weiterarbeiten, sind Sie grundsätzlich versicherungsfrei. Sie müssen dann keine Rentenbeiträge mehr zahlen. Beitragspflicht besteht jedoch für den Arbeitgeber, allerdings haben diese Beiträge keinen Einfluss auf die Höhe Ihrer Rente.

**→ TIPP**

**Sie können durch eine entsprechende Erklärung gegenüber dem Arbeitgeber auf die Versicherungsfreiheit verzichten. Dann erhöht sich einmal im Jahr Ihre Rente sowohl durch Ihre eigenen Beiträge als auch durch die Ihres Arbeitgebers.**

Sie können über die Regelaltersgrenze hinaus auch weiterarbeiten und ihre Regelaltersrente gar nicht in Anspruch nehmen. In diesem Fall erhalten Sie für jeden Monat des späteren Rentenbeginns einen Zuschlag von 0,5 Prozent auf Ihre Rente. Somit erhöht sich die Altersente bei einem um ein Jahr verschobenen Rentenbeginn bereits um sechs Prozent. Zudem bringen die dann gezahlten Rentenbeiträge zusätzlich ein Rentenplus.

BEISPIEL

Wenn der oder die Versicherte die Regelaltersrente nicht in Anspruch nimmt, sondern weiterarbeitet und damit den rentensteigernden Zuschlag ausschöpft, erhöht sich die Rente noch zwei Jahre um insgesamt rund 17 Prozent (12 Prozent Zuschlag plus rund 5 Prozent Erhöhung durch die weiteren Beiträge in diesen zwei Jahren).

Ob sich das Verschieben des Rentenbeginns jedoch lohnt, ist ein Rechenmodell. Denn während dieser Zeit fallen ja die Rentenzahlungen weg. Bis die dann durch die Zuschläge und die höheren Rentenansprüche wieder reingeholt sind, können Jahre vergehen. Diese Strategie sollte daher genau überlegt werden.

Rente

# Countdown für den Rentenbeginn

Ohne Antrag keine Rente. Spätestens drei Monate vor dem gewünschten Rentenbeginn sollte die Altersrente beantragt werden. Dieses Kapitel zeigt, welche Unterlagen für die Bearbeitung notwendig sind. Auch womit Rentnerinnen und Rentner künftig bei der Steuererklärung rechnen müssen, wird aufgeschlüsselt. Auch wenn das Altersdomizil ins Ausland verlegt wird, sind ein paar Regeln zu beachten, damit die Rente grenzüberschreitend fließt.

Wie fast immer gilt auch beim Rentenantrag: Eine gute Vorbereitung hilft, damit sie zum gewünschten Termin auch pünktlich gezahlt werden kann. Wann konkret damit begonnen werden sollte, die Unterlagen für den Rentenantrag zusammenzustellen, hängt davon ab, ob das Versicherungskonto geklärt ist oder nicht.

## Zeitplan und Schritte

**Zwölf Monate vorher:** Wenn das Versicherungskonto noch nicht geklärt ist, sollte ein Jahr vor Rentenbeginn das Kontenklärungsverfahren eingeleitet werden (→ Seite 32). Sinnvoll ist es, hierfür einen Beratungstermin bei einer Auskunfts- und Beratungsstelle des Rentenversicherungsträgers oder einem Rentenberater zu vereinbaren. Zum Beratungstermin sollten alle Rentenunterlagen mitgenommen werden.

Bei geklärtem Versicherungskonto sollte die bisher erworbene Rentenanwartschaft durch eine Rentenauskunft festgestellt werden. Dann ist etwa bekannt, wie hoch der Bruttorentenanspruch sein wird.

**Fünf Monate vorher:** Wenn auch Beiträge an einen Rentenversicherungsträger in einem Land gezahlt wurden, mit dem Deutschland ein Sozialversicherungsabkommen hat oder das Mitglied der Europäischen Union ist, sollte bereits jetzt das Rentenantragsverfahren beim deutschen Rentenversicherungsträger eingeleitet werden. Dieser leitet auch das Rentenverfahren bei mitgliedstaatlichen (EU) oder beim vertragsstaatlichen Rentenversicherungsträger ein.

**Vier Monate vorher:** Bei einem geklärten Rentenkonto sollte jetzt ein Beratungstermin für den Rentenantrag bei einer Auskunfts- und Beratungsstelle des Rentenversicherungsträgers oder einem Versichertenberater vereinbart werden. Zu diesem Zeitpunkt sollten möglichst alle Unterlagen, die für den Rentenantrag notwendig sind, bereits vorliegen (siehe unten).

**Drei Monate vorher:** Spätestens drei Monate vor dem geplanten Beginn der Altersrente sollte der Rentenantrag eingereicht werden. Dann kann die Rente noch pünktlich beginnen. Denn die Rente wird vom ersten Tag des Kalendermonats gezahlt, zu dessen Beginn alle Voraussetzungen für den Anspruch erfüllt sind und der Antrag dann innerhalb von drei Monaten nach diesem Monatsende gestellt wird. Geht der Antrag später ein, wird die Rente frühestens vom Antragsmonat an gezahlt.

**Ein Monat vorher:** Beim Rentenversicherungsträger sollte jetzt nachgefragt werden, wie weit das Rentenverfahren gediehen ist. Im Normalfall sollte der Rentenbescheid bei einem geklärten Versicherungskonto spätestens zwei Monate, nachdem der Rentenantrag gestellt wurde, vorliegen.

## Rentenantrag

Renten aus der gesetzlichen Rentenversicherung werden grundsätzlich nur auf Antrag gewährt. Der Antragsvordruck kann im Rahmen eines Beratungsgesprächs von den Mitarbeitenden der Auskunfts- und Beratungsstellen der Deutschen Rentenversicherung bereits während des Termins elektronisch ausgefüllt werden. Schließlich sind die meisten notwendigen Informationen ohnehin schon bei der Deutschen Rentenversicherung gespeichert. Versicherte können den Antrag (R0100) auch selbst auf der Webseite der Deutschen Rentenversicherung ausfüllen oder die notwendigen Formulare dort zum Ausfüllen herunterladen.

**→ TIPP**

Im Rentenantragsverfahren wird auch geklärt, wie der Rentner oder die Rentnerin kranken- und pflegeversichert sein wird (→ Seite 179).

Welche Unterlagen dem Rentenantrag beigefügt werden müssen, hängt von der Art der Rente ab. Insbesondere werden folgende Unterlagen benötigt:

- → Personaldokument (etwa Personalausweis, Geburtsurkunde),
- → Bankverbindung,
- → Rentenversicherungsnummer,
- → Anschrift der derzeitigen Krankenkasse und die Versichertennummer,
- → persönliche Identifikationsnummer für steuerliche Zwecke,
- → Anschrift und Aktenzeichen der zahlenden Stelle (zum Beispiel der Agentur für Arbeit, wenn bereits Sozialleistungen gezahlt werden),
- → Geburtsurkunden der Kinder,
- → Nachweise über Berufsausbildungen,
- → alle Versicherungsunterlagen für die Zeiten, die noch fehlen (zum Beispiel Nachweise über Arbeitslosigkeit und Krankheit).

Darüber hinaus sind dem Antrag für eine Altersrente beizufügen:

- → der Schwerbehindertenausweis oder der Feststellungsbescheid, wenn Schwerbehinderung vorliegt,
- → gegebenenfalls die Zeiträume von Arbeitslosigkeit und der letzte Bescheid der Agentur für Arbeit,
- → bei Altersteilzeit der Altersteilzeitvertrag.

Für den Antrag auf Rente wegen Erwerbsminderung werden zusätzlich benötigt:

- → eine Auflistung der Gesundheitsstörungen, die zum Rentenantrag führen,
- → Namen und Anschriften der behandelnden Ärzte und vorhandene aktuelle Arztberichte,
- → alle Angaben zu ärztlichen Untersuchungen durch öffentliche Stellen (zum Beispiel der Krankenkasse oder der Agentur für Arbeit),
- → Daten zu den Krankenhaus- und Reha-Aufenthalten der letzten Jahre.

## Rentenbescheid

In der Regel einige Wochen nach Antragstellung erhalten Sie von der Deutschen Rentenversicherung Ihren Rentenbescheid: Darin wird mitgeteilt, ob Ihr Antrag bewilligt wurde. Er enthält alle Eckdaten zu Ihrer Rentenberechnung, die Sie durchgehen und kontrollieren sollten. Ausgezahlt wird die Rente zum Monatsende durch den Renten Service der Deutschen Post.

## Besteuerung der Altersrenten

Seit 2005 gilt für Altersrenten die nachgelagerte Besteuerung. Das bedeutet, dass die Beiträge zur Rentenversicherung während des Berufslebens steuerfrei sind, dafür aber später die ausgezahlte Rente versteuert werden muss. Allerdings wurde der Einstieg in die nachgelagerte Besteuerung nicht in einem Schritt vollzogen. Bis 2058 gibt es eine Übergangsphase, in der nur ein Teil der Rente zu versteuern ist.

Der steuerfreie Teil der Renten wird für jeden Rentenjahrgang auf Dauer festgeschrieben. Allerdings wird hierbei nicht ein bestimmter Prozentsatz, sondern ein fester Freibetrag ermittelt. Die Festschreibung des Freibetrags erfolgt in dem Jahr, das auf den Rentenbeginn folgt.

**Besteuerungsanteil abhängig vom Jahr des Rentenbeginns**

| JAHR DES RENTENBEGINNS | BESTEUERUNGSANTEIL IN PROZENT |
|---|---|
| 2025 | 83,5 |
| 2026 | 84 |
| 2027 | 84,5 |
| 2028 | 85 |
| 2029 | 85,5 |
| 2030 | 86 |
| 2031 | 86,5 |
| 2032 | 87 |
| 2033 | 87,5 |
| 2034 | 88 |
| 2035 | 88,5 |
| 2036 | 89 |
| 2037 | 89,5 |
| 2038 | 90 |
| 2039 | 90,5 |
| 2040 | 91 |
| 2041 | 91,5 |
| 2042 | 92 |
| 2043 | 92,5 |
| 2044 | 93 |
| 2045 | 93,5 |
| 2046 | 94 |
| 2047 | 94,5 |
| 2048 | 95 |
| 2049 | 95,5 |
| 2050 | 96 |
| 2051 | 96,5 |
| 2052 | 97 |
| 2053 | 97,5 |
| 2054 | 98 |
| 2055 | 98,5 |
| 2056 | 99 |
| 2057 | 99,5 |
| 2058 | 100 |

> **BEISPIEL**
>
> Simon Kurz geht im Jahr 2026 in Rente, Christiane Lang 2030. Der Besteuerungsanteil von Kurz beträgt 84 Prozent. Für Lang gilt ein Besteuerungsanteil von 86 Prozent.

Regelmäßige Rentenanpassungen, also Rentenerhöhungen, haben keinen Einfluss auf die Höhe des Rentenfreibetrags. Sie zählen damit voll zum steuerpflichtigen Teil der Rente. Für die Höhe des Besteuerungsanteils ist grundsätzlich das Jahr des Rentenbeginns maßgebend. Das ist der Zeitpunkt, ab dem die Rente tatsächlich bewilligt wird – gegebenenfalls auch bei rückwirkender Bewilligung. Auch bei Rentennachzahlungen ist unter Rentenbeginn der Zeitpunkt zu verstehen, in dem der Rentenanspruch entstanden ist.

**→ TIPP**

Einzelheiten zu den steuerlichen Fragen bei Renten und Pensionen finden Sie im Ratgeber „Steuererklärung für Rentner und Pensionäre 2025/2026" der Verbraucherzentrale.
**shop.verbraucherzentrale.de**

Steuern im Ruhestand werden – anders als während der Berufstätigkeit – nicht sofort von der Rente abgezogen. Sie werden erst in der Einkommensteuererklärung berücksichtigt und mit dem Finanzamt abgerechnet. Es ist deshalb empfehlenswert zu klären, ob im Ruhestand mit einer Steuerpflicht zu rechnen ist. Dann können entsprechende Beträge schon zurückgelegt werden.

Das Finanzamt erfährt auf jeden Fall von den Einkünften: Rentenversicherung und Versorgungsträger sind verpflichtet, die Rentenzahlungen dort zu melden.

## Umzug ins Ausland

Immer mehr Menschen entscheiden sich nach ihrem Ausscheiden aus dem Berufsleben dafür, ihren Ruhestand im Ausland zu verbringen. Einige wechseln wegen geringerer Lebenshaltungskosten ihren Wohnsitz, andere zieht es zu Sonne, Meer und gutem Klima. Wer in Deutschland rentenversichert war, kann frei wählen, wo er seinen Alterssitz nehmen will. Erworbene Ansprüche gehen in der Regel nicht verloren. Sie sollten sich aber vor einem Umzug ins Ausland unbedingt beim Rentenversicherungsträger und bei der Krankenkasse über mögliche Folgen dieser Entscheidung informieren. Ob sich die Rentenhöhe ändert, hängt davon ab,

- → ob der Versicherte sich nur vorübergehend im Ausland aufhält oder dauerhaft umzieht,
- → in welchem Land er künftig leben möchte und
- → ob ausländische Zeiten bei der deutschen Rentenberechnung berücksichtigt wurden.

## Kurzfristige Aufenthalte

Keine Probleme gibt es mit der Rente, wenn Rentnerinnen und Rentner weniger als sechs Monate im Jahr im Ausland verbringen. Bei einem zeitlich begrenzten Auslandsaufenthalt wird die Rente von der Rentenversicherung ohne Weiteres weitergezahlt.

## Dauerhafter Aufenthalt

Leben Ruheständler dauerhaft im Ausland, kommt es darauf an, welches Land zur neuen Wahlheimat wird.

**Umzug ins europäische Ausland:** Lebt der Rentner dauerhaft in einem Land der Europäischen Union (EU), in Island, Liechtenstein, Norwegen oder der Schweiz, wird die Rente an ihn regelmäßig wie in Deutschland gezahlt. Im Einzelfall kann es zu Abzügen bei der Rente kommen, wenn der deutsche Rentenanspruch zum Teil auch ausländische Zeiten beinhaltet (zum Beispiel das Rentenabkommen mit Polen).

**Umzug in ein Land mit Sozialversicherungsabkommen:** Mit vielen Staaten außerhalb der EU hat Deutschland Sozialversicherungsabkommen geschlossen (etwa mit der Türkei, Tunesien, USA, Albanien). Verlegt eine Rentnerin ihren Lebensmittelpunkt dauerhaft in ein solches Land, ändert sich für sie in den meisten Fällen nichts. Es kann aber Ausnahmen geben, wenn der deutsche Rentenanspruch zum Teil auch ausländische Zeiten beinhaltet.

**Dauerhafter Umzug in ein Land ohne Abkommen:** Hat ein Rentner sich für den Umzug in ein Land entschieden, das außerhalb der EU, Islands, Liechtensteins, Norwegens und der Schweiz liegt und mit dem Deutschland kein Sozialversicherungsabkommen geschlossen hat, kann es zu Einschränkungen kommen. Dieser Fall sollte unbedingt rechtzeitig (spätestens drei Monate vor dem Umzug) von der Deutschen Rentenversicherung geprüft werden.

Unterlagen
Riester-Rente
Dokumente

# Mit geförderter Rente in den Ruhestand

**Die gesetzliche Rente ist und bleibt für die meisten Menschen der Grundpfeiler ihrer Alterssicherung. Viele haben darüber hinaus mit staatlicher Förderung oder mit Unterstützung durch den Arbeitgeber für das Auskommen im Ruhestand vorgesorgt. Ob Betriebsrente, Riester- oder Rürup-Rente die Einkünfte im Rentenalter erhöhen: Sie sollten sich rechtzeitig darum kümmern, dass diese Verträge auch ausgezahlt werden, wenn Sie sich aus dem Berufsleben verabschieden.**

Wer Bestandsaufnahme macht, mit welchen Einkünften im Alter zu rechnen ist, muss sich zunächst einen Überblick über vorhandene Zusatzverträge verschaffen. Wichtig ist beim Check, auch ein Auge auf den Auszahlungsbeginn des jeweiligen Produkts zu haben. Denn dieser ist in der Regel nicht an den Beginn der gesetzlichen Rente gekoppelt, sondern wird durch die im Vertrag vereinbarte Laufzeit bestimmt. Heißt also, erst danach kann über das Ersparte verfügt werden – entweder als Einmalauszahlung oder als monatliche Rente, abhängig davon, was in den Vertragsbedingungen geregelt und ob dieses Wahlrecht überhaupt vorgesehen ist. Stellen Sie zusammen, wann Sie mit welchem Geldsegen rechnen können – das kann sich auch auf Ihre Steuerlast im Jahr der Auszahlung deutlich auswirken.

Überlegen Sie rechtzeitig, ob Sie das Geld auf einen Schlag oder lieber als lebenslange monatliche Rente ausgezahlt bekommen wollen. Wer sich für eine Einmalzahlung entscheidet, sollte seine Anlagestrategie vorausschauend planen, um auf lange Sicht über ein zusätzliches Polster zu verfügen.

HINTERGRUND

### Geld- oder Wohn-Riestervertrag

Grundsätzlich gibt es zwei Möglichkeiten, mit staatlicher Förderung zu „riestern“: Unterschieden wird Geld-Riester und Wohn-Riester. Geld-Riesterverträge werden als Rentenversicherungen, Banksparpläne oder Investmentfondssparpläne abgeschlossen, um eine lebenslange Rente zu erhalten.
Wohn-Riesterverträge zielen hingegen darauf ab, eine selbst genutzte Eigentumswohnung oder ein Eigenheim zu finanzieren, um dann im Alter durch Wohnen ohne Mietzahlung geringere Kosten für die Lebenshaltung zu haben. Für welche Form des Riesterns Sie sich entschieden haben, bestimmt dann auch Ihre Handlungsmöglichkeiten im Ruhestand. Beim Wohn-Riestern ist insbesondere das Thema Steuern zu beachten (→ Seite 80).

## Riester-Rente

Beim Abschluss von Geld-Riesterverträgen wurde vereinbart, dass in der Rentenphase lebenslang eine garantierte Leistung ausgezahlt wird. Für die Auszahlung gibt es zwei Optionen: Der Sparer oder die Sparerin kann eine monatliche Rente bis ans Lebensende erhalten oder sich bei Rentenbeginn bis zu 30 Prozent des Kapitals als Sofortrente auszahlen lassen. Stammt die Riester-Rente aus einem vor dem Jahr 2005 abgeschlossenen Vertrag, sind es nur höchstens 20 Prozent des Kapitals. Der Restbetrag wird in jedem Fall als Rente ausbezahlt.

**→ TIPP**

Verstirbt ein Riester-Sparer vor Rentenbeginn, so kann ein längerlebender und bezugsberechtigter Ehepartner das vorhandene Kapital in einen eigenen bereits bestehenden oder eigens dafür neu abgeschlossenen Riester-Vertrag übertragen. Verstirbt ein Riester-Sparer nach Rentenbeginn, verfällt die Rente in der Regel. Das heißt, das angesparte Kapital ist für die Erben verloren. Wurde allerdings eine Rentengarantiezeit vereinbart, fließt die Riester-Rente bis zum Ablauf des vereinbarten Zeitraums an bezugsberechtigte Hinterbliebene.

ACHTUNG

**Schädliche Verwendung**

Wenn der Riester-Vertrag gekündigt und das angesparte Kapital ausgezahlt wird, gilt das als schädliche Verwendung. Das kann zur Folge haben, dass alle Fördergelder – also Zulagen und Steuerersparnisse – direkt zurückgefordert werden. Außerdem sind die erwirtschafteten Kapitalerträge steuerpflichtig. Wird das vorhandene Kapital jedoch auf einen anderen Riester-Vertrag übertragen, gilt das nicht als schädliche Verwendung. Ebenso unschädlich ist es, wenn der Riester-Vertrag nur ruhend beziehungsweise beitragsfrei gestellt, also das Guthaben nicht vor Ablauf der Vertragslaufzeit ausgezahlt wird.

Bei einem Abschluss vor dem Jahr 2012 ist die Riester-Rente ab 60 Jahren auszahlbar, bei einem Abschluss im oder nach dem Jahr 2012 erst ab 62 Jahren. Der früheste Rentenbeginn ist in der Police vermerkt und Bestandteil der Vertragsbedingungen. Die Auszahlung der Rente erfolgt automatisch über den Anbieter. Dieser meldet sich einige Zeit vor Vertragsablauf beim Versicherten, um die Auszahlungsmodalitäten zu klären und die Kontoverbindung zu erfragen, auf die das Geld überwiesen werden soll.

Mit der Anfrage können sich Sparer oder Sparerin dann entscheiden, ob ein Einmalbetrag von bis zu 30 Prozent (beziehungsweise 20 Prozent) des Kapitals ausgezahlt werden soll. Der verbleibende Restbetrag fließt dann ganz normal in die lebenslange Riester-Rente, die monatlich ausgezahlt wird. Durch die Einmalauszahlung fällt diese dann entsprechend geringer aus. Außerdem ist die Teilauszahlung auf einen Schlag zu versteuern, dadurch kann der persönliche Steuersatz im Auszahlungsjahr deutlich nach oben gehen.

Eine Auszahlung des gesamten angesparten Riester-Kapitals ist zwar möglich, aber mit erheblichen Nachteilen verbunden. Wegen schädlicher Verwendung muss in diesem Fall die komplette staatliche Förderung, die auf die Beiträge gezahlt wurde, zurückgezahlt werden. Zusätzlich müssen nach der Einmalauszahlung auch die darin enthaltenen Erträge versteuert werden.

Wenn das angesparte Kapital allerdings so niedrig ist, dass sich eine monatliche lebenslange Auszahlung nicht lohnt, kann die gesamte Riester-Rente auf einmal ausgezahlt werden, ohne dass Sparer oder Sparerin den Steuervorteil oder Zulagen zurückzahlen müssen. Von einer Kleinbetragsrente spricht man, wenn das zu Beginn der Rentenphase vorhandene Kapital so verrentet wird, dass die daraus resultierende monatliche Rente 1 Prozent der Bezugsgröße nach

Paragraph 18 des Vierten Sozialgesetzbuchs nicht übersteigt. Im Jahr 2025 würde eine solche Kleinbetragsrente monatlich etwa 35 Euro oder weniger betragen. Zu so einer niedrigen Rente kann es kommen, wenn Sie über die Laufzeit nur geringe Beiträge eingezahlt haben, etwa, weil der Riester-Vertrag lange geruht hat. Auch in diesem Fall muss die gesamte Riester-Rente im Jahr der Auszahlung voll versteuert werden.

**→ TIPP**

**Möglich ist es, das angesparte Riester-Kapital komplett in selbst genutztes Wohneigentum zu investieren, etwa um Schulden zu tilgen, die Immobilie zu sanieren oder ein Haus oder eine Wohnung zu kaufen. Die Förderung geht damit nicht verloren. Aber auch in diesem Fall muss das Riester-Vermögen versteuert werden.**

## Höhe der Rente

Welche Rente bei einem Riester-Vertrag zu erwarten ist, hängt unter anderem davon ab,

- → wie viel der Sparer oder die Sparerin selbst durch Eigenbeiträge eingezahlt hat,
- → wie hoch staatliche Zulagen waren,
- → wie sich verzinste Geldanlagen oder die Werte der Fondsanlage entwickelt haben,
- → ob Hinterbliebenenschutz vereinbart wurde,
- → wie viele Jahre bis zum Ablauf des Vertrags eingezahlt wurde.

In jedem Fall gilt, dass Anbieter mindestens die eingezahlten Sparbeiträge und die staatlichen Zulagen wieder auszahlen müssen (sogenannte Beitragsgarantie).

## Besteuerung der Rente

Riester-Sparer wurden bei den Beitragszahlungen in der Ansparphase begünstigt, weil die eingezahlten Beträge steuerfrei waren. Erst in der Auszahlungsphase werden Leistungen aus Altersvorsorgeverträgen nun besteuert. Man spricht deshalb von der nachgelagerten Besteuerung.

Die Auszahlung aus einem Riester-Vertrag ist daher komplett steuerpflichtig, gleichgültig, in welchem Jahr sie beginnt. Die Auszahlungen sind Bestandteil des steuerpflichtigen Einkommens. Sie werden mit dem individuellen Steuersatz besteuert. Der Riester-Anbieter übersendet dem Sparer jährlich eine Bescheinigung über den zu versteuernden Betrag.

→ **TIPP**

Mit dem individuellen Steuersatz besteuert werden auch Teilauszahlungen von 20 beziehungsweise 30 Prozent des Kapitals. Häufig beginnt die Rente nicht am Jahresanfang, sondern unter dem Kalender- und Steuerjahr. In diesem Fall erhöht die Teilzahlung die Steuerlast für das laufende Jahr deutlich. Sinnvoll kann es deshalb sein, die Teilauszahlung auf das neue Steuerjahr zu verschieben, weil dann die steuerliche Belastung sinkt, da das zu versteuernde Einkommen durch das weggefallene Arbeitseinkommen geringer ist.

ACHTUNG

## Rentenfaktor

Grundsätzlich legt der Rentenfaktor in einem Riester-Vertrag fest, wie viel Geld Kundinnen und Kunden pro 10.000 Euro Kapital später als Rente erhalten. Je niedriger dieser ist, umso geringer die Rente. Einige Versicherungsunternehmen hatten sich in ihren Rentenversicherungsverträgen mittels einer Treuhänderklausel vorbehalten, den Rentenfaktor einseitig herabsetzen zu können, davon dann auch Gebrauch gemacht und den Rentenfaktor gekürzt. Verbraucherzentralen sind inzwischen gegen eine Reihe von Versicherern wegen dieser Praxis gerichtlich vorgegangen. Wie das Oberlandesgericht Stuttgart (Az. 2 U 143/23 vom 30. Januar 2025) im Fall der Klage der Verbraucherzentrale Baden-Württemberg gegen die Allianz Lebensversicherungs AG ausgeführt hat, würde mit dieser Klausel allein das Interesse des Versicherers verfolgt, die Rentenhöhe abzusenken. Die Klausel sieht hingegen nicht vor, dass die Absenkung wenigstens teilweise wieder rückgängig gemacht werde, wenn sich die Verhältnisse wieder besserten. Das Urteil ist noch nicht rechtskräftig.

Dass es beim Rentenfaktor um viel Geld geht, zeigt das Beispiel der Zurich Versicherung, gegen die die Verbraucherzentrale NRW Klage beim Oberlandesgericht Köln erhoben hat: Bei Vertragsabschluss betrug der in Rede stehende Rentenfaktor 37,34 Euro. Während der Ansparphase wurde er schließlich auf 27,97 Euro gekürzt. Bei einem Vertragsguthaben zu Beginn der Rentenphase von beispielsweise 100.000 Euro müsste die Zurich regulär eine monatliche Rente von 373,40 Euro zahlen. Nach der Kürzung wären es nur noch 279,70 Euro monatlich.

**verbraucherzentrale.de/node/82207**

Auch ausgezahlte Kleinstbetragsrenten sind voll steuerpflichtig. Die Auszahlung wird allerdings steuerbegünstigt, da das Finanzamt die sogenannte Fünftelregelung anwendet. Das bedeutet, dass die Summe durch fünf geteilt und dieser Betrag auf das Jahreseinkommen aufgeschlagen wird. Dann wird die Steuerlast berechnet und diese wieder mit fünf multipliziert. Dadurch werden Kleinstbetragsrenten mit einem niedrigeren Steuersatz belegt.

Auch Leistungen aus einem Wohn-Riestervertrag werden nachgelagert besteuert, selbst wenn – anders als etwa bei Geld-Riester – gar kein Geld mehr aus dem Vertrag bezogen wird, weil die Ersparnisse beispielsweise bereits zur Tilgung eines Immobiliendarlehens genutzt wurden.

Basis hierfür ist das Wohnförderkonto des Sparers, auf dem über die geförderten Beiträge und Tilgungsleistungen sowie Zulagen Buch geführt wurde. Der Stand wurde jährlich pauschal um 2 Prozent erhöht. Im Grunde wird rechnerisch unterstellt, dass der Riester-Sparvertrag die Immobilie ist, dass diese 2 Prozent pro Jahr an Wert gewinnt und dass man daraus eine (fiktive) Rente erhält, welche voll mit dem persönlichen Steuersatz zu versteuern ist. Mehr Informationen gibt es auf der Webseite der Verbraucherzentrale:

**verbraucherzentrale.de/node/7033**

Mit Rentenbezug kann entschieden werden, ob der aktuelle Stand des Wohnförderkontos auf einen Schlag oder verteilt bis zum 85. Lebensjahr versteuert wird. Bei der einmaligen Besteuerung winkt ein Nachlass von 30 Prozent. Für die einmalige Besteuerung ist ein Antrag bei der Deutschen Rentenversicherung zu stellen.

**eservice-drv.de/riester-formulare/einmalbesteuerung/**

Wer sich für die verteilte Versteuerung entscheidet, findet im Schreiben zum Stand des Förderkontos auch die Höhe des Betrags, der jährlich bis zum 85. Lebensjahr in der Steuererklärung angegeben werden muss.

## Rürup-Rente

Die Rürup-Rente, auch Basisrente genannt, ist eine staatlich geförderte Altersversorgung. Im Gegensatz zur gesetzlichen Rente wird sie nicht durch Umlagen finanziert, sondern ist kapitalgedeckt.

Die Rürup-Rente ist im Prinzip eine ganz normale private Rentenversicherung (→ Seite 115). Sie muss jedoch bestimmte Anforderungen erfüllen, weil sie steuerlich wie die gesetzliche Rente behandelt wird und die Beiträge hierfür als Altersvorsorgeaufwendungen in der Steuererklärung geltend gemacht werden können.

## Auszahlung der Rente

Wann die Rürup-Rente ausgezahlt wird, ist individuell im Vertrag festgelegt. Die Auszahlung beginnt frühestens nach dem vollendeten 62. Lebensjahr. Bei Verträgen, die vor 2012 abgeschlossen wurden, ist der frühestmögliche Auszahlungsbeginn mit 60 Jahren. Spätestens beginnt der Versicherer mit einer Auszahlung nach dem vollendeten 85. Lebensjahr.

Die Rürup-Rente wird an den Versicherten nur als monatliche Rente bis an sein Lebensende ausgezahlt. Er kann sich weder einen Teilbetrag noch die komplette Rente auszahlen lassen.

**!** ACHTUNG

### Nicht vererbbar

Die Rürup-Rente kann grundsätzlich nicht vererbt werden. Sollen auch die Angehörigen abgesichert werden, muss zusätzlich ein Hinterbliebenenschutz vereinbart worden sein. In diesem Fall gehen dann die eingezahlten Beiträge nicht verloren, sondern werden an diese als Rente ausgezahlt. Mögliche Begünstigte sind dabei der Ehepartner oder die -partnerin oder kindergeldberechtigte Kinder bis zum Alter von maximal 25 Jahren, solange diese ihre erste Ausbildung noch nicht abgeschlossen haben.

## Höhe der Rente

Die Rürup-Rente besteht aus einem Garantie- und einem Überschussanteil. Dabei entfällt auf den Überschussanteil der dickste Batzen der Auszahlung. Dessen Höhe hängt von verschiedenen Faktoren wie Kosten, Zinsen und Sterbetafeln ab. In den meisten Rürup-Verträgen wird eine Beitragsgarantie vereinbart. Das bedeutet, dass garantiert wird, dass mindestens die eingezahlten Beiträge zurückgezahlt werden.

Bei der fondsgebundenen Rürup-Rente werden die Beiträge in Aktien- oder Investmentfonds investiert. Daher hängt die Höhe der Rente auch von der Entwicklung des Fonds beziehungsweise der Börse ab.

## Besteuerung der Rente

Die Ausführungen zur Besteuerung von gesetzlichen Renten (→ Seite 72) gelten für Renten und andere Leistungen aus einer privaten Rürup-Rente entsprechend. Dabei spielt es keine Rolle, inwieweit die Beiträge in der Ansparphase tatsächlich als Altersvorsorgeaufwendungen steuerlich abzugsfähig waren. Je später die Rente beginnt, desto höher ist der steuerpflichtige Teil der Rente. Wird die Rürup-Rente 2025 ausgezahlt, beträgt der Besteuerungsanteil 83,4 Prozent, bei Rentenbeginn 2030 sind es 86 Prozent. Bei Rentenbeginn nach 2058 muss die Rürup-Rente voll versteuert werden (Tabelle → Seite 73).

## Betriebsrente

Arbeitnehmerinnen und Arbeitnehmer, die in Verträge zur betrieblichen Altersvorsorge eingezahlt haben, müssen zunächst prüfen, um welche Sparform es sich dabei handelt. Denn abhängig vom jeweiligen Durchführungsweg, also ob über eine Direktzusage oder Direktversicherung, über einen Pensionsfonds, eine Pensionskasse oder eine Unterstützungskasse gespart wurde, unterscheiden sich dann die Handlungsoptionen. So ist der Auszahlungsbeginn bei manchen an den Bezug der gesetzlichen Rente geknüpft, an die Zahlung einer Vollrente gekoppelt oder vom Erreichen einer bestimmten Altersgrenze abhängig.

**51,9 Prozent**

**der Beschäftigten in Deutschland besaßen im Jahr 2023**

**Verträge zur betrieblichen Altersvorsorge.**

Statista 2025, nach Zahlen des Bundesarbeitsministeriums

Während bei einer Direktzusage der Antrag auf Auszahlung der betrieblichen Altersvorsorge direkt beim Arbeitgeber zu stellen ist, muss er, wenn ein externer Versorgungsträger die Rentenzahlung übernimmt, auch an diesen adressiert werden. Die Adresse der jeweiligen Direktversicherung, Pensionskasse, des Pensionsfonds oder der Unterstützungskasse ist auf den jährlich verschickten Standmitteilungen zu finden.

ACHTUNG

### Freibetrag für Krankenversicherungsbeiträge

Bei der Auszahlung der betrieblichen Altersversorgung fallen auch Sozialabgaben an. Gesetzlich krankenversicherte Rentnerinnen und Rentner müssen auf die Betriebsrente den vollen Beitrag zur gesetzlichen Krankenversicherung zahlen. Allerdings gibt es einen Freibetrag: Aktuell (2025) sind Betriebsrenten bis zu einer Höhe von 187,20 Euro monatlich sozialabgabenfrei. Nur wer eine höhere Betriebsrente bekommt, muss für den darüber hinausgehenden Betrag Krankenversicherungsbeiträge zahlen. Auch bei Kapitalauszahlungen werden Beiträge zur Kranken- und Pflegeversicherung fällig (zur Berechnung → Seite 188).

## Auszahlung der Rente

Die Laufzeit der betrieblichen Altersversorgung ist vertraglich vereinbart. In der Regel wird die Betriebsrente gleichzeitig mit der gesetzlichen Altersrente ausgezahlt. Keine Laufzeit gilt bei Pensionskassen. Hier erhält der Versicherte die Betriebsrente erst, wenn er tatsächlich nicht mehr arbeitet. Wer also noch über die Regelaltersgrenze hinaus weiterarbeiten möchte, erhält erst zum späteren tatsächlichen Rentenbeginn die Betriebsrente aus einer Pensionskasse.

Je nach Vertrag kann sich Arbeitnehmerin oder Arbeitnehmer entscheiden, wie das angesparte Kapital ausgezahlt werden soll. Drei Varianten kommen in Betracht:

→ **Monatliche Rente bis zum Lebensende:** Die monatliche Rente ab dem Eintritt in den Ruhestand bis zum Lebensende ist die gängigste Variante.

→ **Einmalige Kapitalauszahlung ohne Rentenzahlung:** In diesem Fall wird das gesamte angesparte Kapital als Einmalzahlung geleistet. Je höher die ausgezahlte Summe ist, desto höher fällt die Steuerprogression aus. Und mit Überschreiten des Freibetrags werden zudem Krankenversicherungs- und Pflegeversicherungsbeiträge fällig.

→ **Teilauszahlung kombiniert mit Rente:** Die Teilkapitalisierung ist in der Praxis eher selten. In diesem Fall wird ein Teil des Kapitals als Einmalzahlung gezahlt, während der Rest als (entsprechend geminderte) monatliche Rente geleistet wird.

Wer während des Berufslebens häufig den Arbeitgeber gewechselt hat, kann unter Umständen mehrere betriebliche Altersvorsorgeverträge in seinem Versicherungsordner finden. Dann müssen für jede Betriebsrente eigene Anträge beim jeweiligen Versicherer gestellt werden. Übrigens können diese auch noch später beantragt werden: Der Gesetzgeber hat festgelegt, dass Ansprüche aus einer betrieblichen Altersvorsorge erst nach drei Jahren verjähren und Leistungen nachgeholt werden müssen.

GUT ZU WISSEN

### Insolvenzschutz

Bei einer Direktzusage hat sich der Arbeitgeber verpflichtet, eine bestimmte Rente für seine Arbeitnehmerinnen und Arbeitnehmer zu übernehmen. Problematisch kann das sein, wenn der ehemalige Betrieb nach einem Stellenwechsel und vielen Jahren nach dem Abschied nicht mehr auffindbar ist. Im Falle einer Insolvenz des Unternehmens springt der Pensions-Sicherungsverein ein.

**psvag.de**

Wer eine Rente per Direktzusage oder über eine Unterstützungskasse bezieht, kann sich künftig auch über Rentenerhöhungen freuen. Denn gesetzlich ist vorgeschrieben, dass diese Leistungen regelmäßig anzupassen sind. Und zwar indem die Auszahlung entweder jedes Jahr um mindestens 1 Prozentpunkt steigt oder der Versicherer die Auszahlung alle drei Jahre überprüft und dann anpasst. Die Anpassung muss sich dann beispielsweise an der Entwicklung der Nettolöhne orientieren.

> **!** WICHTIG
>
> **Auszahlung bei Weiterarbeit**
>
> Wenn bei einer vorzeitigen Rente weitergearbeitet wird, kann es sein, dass die betriebliche Altersversorgung noch nicht ausgezahlt wird. Das ist zum Beispiel bei Pensionskassen der Fall. Mit dem jeweiligen Versicherer sollte geklärt werden, welche Modalitäten die Vertragsbedingungen hierzu regeln.

## Besteuerung

Wie Leistungen der betrieblichen Altersversorgung besteuert werden, hängt von der jeweiligen Durchführungsform ab. Es ist also entscheidend, ob es sich um Leistungen aus der Direktzusage, aus einer Unterstützungskasse oder um Leistungen aus dem Pensionsfonds, der Pensionskasse oder der Direktversicherung handelt.

→ Leistungen aus der **Direktzusage** und aus einer **betrieblichen Unterstützungskasse** werden als Einkünfte aus nicht selbstständiger Arbeit in voller Höhe mit dem persönlichen Steuersatz besteuert. Wenn es sich dabei um Versorgungsbezüge handelt, sind die Leistungen allerdings steuerlich begünstigt. Versorgungsbezüge liegen vor, wenn die Betriebsrente wegen verminderter Erwerbsfähigkeit, als Hinterbliebenenbezüge oder wegen Erreichens einer Altersgrenze gezahlt wird, und der Versicherte das 63. Lebensjahr oder als schwerbehinderter Mensch das 60. Lebensjahr vollendet hat. In diesem Fall wird die Betriebsrente steuerlich wie die Pension eines Beamten behandelt. Es wird daher der Versorgungsfreibetrag einschließlich eines Zuschlags zum Versorgungsfreibetrag gewährt.

→ Leistungen aus **Pensionsfonds, Pensionskassen** und **Direktversicherungen** werden steuerlich wie Renten behandelt. Soweit die Leistungen auf geförderten Beiträgen beruhen, erfolgt die volle nachgelagerte Besteuerung (→ Seite 72).

**Welche Priorität haben bei Ihnen die folgenden Leistungsmerkmale für Ihre private Altersvorsorge?**

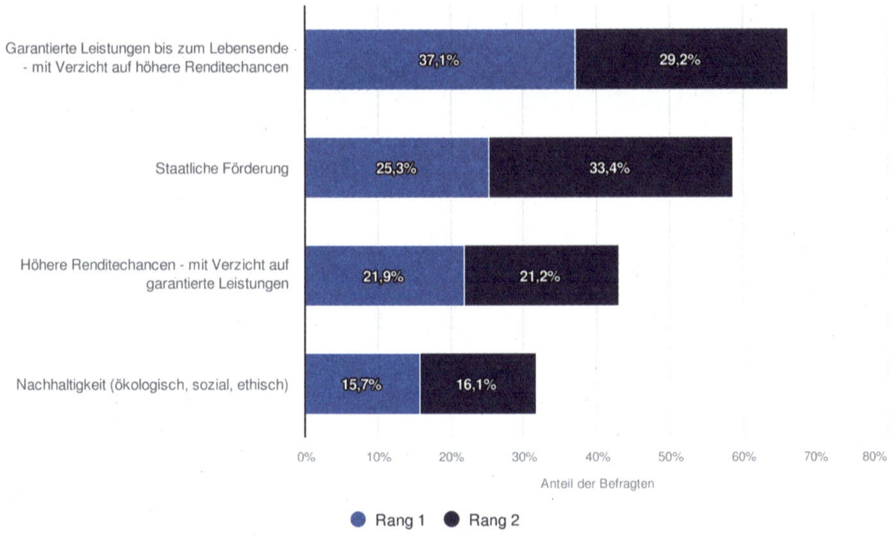


**Quelle**
Deutsches Institut für Vermögensbildung und Alterssicherung
© Statista 2025

**Weitere Informationen:**
Deutschland; INSA-CONSULERE; Oktober 2023; 1.901 Befragte; 18-65 Jahre; Online-Umfrage

Bei einer Umfrage des Deutschen Instituts für Vermögensbildung und Alterssicherung im Herbst 2023 gaben fast 40 Prozent der Befragten an, dass garantierte Leistungen bis zum Lebensende ihre höchste Priorität bei der privaten Altersvorsorge sei. Rund ein Viertel der 1.901 Befragten zwischen 18 und 65 Jahren war hingegen die staatliche Förderung am wichtigsten. Der passende Weg, um etwas für das Auskommen im Alter zurückzulegen, ist also eine sehr persönliche Entscheidung.

# Finanzstrategien für den Ruhestand

Mit zusätzlicher finanzieller Sicherheit auch nach dem aktiven Berufsleben kann rechnen, wer bis dahin ein Polster angespart hat. Aber welche Anlagen lohnen sich, wenn es bis dahin nicht mehr weit ist? Muss die bisherige Finanzstrategie geändert werden, wenn die Einnahmen nicht mehr für Rücklagen reichen oder absehbar aus dem Ersparten was entnommen werden soll? Das „Magische Dreieck" der Geldanlage – also Verfügbarkeit, Sicherheit und Rendite – muss in zunehmendem Alter neu unter die Lupe genommen werden.

Man kann es drehen und wenden wie man will: Die zu erwartende gesetzliche Rente wird in den meisten Fällen nicht ausreichen, um den gewohnten Lebensstandard zu halten. Zwar wird im Rentenalter in der Regel weniger Geld benötigt als im Arbeitsleben, zwischen 70 und 80 Prozent des letzten Nettogehalts sollten es aber nach einer Faustformel unterm Strich noch sein, um sorgenfrei in den Ruhestand gehen zu können. Ein ehemaliger Hamburger Politiker hat das Problem wie folgt beschrieben: „Die Versorgungslücke im Alter entsteht letztlich durch zwei Fehleinschätzungen: Die Unterschätzung, wie viel man im Alter benötigt, und die Überschätzung, wie viel man bekommt."

Die erste Frage, mit der man sich beschäftigen muss, ist gleich die schwierigste: Wie viel Geld brauche ich im Alter tatsächlich? Wenn diesem Bedarf dann gegenübergestellt wird, wie hoch die voraussichtliche Rente nach der Renteninformation sein wird und die eigenen Ersparnisse hinzugenommen werden, zeigt sich – leider sehr häufig – eine Versorgungslücke. Dann heißt es, das Thema nicht auf die lange Bank zu schieben, sondern die Ärmel hochzukrempeln.

Fakt ist, dass man für eine gute finanzielle Vorsorge im Alter eine Menge tun kann – und zwar auch dann noch, wenn der Ruhestand bereits absehbar ist. Zudem müssen einmal festgelegte Vorsorgestrategien angesichts der sich verändernden Anforderungen beim Übergang ins Rentnerdasein auf den Prüfstand.

## Kassensturz und Finanzplanung

Wenn es auf die 60 zugeht, sollte man sich Gedanken über die Finanzplanung für die kommenden Jahre machen. Sinnvoll ist zunächst einmal eine Art „Kassensturz", das heißt also, im Rahmen einer Budgetplanung die voraussichtlichen Einnahmen aus der Altersrente den voraussichtlichen Ausgaben gegenüberzustellen.

Und auch die vorhandenen Kapitalanlagen müssen auf den Prüfstand. Denn künftig geht es um andere Ziele als bisher. Ein wichtiger Aspekt ist vor allem die Sicherheit der Geldanlage, sei es für den eigenen Bedarf oder für den der Kinder oder Enkelkinder.

**GUT ZU WISSEN**

Bedenken Sie auch die positiven Seiten des Ruhestands: Nun haben Sie endlich Gelegenheit, längere Urlaubsaufenthalte zu planen oder mehr Zeit für Hobbys. Beruhigend, wenn dafür nach einem langen Arbeitsleben genügend Geld mit Sicherheit verfügbar ist.

Manche Finanzprodukte, die bisher sinnvoll waren, sind mit Blick auf das Rentenalter weniger empfehlenswert. Umgekehrt können nun aber auch Anlageformen interessant werden, die zuvor nicht zum Risikoprofil und Anlagehorizont gepasst haben.

Ebenfalls auf der Rechnung sollte die Frage stehen, wie lange das Vermögen reichen muss oder soll, um die Rente wirkungsvoll zu ergänzen.

### Wichtige Rechengrößen: Längere Lebenserwartung

Fakt ist, dass wir alle eine immer höhere Lebenserwartung haben. Wie lange ein Mensch letztlich jedoch lebt, weiß niemand. Wenn also ausgerechnet werden soll, wie lange etwa Ersparnisse fürs Alter reichen müssen,

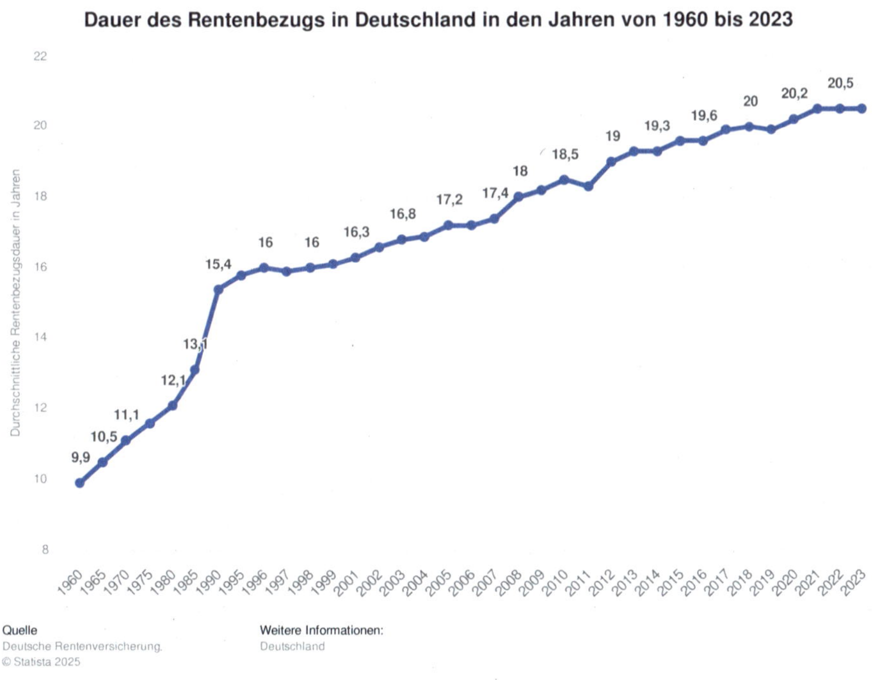


Im Jahr 2023 wurde in Deutschland rund 20,5 Jahre lang Rente bezogen. Das sind fast vier Jahre mehr als noch vor zwanzig Jahren. Im Vergleich zum Jahr 1960 stieg die Dauer des Rentenbezugs sogar um mehr als zehn Jahre.

bleibt nichts anderes übrig, als auf die Statistik zurückzugreifen. Hilfreich ist dabei die statistische Lebenserwartung anhand der Sterbetafeln, wie sie etwa Versicherer verwenden. Aussagekräftig für Ihre eigene Finanzplanung ist insbesondere die Frage, wie viele weitere Jahre Sie statistisch noch leben werden, wenn Sie ein bestimmtes Alter erreicht haben. Diese Zahlen sind vor allem wichtig, um den Umfang der privaten Altersvorsorge entsprechend längerfristig auszurichten.

**Statistische Lebenserwartung**

| IHR ALTER HEUTE | STATISTISCHE LEBENSERWARTUNG BETRÄGT DANN NOCH | |
|---|---|---|
| | ALS FRAU | ALS MANN |
| 50 Jahre | 34,52 Jahre | 30,34 Jahre |
| 55 Jahre | 29,88 Jahre | 25,91 Jahre |
| 60 Jahre | 25,41 Jahre | 21,75 Jahre |
| 65 Jahre | 21,12 Jahre | 17,92 Jahre |
| 70 Jahre | 17,03 Jahre | 14,39 Jahre |
| 75 Jahre | 13,18 Jahre | 11,10 Jahre |
| 80 Jahre | 9,59 Jahre | 8,09 Jahre |

BEISPIEL

Ein 55 Jahre alter Mann wird statistisch noch fast 26 Jahre leben. Ist der Mann 65 Jahre alt, liegt seine statistische Lebenserwartung noch bei fast 18 Jahren. Ein bereits älterer Mensch erreicht also statistisch durchschnittlich ein höheres Lebensalter als ein jüngerer.

Einen Eindruck davon, dass immer länger Rente bezogen wird und damit mögliche Rentenlücken für einen immer längeren Zeitraum zu schließen sind, geben auch die Zahlen der Deutschen Rentenversicherung.

## Rentenniveau und Inflation

Vom sinkenden Rentenniveau ist viel zu lesen: Aktuell liegt es bei rund 48 Prozent des letzten erzielten Erwerbseinkommens. Allerdings bedeutet dies nicht, dass Rentnerinnen und Rentner zwangsläufig etwa die Hälfte der bisherigen Einkünfte im Ruhestand ausgezahlt bekommen. Denn das Rentenniveau beschreibt einen Modellfall: Nämlich das, was eine Rentnerin oder ein Rentner bekommt, die oder der 45 Jahre lang mit dem Durchschnittsverdienst Beiträge zur Rentenversicherung gezahlt hat. Dieser Durchschnittsverdienst liegt im Jahr 2025 bei 50.493 Euro im Jahr.

**Struktur des Bruttoeinkommens der 65-Jährigen und Älteren in Deutschland im Jahr 2023**

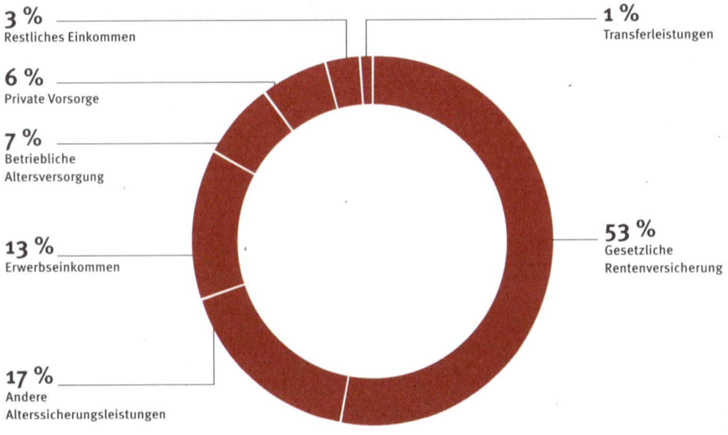


Im Jahr 2023 waren die Einkünfte aus der gesetzlichen Rentenversicherung die wichtigste Einnahmequelle der älteren Bevölkerung. Die Angaben der Grafik basieren auf Zahlen des Bundesministeriums für Arbeit.

Das Rentenniveau drückt aus, wie sich die Renten im Verhältnis zu den Löhnen entwickeln, hat aber nichts damit zu tun, wie hoch die individuellen Rentenansprüche sein werden. Die hängen vielmehr davon ab, wie viele Jahre tatsächlich Beiträge gezahlt wurden, wie hoch das Einkommen war und ab welchem Alter eine Rente bezogen wird. Die Rente spiegelt nämlich den Verlauf des individuellen Erwerbslebens. Es ist äußerst unwahrscheinlich, dass jemand genau 45 Jahre lang das jeweilige Durchschnittsentgelt verdient und exakt 45 Entgeltpunkte in der Rentenversicherung ansammelt (→ Seite 62).

Ein Unsicherheitsfaktor bei der Beurteilung, ob die finanziellen Mittel reichen, ist die Höhe der Inflationsrate. Sie ist dafür verantwortlich, dass die Lebenshaltungskosten steigen. Eine durchschnittliche jährliche Inflationsrate von 1,5 Prozent hat zur Folge, dass im Lauf von zehn Jahren die Lebenshaltungskosten um 16 Prozent steigen. Bei zwei Prozent Inflationsrate müssen die Einkünfte schon um 22 Prozent steigen, um die höheren Lebenshaltungskosten auszugleichen. Inwieweit solche Steigerungen durch Rentenanpassungen oder erhöhte Zinserträge ausgeglichen werden können, kann niemand seriös beantworten.

## Budgetplanung

Egal ob Unternehmer oder Privatperson: Eine ordentliche Budgetplanung schützt vor einer möglichen Finanzlücke. Sie ist vor allem dann sinnvoll, wenn, wie beim Ruhestand, ein neuer Lebensabschnitt mit veränderten Einnahmen und Ausgaben ansteht. Wer sich hierüber einen detaillierten Überblick verschafft, kann nicht nur seine finanzielle Gesamtsituation besser einschätzen, sondern auch gezielt Einsparmöglichkeiten ausloten oder nach Wegen suchen, um die Einnahmen zu erhöhen. Oder sich auch zufrieden zurücklehnen und sich über eine auskömmliche Finanzplanung fürs Alter freuen.

Grundlage einer soliden Budgetplanung ist es, Einnahmen und Ausgaben aufzulisten und gegenüberzustellen. In der Regel wird die gesetzliche Altersrente die wichtigste Einnahmequelle im Rentenalter sein. Wie hoch diese ausfällt, kann der Rentenauskunft entnommen werden, die der Versicherte nach Vollendung des 55. Lebensjahrs alle drei Jahre vom Rentenversicherungsträger erhält (→ Seite 32). Abzuziehen sind allerdings noch die fälligen Kranken- und Pflegeversicherungsbeiträge in Höhe von fast zehn Prozent sowie etwaige Steuern. Zu berücksichtigen sind gegebenenfalls auch Abschläge wegen einer vorzeitigen Rente.

In die folgende Übersicht können Sie eintragen, welche Einkünfte Ihnen voraussichtlich zur Verfügung stehen, wenn Sie in den Ruhestand gehen.

**Voraussichtliche Einkünfte im Ruhestand**

| EINKUNFTSARTEN | VERFÜGBARES EINKOMMEN (EURO IM MONAT NETTO) |
|---|---|
| Rente aus der gesetzlichen Rentenversicherung | |
| Pension | |
| Witwen-/Witwerrente | |
| Private Altersrente | |
| Betriebsrente | |
| Riester-Rente/Rürup-Rente | |
| Minijob/Hinzuverdienst | |
| Vermietung und Verpachtung | |
| Zinsen, Dividenden, Ausschüttungen | |
| sonstige Einkünfte und Ersparnisse | |

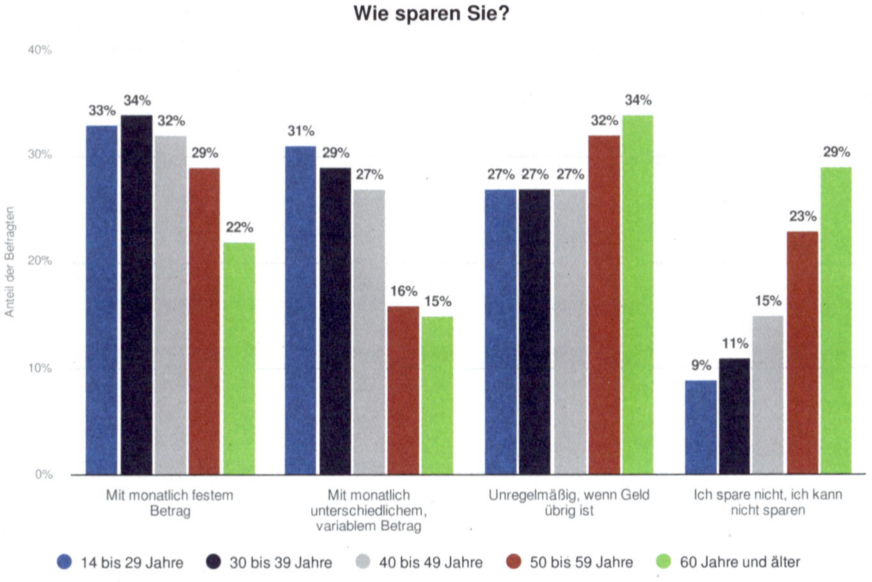


Im Jahr 2024 sparten nur 22 Prozent der befragten Deutschen über 60 Jahre jeden Monat einen festen Betrag. Einen variablen monatlichen Betrag legten sogar nur 15 Prozent der Befragten dieser Altersklasse zurück. Hingegen erklärten 29 Prozent der über 60-Jährigen, nicht zu sparen oder nicht sparen zu können.

Bei den Einkünften aus der gesetzlichen Regelaltersrente können Sie noch künftige Rentenanpassungen berücksichtigen. In der Renteninformation beziehungsweise Rentenauskunft werden – ohne Berücksichtigung des Kaufkraftverlustes – Rentenanpassungen in Höhe von einem und zwei Prozent Ihrer voraussichtlichen künftigen Altersrente berücksichtigt (→ Seite 38).

Im zweiten Schritt sollten Sie zusammenstellen, welche Ausgaben Sie haben, wenn Sie in den Ruhestand gehen. Mögliche Veränderungen, die mit den neuen Lebensverhältnissen einhergehen, sind hierbei schon zu berücksichtigen. Beispielsweise können die Kosten fürs Auto deutlich heruntergefahren werden, wenn nicht mehr täglich über weite Strecken zur Arbeit gependelt wird. Vielleicht steht auch ein Umzug in eine günstigere Wohnung an, weil man nicht mehr nah am Arbeitsplatz wohnen muss? Auch die Kosten für eine Berufsunfähigkeitsversicherung entfallen künftig.

Vermutlich steigen werden hingegen die Ausgaben für Gesundheit und Pflege. Und dabei geht es nicht nur um überschaubare Zuzahlungen zu Medikamenten, sondern unter Umständen um notwendige größere

Investitionen, also beispielsweise ein behindertengerechter Umbau der Wohnung.

Die nachfolgende von der Bundesarbeitsgemeinschaft der Seniorenorganisationen e. V. (BAGSO) erstellte Übersicht zeigt typische Veränderungen bei den Ausgaben und beim Finanzbedarf, die mit dem Übergang in den Ruhestand verbunden sind.

**Veränderungen bei den Ausgaben und beim Finanzbedarf im Ruhestand**

| AUSGABEN FÜR | AUSGABENTENDENZ | TYPISCHE VERÄNDERUNGEN |
|---|---|---|
| Wohnung | → | Wohnung wird beibehalten |
| | ↑ | Kosten für barrierefreien Umbau beziehungsweise Umzug |
| Heizung, Strom | ↑ | höherer Energiebedarf durch längeren Aufenthalt in der Wohnung und/oder verändertes Wärmeempfinden beziehungsweise Gerätenutzung |
| Ernährung | ↑ | leichter Anstieg, weil Mahlzeiten höheren Stellenwert bekommen |
| | ↓ | leichter Rückgang, weil berufsbedingter Außer-Haus-Verzehr (Kantine usw.) wegfällt |
| | ↑ | krankheitsbedingte Diäten können Kosten verursachen |
| Hausarbeit, Serviceleistungen, Handwerkerdienste | → | unveränderte Ausgaben für Reinigungs- und Waschmittel sowie kleinere Haushaltsgeräte |
| | ↑ | mit zunehmendem Alter werden haushaltsnahe Dienstleistungen für Wohnungspflege, Mahlzeitendienste oder für Gartenarbeit stärker benötigt |
| | ↑ | für kleinere Handwerkerleistungen, die früher selbst erledigt wurden, wird professionelle Unterstützung nötig |
| Kleidung | ↓ | geringere Ausgaben |
| | (↑) | Ausnahme: starke Gewichtsveränderung |
| Schuhe | ↓ | geringere Ausgaben |
| | (↑) | Ausnahme: Spezialbedarf bei orthopädischen Schuhen |

| AUSGABEN FÜR | AUSGABENTENDENZ | TYPISCHE VERÄNDERUNGEN |
|---|---|---|
| Körperpflege und Gesundheit | ↑ | Mehrbedarf an medizinischen Leistungen bei stärkeren gesundheitlichen Beeinträchtigungen sowie verzögerter Genesung (etwa höhere Eigenleistung bei Arzneimitteln); verstärkte Nutzung kosmetischer Dienstleistungen wie Fußpflege |
| | ↑↑ | deutlicher Anstieg der Gesundheitskosten im hohen Alter durch Pflege- und Betreuungsleistungen möglich |
| Kommunikation | → | keine Veränderung, wenn pauschale Nutzung (etwa Flatrates) vereinbart |
| | ↑ | zusätzliche Kosten, wenn Hausnotruf nötig |
| Mobilität | ↓ | Fahrtkosten zur Arbeitsstelle entfallen |
| | ↓ | Zweitwagen kann abgeschafft werden oder es wird überhaupt kein Auto mehr benötigt |
| | ↓ | Vergünstigungen für Ältere möglich (BahnCard) |
| | → | aktiveres Freizeitverhalten kann zu höheren Kosten für Mobilität führen |
| | ↑↑ | höhere Kosten können entstehen, wenn wegen eingeschränkter Mobilität Fahrdienste genutzt werden müssen |
| Kredite | ↓ | Hypotheken für Haus oder Wohnung sind bei Rentenbeginn abbezahlt |
| | ↓ | Kredite für Auto und andere Anschaffungen sind abgelöst |
| | ↑↑ | alten- oder behindertengerechter Umbau von Haus oder Wohnung muss durch Kredite finanziert werden |
| Personen- und Sachversicherungen | → | unveränderter Mindestversicherungsschutz (Haftpflicht, Hausrat, Wohngebäude) |
| | ↓ | Berufsunfähigkeitsschutz wird verzichtbar |
| | ↓ | Lebens- und Unfallversicherungen laufen aus |
| Bildung und Freizeit | ↑ | aktivere Pflege von Hobbys und Zeit für Reisen |
| | ↓ | geringere Mobilität wegen körperlicher Einschränkungen |

↑ steigend ↓ sinkend → gleichbleibend

Ihren finanziellen Bedarf im Alter sollten Sie auf keinen Fall unterschätzen. Kalkulieren Sie großzügig! Sie werden nicht von heute auf morgen auf Ihren gewohnten Lebensstandard verzichten oder diesen wesentlich einschränken können. Im Alter bleibt viel Zeit, das Leben zu genießen und viele Träume endlich zu verwirklichen. Deshalb kommt auf Rentnerinnen und Rentner unter Umständen eine Reihe von neuen Kosten zu, mit denen sie nicht gerechnet haben (etwa für Hobbys, Reisen oder den Besuch kultureller Veranstaltungen).

Bestimmte Ausgaben wie etwa die Miete oder die Beiträge zur Kranken- und Pflegeversicherung sind aktuell feststehende Größen, andere Ausgaben (für Mobilität oder Gesundheit) können nur geschätzt werden und fallen unter Umständen nur in regelmäßigen Abständen an. Und: Das tägliche Leben wird auch in Zukunft immer teurer werden. Das gilt für den Einkauf im Supermarkt, für den Friseurbesuch wie für Mietnebenkosten oder Prämien für Versicherungen.

**→ TIPP**

Wenn es Ihnen nicht möglich ist, Ihren persönlichen Finanzbedarf im Alter zu bestimmen, sollten Sie pauschal von 80 Prozent Ihres letzten Nettoeinkommens ausgehen. Vorausgesetzt Ihr Gehalt heute reicht aus, um Ihren Lebensstandard zu finanzieren.

Deshalb können Sie Ihren finanziellen Bedarf im Alter nur dann realistisch bewerten, wenn Sie den zu erwartenden Kaufkraftverlust einbeziehen. Also sich vor Augen führen, was Ihre Rente in Euro künftig tatsächlich noch wert sein wird. In der Renteninformation wird dieser Kaufkraftverlust nicht berücksichtigt. Orientierung bietet aber die folgende Übersicht, in der über die verschiedenen Zeiträume alternativ Inflationsraten von 1 bis 4 Prozent angenommen werden. Heißt: Was heute 1 Euro kostet, wird in zehn Jahren bei einer Inflationsrate von 3 Prozent dann für 1,34 Euro zu haben sein.

**Inflationsraten und Kaufkraftverlust**

| JAHRE | ZUKÜNFTIGER PREIS/KAUFKRAFT IN EURO BEI EINER INFLATIONSRATE VON | | | |
|---|---|---|---|---|
| | 1 PROZENT | 2 PROZENT | 3 PROZENT | 4 PROZENT |
| 2 | 1,02 (0,98) | 1,04 (0,96) | 1,06 (0,94) | 1,08 (0,92) |
| 4 | 1,04 (0,96) | 1,08 (0,92) | 1,13 (0,89) | 1,17 (0,85) |
| 6 | 1,06 (0,94) | 1,13 (0,89) | 1,19 (0,84) | 1,27 (0,79) |
| 8 | 1,08 (0,92) | 1,17 (0,85) | 1,27 (0,79) | 1,37 (0,73) |
| 10 | 1,10 (0,91) | 1,22 (0,82) | 1,34 (0,74) | 1,48 (0,68) |
| 15 | 1,16 (0,86) | 1,35 (0,74) | 1,56 (0,64) | 1,80 (0,56) |
| 20 | 1,22 (0,82) | 1,49 (0,67) | 1,81 (0,55) | 2,19 (0,46) |
| 25 | 1,28 (0,78) | 1,64 (0,61) | 2,09 (0,48) | 2,67 (0,38) |
| 30 | 1,35 (0,74) | 1,81 (0,55) | 2,43 (0,41) | 3,24 (0,31) |
| 35 | 1,42 (0,71) | 2,00 (0,50) | 2,81 (0,36) | 3,95 (0,25) |
| 40 | 1,49 (0,67) | 2,21 (0,45) | 3,26 (0,31) | 4,80 (0,21) |

BEISPIEL

Haben Sie heute monatliche Ausgaben von 2.000 Euro, so betragen diese in 15 Jahren unter Berücksichtigung einer Inflationsrate von zwei Prozent 2.700 Euro (2.000 Euro x 1,35). Pauschal müssen Sie davon 80 Prozent, also 2.160 Euro, als Vorsorgebedarf im Alter finanzieren.

## Balance zwischen Einkünften und Ausgaben

Auf Dauer kann man nur so viel ausgeben, wie man einnimmt. Das gilt natürlich auch in einem „Rentnerhaushalt". Deshalb ist es unverzichtbar, zum einen Einsparpotenziale auszuloten und über ein angepasstes Ausgabeverhalten angesichts der niedrigeren Einkünfte nachzudenken. Zum anderen gilt es auch, die bisherige Finanzstrategie zu überdenken.

### Wenn die Einkünfte nicht reichen

Ist das Haushaltsbudget „auf Kante genäht“ oder drohen im Ruhestand gar rote Zahlen, sollte rechtzeitig überlegt werden, wie diese Lücke geschlossen werden kann. Hier einige Vorschläge:

- Höhere Einnahmen können durch einen Nebenjob erzielt werden. Seit dem 1. Januar 2023 gibt es keine Grenze mehr, bis zu der neben der Rente hinzuverdient werden kann.
- Unter Umständen reicht es bereits aus, auf einen vorzeitigen Rentenbeginn zu verzichten und damit Rentenabschläge zu vermeiden.
- Es kann über die Regelaltersgrenze hinaus weitergearbeitet werden. So steigt dann etwa die Rente um sechs Prozent, wenn ein Jahr länger gearbeitet wird.
- Weil die Kinder aus dem Haus sind, kann der Umzug in eine kleinere und dann vielleicht barrierefreie Wohnung überlegt werden.
- Wer eine Immobilie besitzt, kann diese entweder verkaufen oder beleihen und trotzdem darin mietfrei wohnen. Je nach Finanzierungsmodell erhält der Eigentümer eine Einmalzahlung, eine zeitlich befristete oder eine lebenslange Rente und wohnt bis ans Lebensende mietfrei in seiner Immobilie. Erst nach dessen Tod, gegebenenfalls aber auch bei einem Umzug in eine Pflegeeinrichtung, geht die Immobilie in den Besitz des Käufers (Kreditinstitut oder Versicherungsunternehmen) über. Oder das durch die Umkehrhypothek entstandene Darlehen wird durch den Verkauf der Immobilie getilgt.

Viele angehende Ruheständler werden aber nicht umhin kommen, schon frühzeitig an der Ausgabenschraube zu drehen und zu versuchen, laufende Kosten zu senken. Also beispielsweise in eine preisgünstigere Wohnung umziehen, Versicherungspolicen kündigen oder auf größere Anschaffungen zu verzichten.

**Im Jahr 2024 galten in Deutschland**

**19,6 Prozent**

**der Senioren ab 65 Jahren**

**als armutsgefährdet.**

### Grundsicherung beantragen

Wenn die Einkünfte im Alter nicht ausreichen, kann unter bestimmten Voraussetzungen Grundsicherung beantragt werden. Die Grundsicherung ist keine Leistung der Rentenversicherung, sondern wird an Personen gezahlt, die ein so geringes Einkommen oder Vermögen haben, dass es für den Lebensunterhalt nicht oder nicht ganz ausreicht.

Die Grundsicherung wird unabhängig davon bewilligt, ob bereits eine Altersrente durch einen Rentenversicherungsträger gezahlt wird oder nicht. Allerdings müssen Antragsteller die Altersgrenze für die Regelaltersrente erreicht haben.

**→ TIPP**

**Als Faustregel gilt: Wer ein Gesamteinkommen von unter 1.062 Euro hat, sollte prüfen lassen, ob Anspruch auf Grundsicherung im Alter besteht.**

Mit der Grundsicherung wird der Bedarf des täglichen Lebens abgedeckt, insbesondere

- → der notwendige Lebensunterhalt (dieser wird über Regelbedarfsstufen sichergestellt; Alleinstehende erhalten aktuell monatlich 563 Euro, wenn sie einen eigenen Haushalt führen),
- → Aufwendungen für Unterkunft und Heizung (dazu gehören insbesondere die Miete und die Neben- und Heizungskosten),
- → Kranken- und Pflegeversicherungsbeiträge (bei einer privaten Versicherung kommt es auf die Höhe an),
- → angemessene Vorsorgebeiträge (etwa geförderte Altersvorsorgebeiträge),
- → Mehrbedarf für bestimmte Personengruppen (zum Beispiel für gehbehinderte Menschen).

Der Anspruch von Grundsicherungsleistungen (Nettobedarf) ergibt sich aus der Differenz zwischen dem individuellen Bedarf und dem anrechenbaren Einkommen. Dazu zählen unter anderem gesetzliche Renten, Pensionen, die Riester-Rente, Miet- und Pachteinnahmen. Vorhandenes Vermögen muss zunächst aufgebraucht werden, bevor Grundsicherung beansprucht werden kann. Zum Vermögen zählen Haus- und Grundvermögen, Sparguthaben, Wertpapiere, nicht dagegen kleinere Barbeträge (bis zu 10.000 Euro bei Alleinstehenden, bei Verheirateten das Doppelte) und angemessener Hausrat.

Bei der Grundsicherung sind – wie bei der Sozialhilfe – Eltern und Kinder nicht zu Unterhaltszahlungen verpflichtet, wenn ihr Jahresbruttoeinkommen unter 100.000 Euro liegt.

**→ TIPP**

**Der Antrag auf Grundsicherung muss beim örtlich zuständigen Sozialamt gestellt werden. Er kann auch bei der Deutschen Rentenversicherung eingereicht werden. Von dort wird er dann an die zuständige Stelle weitergeleitet.**

## Schuldenfrei in den Ruhestand

Eine weitere Stellschraube, um das Budget im Rentenalter in Balance zu halten, ist der rechtzeitige Abbau von Schulden. Das gilt für alle Kreditverpflichtungen, ob fürs Auto, für die Wohnungseinrichtung, für Waschmaschine, Handy oder Fernseher. Denn das schont nicht nur die Haushaltskasse im Rentenalter, sondern bringt in der Regel auch die höchste Rendite, weil Zinszahlungen gespart werden. Prüfen Sie daher alle Möglichkeiten einer vorzeitigen Rückzahlung.

Vor allem wer eine Immobilie besitzt, tut gut daran, Darlehnsschulden bis zum Rentenbeginn abzutragen. Ohne Belastungen durch eine Hypothek in den Ruhestand zu gehen, wirkt wie eine „Zusatzrente". Denn Kosten für „Miete" müssen dann nicht eingeplant werden. Diese Rechnung geht aber nur auf, wenn Haus oder Wohnung im Alter schuldenfrei sind.

Werden Sondertilgungsmöglichkeiten im Rahmen einer Baufinanzierung genutzt, lässt sich nicht nur die Rückzahlung erheblich beschleunigen, sondern auch der Zinsaufwand kräftig senken. Dafür können auch Kapitalanlagen oder fällige Kapitallebensversicherungen eingesetzt werden. Das ist in jedem Fall günstiger als Geldanlagen und Kredite nebeneinander laufen zu lassen.

## Anpassung der Finanzstrategie

Wenn das Budget im Ruhestand geplant wird, sind möglicherweise nicht nur geringere Einnahmen und reduzierte Ausgaben zu berücksichtigen. Auch die bisherige Finanzstrategie wird anzupassen sein. Denn lag das Hauptaugenmerk während des Berufslebens darauf, die Familie und die Ausbildung der Kinder abzusichern sowie Vorsorgevermögen aufzubauen, verlagert sich der Schwerpunkt im Rentenalter. Dann geht es darum, das Vermögen zu erhalten und die erzielten Erträge regelmäßig zu nutzen. Ihre Finanzstrategie bei näher rückendem Rentenbeginn sollte dann darauf ausgerichtet sein:

- → im Rentenalter keine Schulden mehr zu haben,
- → Vermögenswerte abzusichern,
- → eine ausreichende Geldreserve für ungeplante Ausgaben und die Gesundheitsvorsorge aufzubauen,
- → für die Altersvorsorge angespartes Kapital so zu entnehmen, dass es voraussichtlich bis zum Lebensende reichen wird,
- → die persönlichen Risiken abzusichern und den Versicherungsbedarf anzupassen,
- → auch zu bedenken, wie, wann und an wen welche Vermögenswerte weitergegeben werden können oder sollen.

CHECKLISTE

## Grundregeln der Geldanlage

- ☐ Egal ob ein größerer Geldbetrag einmalig angelegt oder nur kleine monatliche Zahlungen in einen Sparvertrag fließen sollen: Die Risiken sollten gestreut werden.
- ☐ Bei einer Geldanlage sollten Sie nie mehr Risiko eingehen als Sie tragen können.
- ☐ Entscheiden Sie sich nur für eine Geldanlage, die Sie auch verstehen. Grundsätzlich gilt: Je komplizierter ein Produkt ist, desto erfahrener sollten Sie in Finanzgeschäften sein.
- ☐ Vorsicht bei undurchsichtigen Ausstiegsmöglichkeiten. Besonders gilt das bei Verträgen mit mehrjährigen Laufzeiten, die entweder vor Ablauf gar nicht oder nur mit erheblichen finanziellen Nachteilen vorzeitig gekündigt werden können.
- ☐ Kosten, Gebühren und Provisionen schmälern den Ertrag, der mit einer Investition erzielt werden kann. Bei der Entscheidung für eine Anlageform sollte also sehr genau auf die Kosten geachtet werden. Oft sind die entsprechenden Angaben inmitten einer Flut von anderen Informationen versteckt.
- ☐ Flexibilität ist wichtig. Es sollten Anlageformen bevorzugt werden, auf die verlustfrei auch vorzeitig zugegriffen werden kann.
- ☐ Die Rückzahlung von Schulden hat immer Vorrang. Das gilt vor allem bei Dispo- und Ratenkrediten.
- ☐ Es sollte nicht alles Geld auf eine Karte gesetzt werden, sondern es gilt – immer abhängig von der persönlichen Risikobereitschaft – mehrere Anlageklassen zu berücksichtigen.
- ☐ Bei schwankenden Einkünften sollte bei der Geldanlage auf Nummer sicher gegangen werden, dann gibt es zu Tages- und Festgeld keine Alternative. Bei einer soliden finanziellen Grundlage und etwas Risikotoleranz können auch schwankungsanfälligere Anlageklassen als Beimischung zu Festgeld in Betracht gezogen werden.
- ☐ Regelmäßig sollte überprüft werden, ob die Anlageklassen noch zum persönlichen Bedarf passen. Das gilt besonders dann, wenn sich die Laufzeit einer Geldanlage ihrem Ende entgegenneigt, sich eine Trendwende bei der Zinsentwicklung abzeichnet oder künftig Schwankungsrisiken vermieden werden sollen.

Bei der Neujustierung der Finanzstrategie unterstützen die „Grundregeln der Geldanlage", die unabhängig von Alter und Lebensplanung beachtet werden sollten (→ Seite 103).

## Absicherung der Vermögenswerte

Eine generelle Empfehlung, wie vorhandenes Kapital im Alter angelegt werden sollte oder wie ein optimaler Anlage-Mix aussieht, kann nicht gegeben werden. Zu unterschiedlich sind die individuellen Lebensverhältnisse, um eine für alle passende „Einheitslösung" zu beschreiben. In der Regel gilt jedoch, dass mit dem näher rückenden Ruhestand die Anforderungen an die Sicherheit der Kapitalanlage steigen werden. Und langfristige Anlagen sollten auf kurz- und mittelfristige umgeschichtet werden.

Solange absehbar nicht auf ein Guthaben zugegriffen werden muss, kann ein gewisses Maß an Wertschwankungen in Kauf genommen und beispielsweise Geld in Aktien investiert werden. Mit näher rückendem Rentenalter muss dann aber entschieden werden, ob das vorhandene Vermögen für die laufenden Lebenshaltungskosten benötigt wird oder ob darüber hinaus noch anders verplanbare Geldreserven vorhanden sind. Das Hauptaugenmerk bei der Kapitalanlage sollte auf deren Erhalt liegen und die Inflation berücksichtigen. Ziel sollte es sein, dass die Ersparnisse Ihre Kaufkraft erhalten. Ist dann noch Kapital übrig und möchte man zum Beispiel den Enkelkindern etwas vererben, können daneben schwankungsanfälligere Anlageklassen gewählt werden.

Ein wichtiger Aspekt bei der Geldanlage ist auch die Flexibilität. Unter Umständen muss man beim Eintritt in den Ruhestand schnell über das Kapital verfügen. Vor allem, wenn ein vorzeitiger Rentenbeginn geplant ist, müssen möglicherweise vorübergehend finanzielle Engpässe überbrückt werden.

Das gesamte Vermögen sollte zudem nicht nur in eine Anlageklasse investiert werden. Durch die sinnvolle Streuung des Geldes sind insgesamt stabilere Renditen zu erwarten und die Verlustrisiken werden eingegrenzt. So empfiehlt es sich, das eigene Portfolio mit Produkten aus unterschiedlichen Anlageklassen und mit verschiedenen Laufzeiten, aber auch – je nach persönlicher Risikoneigung – aus verschiedenen Risikokategorien zu bestücken.

Wissenswertes zur Streuung von Anlagerisiken gibt es auf der Webseite der Verbraucherzentrale unter

**verbraucherzentrale.de/node/12435**

**→ TIPP**

**Mit der Umschichtung der Geldanlagen sollte rechtzeitig, möglichst fünf Jahre vor Renteneintritt, begonnen werden. Denn je mehr Zeit eingeplant wird, umso weniger steht man unter Druck, unter Umständen Renditeeinbußen in Kauf nehmen zu müssen, weil das Geld schnell verfügbar sein muss.**

Grundsätzlich empfiehlt es sich einen Plan zu entwerfen, wie sich Einnahmen und Vermögen in den kommenden Jahren entwickeln sollten. Konkret ist zu fragen:

- → Welche Renditechancen sind mit Ihren Kapitalanlagen verbunden?
- → Welche Verlustrisiken könnten Sie im schlimmsten Fall tragen?
- → Wie schnell können Sie auf welches Geld zugreifen, wenn es kurzfristig benötigt wird?
- → Wie lange soll das Ersparte reichen, um Zusatzeinkommen zu Rente oder Pension sicherzustellen?

Nicht zuletzt: Auch bei Renten und Einkünften aus Kapitalanlagen kommt das Finanzamt ins Spiel. Deshalb sollten Sie Fragen rund um die Besteuerung Ihrer Einnahmen im Alter frühzeitig klären (→ Seite 72). Durch geschickte Planung lassen sich da vorteilhafte Konstellationen erreichen.

## Liquiditätsreserve bilden

In zunehmendem Alter wird mit höheren Kosten für Gesundheit und Pflege zu rechnen sein. Das betrifft nicht nur den Mehrbedarf an medizinischen Leistungen bei gesundheitlichen Beeinträchtigungen, zum Beispiel Eigenbeteiligungen bei Gesundheits- und Behandlungskosten. Nicht selten stehen auch größere Investitionen an, weil der Einbau eines Treppenliftes oder ein Umbau des Badezimmers notwendig wird. Für solche Fälle muss finanzielle Vorsorge getroffen werden.

**→ TIPP**

**Auch im Alter sollte immer eine „Notreserve" für unvorhergesehene Ausgaben direkt verfügbar sein. Bei Erwerbstätigen gilt dafür die Faustregel von zwei bis drei Nettomonatsgehältern. Im Rentenalter sollte der Betrag noch etwas höher angesetzt werden, da einerseits die laufende Rente geringer ist als das Arbeitseinkommen. Andererseits kann öfter mal eine ungeplante Ausgabe anstehen, weil Geräte in die Jahre kommen oder auch die Einrichtung an die Bedürfnisse des Alters angepasst werden muss. Das Geld für den „Notgroschen" sollte auf einem Tagesgeldkonto liegen. Das Girokonto ist dagegen ein denkbar ungeeigneter Aufbewahrungsort dafür.**

## Beratung suchen

Wer Geld anlegen will, wendet sich meist zunächst an seine Bank oder Sparkasse. Zwar wird man dort kostenlos beraten, muss aber damit rechnen, dass in erster Linie die hauseigenen Produkte – oder Produkte von Dritten mit entsprechender Vertriebskooperation – verkauft werden. Beziehungsweise solche, bei denen die höchsten Provisionen zu erwarten sind. Denn auch Sparkassen und Banken setzen ihren Mitarbeiterinnen und Mitarbeitern Vertriebsziele.

Neben den Verbraucherzentralen gibt es weitere unabhängige Finanzberater, die auf Honorarbasis arbeiten. Zu beachten ist aber, dass sich Finanz- oder Anlageberater jeder nennen darf; die Berufsbezeichnung ist nicht geschützt. Und so tummeln sich auch viele schwarze Schafe auf dem Markt, vom „Geldfachmann" bis zum „Vermögensoptimierer", die eines gemeinsam haben: Nicht selten kommt nur heiße Luft heraus. Wenn der Finanzvermittler etwas von „Performance", „Risikooptimierung" oder „exzellenten Risikopotenzialen" erzählt, heißt das noch lange nicht, dass er das nötige Fachwissen und die notwendige Unabhängigkeit für eine ordentliche Finanzplanung hat. Vornehmlich wird oft das verkauft, was die maximale Provision bringt.

**ACHTUNG**

Glauben Sie niemandem, der hohe Renditen oder Steuervorteile ins Blaue hinein verspricht. Hohe Renditen gibt es nur im Doppelpack mit einem hohen Verlustrisiko. Bleiben Sie kritisch und lassen Sie sich nicht unter Zeitdruck setzen. Verstanden werden sollte übrigens nicht das, was Ihnen der Berater erzählt, sondern das, was im Basis- oder Produktinformationsblatt und in der auszuhändigenden Beratungsdokumentation zu lesen ist.

Die folgende Checkliste zeigt, wodurch sich eine seriöse Finanzberatung auszeichnet.

CHECKLISTE

### Kriterien für eine seriöse Finanzberatung

- ☐ Ein seriöser Berater erläutert Ihnen seinen rechtlichen Status und die sich daraus ergebende Haftung.
- ☐ Es geht im Gespräch vornehmlich um Ihre Anlageziele, nicht um Produkte.
- ☐ Der Berater berücksichtigt Ihre finanzielle Gesamtsituation. Ihre Risikobereitschaft aufgrund Ihrer Präferenzen wird detailliert erfragt.
- ☐ Die Empfehlung eines Produkts erfolgt auf Basis Ihrer Ziele und Präferenzen.
- ☐ Es wird kein Produkt angeboten, das eine hohe Renditechance besitzt und trotzdem sicher sein soll.
- ☐ Sie werden darüber aufgeklärt, wann Sie (vorzeitig) über Ihr Geld verfügen können und es werden Ihnen verschiedene Alternativen angeboten.
- ☐ Sie werden nicht unter Zeitdruck gesetzt.
- ☐ Die Kosten des Produkts werden ausführlich erläutert.
- ☐ Der Berater händigt Ihnen schriftliche Unterlagen aus.

## Finanzprodukte auf dem Prüfstand

Welches Produkt für welches Anlage- oder Vorsorgeziel? – Diese Frage lässt sich nicht pauschal beantworten. Denn die Wahl hängt immer von den individuellen Bedürfnissen und Möglichkeiten ab. Fakt ist jedoch: Das Girokonto ist sicherlich der falsche Ort, wenn Sie Ihr Geld für sich arbeiten lassen wollen. Und das unabhängig davon, ob der Ruhestand schon in Sicht oder es bis dahin noch etwas länger hin ist.

Außerdem sollten immer die grundsätzlichen Vor- und Nachteile der verschiedenen Anlageformen bedacht werden: Finanzprodukte mit fester Verzinsung haben den Vorteil dass feststeht, welcher Betrag am Ende der Fälligkeit ausgezahlt wird. Das hohe Maß an Sicherheit ist allerdings mit vergleichsweise geringen Zinsen verbunden. Und wer höhere Zinsen erzielen will, muss regelmäßig nicht nur höhere Risiken, sondern auch Einschränkungen bei der Flexibilität in Kauf nehmen.

### Geldanlagen bei Banken

Banken und Sparkassen haben die klassischen Anlageprodukte im Angebot:

- → Tages- und Festgelder,
- → Sparkonten und Sparverträge,
- → Sparbriefe.

> **GUT ZU WISSEN**
>
> Geldanlagen bei Banken und Sparkassen sind sicher, wenn die gesetzliche Einlagensicherung von bis zu 100.000 Euro besteht und das Institut einem der großen deutschen Sicherungssysteme angehört.

### Tages- und Festgelder

Tages- und Festgelder unterscheiden sich durch die Zugriffsmöglichkeiten sowie die Höhe der Zinsen. Während beim Tagesgeld jederzeit Beträge in beliebiger Höhe abgerufen und eingezahlt werden können, gilt beim Festgeld eine fixe Laufzeit zwischen einem Monat und mehreren Jahren.

Tagesgeldkonten bieten variable Zinsen – die aber meist höher sind als auf Girokonten, auf denen Guthaben aktuell fast gar nicht verzinst werden. Auf dem Tagesgeldkonto kann man – wie beim Girokonto – jederzeit (täglich) unbegrenzt über sein Geld verfügen. Ein Konto kann sowohl bei der Filialbank vor Ort als auch bei einer Direktbank eröffnet werden. Diese Onlinebanken bieten oft höhere Zinsen.

Eine Mindesteinlage ist beim Tagesgeldkonto nicht erforderlich. Lastschriften oder Daueraufträge können hier allerdings nicht erteilt werden. Das ist nur über ein vorher festgelegtes Referenzkonto (Girokonto) möglich.

Festgeld, auch Termingeld oder Termineinlage genannt, wird für einen festen Zeitraum zu einem festen Zins angelegt. Es ist also sicher, zu welchem Zeitpunkt wie viel ausgezahlt wird. Allerdings kann während des Anlagezeitraums nicht über das Geld verfügt werden. Angeboten werden Festgeldanlagen vor allem von Banken, aber auch andere Finanzdienstleister wie etwa Bausparkassen können Festgeldkonten führen.

In der Regel wird eine Mindestanlagesumme verlangt, deren Höhe bei den einzelnen Geldinstituten unterschiedlich sein kann. Gleiches gilt für die Mindestanlagedauer, die oft zwischen 30 und 90 Tagen liegt, aber auch mehrere Jahre betragen kann.

Häufig enthalten Festgeldverträge eine Klausel, nach der die Anlage nach dem vereinbarten Zeitraum noch einmal genauso lange zu den geltenden Konditionen verlängert wird, wenn der Bank vorher nichts Gegenteiliges mitgeteilt wird. Sinnvoll kann es deshalb sein, den Anlagevertrag gleich beim Abschluss vorsorglich zu kündigen. Dann kann bei Fälligkeit in aller Ruhe entschieden werden, ob das ausgezahlte Geld angelegt oder anderweitig verwendet wird.

**! ACHTUNG**

Manche Banken locken bei Tages- und Festgeldern mit einem befristeten Sonderzins, wenn gleichzeitig ein Teil des Kapitals in einen bestimmten Investmentfonds eingezahlt wird. Wer nicht ohnehin vorhatte, sein Geld in dieser Form aufzusplitten, sollte von diesem Angebot Abstand nehmen.

Für die Finanzplanung mit Blick auf das Rentenalter heißt das also, dass Festgeld nur die richtige Anlageform ist, wenn dieses Kapital kurzfristig nicht gebraucht wird. Schließlich kann darüber während des vereinbarten Anlagezeitraums nicht verfügt werden. Auch wenn ein fester Zinssatz winkt: Er hilft dann nicht, wenn Geld, das etwa zum Ausgleich von Rentenabschlägen benötigt wird, in Verträgen feststeckt. Beim Tagesgeld hingegen kommt man täglich an die Rücklagen. Allerdings wird diese flexible Verfügbarkeit damit erkauft, dass es bei den Tagesgeldzinsen auf und ab gehen kann.

Um mit Festgeld flexibel zu bleiben, könnte eine Anlage mit verschiedenen Laufzeiten eine Lösung sein. Das hat den Vorteil, dass das Geld für den jeweiligen Zeitraum sicher auf der hohen Kante liegt. Aber eben nicht zu lange, sodass immer wieder neu entschieden werden kann, ob das aktuell frei werdende Geld benötigt wird oder wieder angelegt werden kann.

## Zinstreppe bei Festgeldanlagen

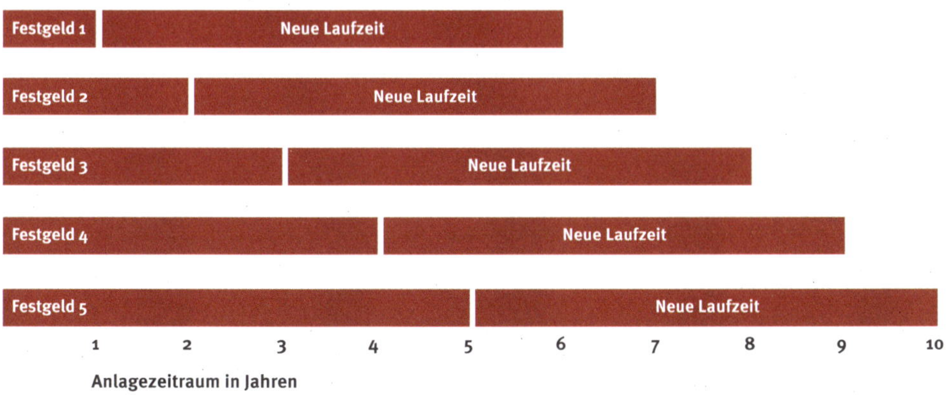

### Sparkonten und Banksparpläne

**Sparkonten und -verträge** sind weniger flexibel als das Tagesgeld. Zwar kann von einem Sparkonto auch täglich Geld abgehoben werden, meist aber nur bis zu einer Obergrenze von 2.000 Euro im Monat. Bei höheren Beträgen gilt dann in der Regel die gesetzliche Kündigungsfrist von drei Monaten. Ansonsten werden Vorschusszinsen fällig. Allerdings lohnt sich das Rechnen: Die Vorschusszinsen für den nicht gekündigten Teil des Sparbuchs liegen bei einem Viertel des Guthabenzinses. Wenn dringender Geldbedarf besteht, kann eine Kündigung dann sogar sinnvoll sein, anstatt Dispo- oder andere Kredite in Anspruch zu nehmen. Aber auch, wenn das Geld vom Sparkonto etwa auf ein besser verzinstes Tagesgeldkonto umgeschichtet werden soll, kann es sich lohnen, den vorschusspflichtigen Teil vom Sparbuch abzuheben.

Zudem sind die Zinserträge auf dem Sparkonto extrem niedrig. Das Ersparte wirft in der Regel dann nicht einmal so viel ab, dass der inflationsbedingte Kaufkraftverlust ausgeglichen wird.

Bei einem **Banksparplan** vereinbart der Anleger mit seiner Bank, auf sein Konto monatlich für eine festgelegte Laufzeit einen festen Geldbetrag einzuzahlen. Auf das Spargeld gibt es variable oder feste Zinsen, je nach Vertragsbedingungen:

- → Ein variabler Zins wird jeweils an das aktuelle Zinsniveau angepasst, sodass hier Schwankungen einzukalkulieren sind. Bei einem festgeschriebenen Zinssatz ist genau vorhersehbar, welcher Betrag am Ende der Laufzeit zur Verfügung steht.
- → Der Zins kann aus Grundverzinsung und Bonuszins bestehen.
- → Die Zinsen können zum Jahresende entweder ausgezahlt oder direkt wieder angelegt werden (Zinseszinseffekt).

Ein Banksparplan kann also eine Alternative sein, wenn bis zum Rentenbeginn zum Beispiel eine bestimmte Summe durch feste monatliche Beträge angespart werden soll.

Bei Vertragsabschluss sollte nicht nur auf Laufzeit und Zins, sondern unbedingt auch auf die im Kleingedruckten vereinbarte Kündigungsfrist geachtet werden. Abzuklären ist insbesondere, ob der Sparvertrag vorzeitig beendet werden kann und welche Kündigungsfrist beziehungsweise Kündigungssperrfrist einzuhalten ist. Im günstigsten Fall kann der Anleger jederzeit oder mit einer Kündigungsfrist von drei Monaten aussteigen und bekommt bis zu diesem Zeitpunkt aufgelaufene Zinsen und den auf die zurückliegende Spardauer entfallenden Bonus gutgeschrieben.

### Sparbriefe

Sparbriefe sind festverzinsliche Anlageprodukte, die von Banken angeboten werden. Hierbei wird ein bestimmter Betrag in einer Summe eingezahlt und für einen festen Zeitraum zu einem festen Zins angelegt. Das Guthaben wird am Ende der Laufzeit ausgezahlt, ohne dass es einer Kündigung bedarf. Ein vorheriger Ausstieg aus dem Vertrag ist in der Regel ausgeschlossen oder nur mit einem Zinsverlust möglich.

Der Zinssatz des Sparbriefs kann zeitlich gestaffelt sein, seine Höhe ist abhängig vom Marktzins, von der gewählten Laufzeit und dem anbietenden Kreditinstitut. Die Zinsen können dem Sparbrief entweder jeweils am Jahresende gutgeschrieben und mitverzinst werden. Damit profitiert der Anleger vom sogenannten Zinseszinseffekt.

Alternativ kann auch vereinbart sein, dass Zinsen während der Laufzeit am Jahresende auf ein festgelegtes Referenzkonto ausgezahlt werden.

Sparbriefe sind eine schwankungsfreie Anlageform. Sie unterliegen keinem Kursrisiko, da sie nicht an der Börse oder im freien Kapitalverkehr gehandelt werden. Allerdings kann über das angelegte Kapital während der Laufzeit auch nicht verfügt werden. Deshalb sollte genau geprüft werden, in welcher Höhe ein Einmalbetrag wie lange im Sparbrief „auf die hohe Kante" gelegt werden kann.

GUT ZU WISSEN

#### Zinseszinseffekt

Der Zinseszins ist der Zins auf den Zins. Heißt: Zinsen auf eine mehrjährige Geldanlage werden nicht Jahr für Jahr an Sparerin oder Sparer ausgezahlt, sondern bleiben im Anlagetopf. So erhöhen sie das zu verzinsende Kapital. Angenommen, es werden 1.000 Euro zu 5 Prozent angelegt, dann stehen nach einem Jahr 1.050 Euro zu Buche. Nach zwei Jahren sind es aber nicht nur 1.100 Euro, denn die 50 Euro Vorjahreszinsen werden ja auch mit 5 Prozent verzinst. Dann beträgt das Guthaben also 1.102,50 Euro. Auf längere Sicht und bei größeren Summen macht das einen erheblichen Unterschied.

**→ TIPP**

Wenn in einen Sparbrief eingezahlt und während der Laufzeit unvorhergesehen Kapital benötigt wird, kann gegebenenfalls ein Kredit aufgenommen und der Sparbrief als Sicherheit hinterlegt werden. Jedoch reduzieren die Zinsen für den Kredit dann die Rendite des Sparbriefs. Alternativ kann in den Vertragsbedingungen des Sparbriefs geschaut werden, ob ein Sonderkündigungsrecht eingeräumt wird. Dies kann bisweilen in Notsituationen gewährt werden.

## Geldanlagen bei Versicherungen

Klassiker der Altersvorsorge von Versicherungen sind die Kapitallebensversicherung und die private Rentenversicherung. Wer diese im persönlichen Vorsorge-Paket fürs Alter hat, kann verschiedene Optionen prüfen, um sie bestmöglich für die eigene Finanzplanung im Rentenalter einzusetzen.

### Kapitallebensversicherung

Die Kapitallebensversicherung ist eine Personenversicherung. Sie dient sowohl der Vorsorge für die Hinterbliebenen beim Tod des Versicherten als auch der eigenen Alterssicherung, wenn er oder sie am Ende der Laufzeit noch lebt. Dann zahlt der Versicherer einen Einmalbetrag, die sogenannte Ablaufleistung aus. Diese umfasst die eingezahlten Beiträge und die von der Versicherungsgesellschaft erwirtschaftete Überschussbeteiligung.

GUT ZU WISSEN

**Kombi-Produkt**

Die Kapitallebensversicherung kombiniert einen Sparplan mit der finanziellen Absicherung einer Risikolebensversicherung. Die monatlich oder jährlich zu zahlenden Raten bestehen folglich aus einem kapitalbildenden Sparanteil und einer Prämie für die Absicherung des Todesfallrisikos. Die sogenannte Todesfallleistung ist die Versicherungssumme, die ab Vertragsbeginn in voller Höhe ausgezahlt wird, falls die versicherte Person vor Ablauf der Vertragslaufzeit stirbt.

→ **TIPP**

Die Versicherung informiert in der Regel einige Wochen vor Vertragsende über die anstehende Auszahlung. Die Einzelheiten dazu finden sich im Vertrag beziehungsweise in den Versicherungsbedingungen. Sofern nichts anderes festgelegt wurde, zahlt der Versicherer das Guthaben am Ablauftag auf das im Vertrag hinterlegte Girokonto aus.

Wer überlegt, eine schon lang laufende Kapitallebensversicherung zu kündigen, weil die finanzielle Situation mit Blick auf den nahenden Ruhestand eng wird, sollte gut nachrechnen: Anders als aktuelle Verträge haben diese zumeist hohe Garantiezinsen und sind zudem unter bestimmten Voraussetzungen steuerlich begünstigt.

**→ TIPP**

**Kein übereilter Ausstieg aus einer Kapitallebensversicherung! Eine Beratung bei der Verbraucherzentrale kann helfen, Vor- und Nachteile gründlich abzuwägen und eine für die persönliche Situation passende Strategie zu finden.**
**verbraucherzentrale.de/beratung**

Grundsätzlich kann eine Kapitallebensversicherung jederzeit zum Rückkaufswert gekündigt werden. Häufigster Grund: Die Versicherten brauchen dringend Geld, können oder wollen die laufenden Beiträge nicht mehr zahlen oder merken, dass die Versicherung nicht mehr zu den Lebensumständen passt, zu teuer geworden oder nicht rentabel ist.

Die vorzeitige Kündigung ist häufig die schlechteste Lösung und kann mit empfindlichen finanziellen Verlusten einhergehen. Versicherte erhalten bei vorzeitiger Kündigung den Sparanteil ihrer Beiträge plus die damit erwirtschafteten Zinsen und die angesammelten Überschussanteile ausgezahlt. Gegengerechnet werden insbesondere die Abschlusskosten und die Stornogebühren, sodass der Rückkaufswert häufig weit unter den eingezahlten Beiträgen liegt. Vor allem in den ersten Jahren der Laufzeit ist der Rückkaufswert sehr niedrig und liegt deutlich unter dem, was in die Versicherung eingezahlt wurde.

Doch nicht immer muss eine vorzeitige Kündigung zwingend ein Minusgeschäft sein. Denn wenn der Rückkaufswert der Lebensversicherung gegebenenfalls zu besseren Konditionen angelegt werden kann, könnte so das Minus zu den eingezahlten Beiträgen ausgeglichen oder gar ein Plus erreicht werden. Die Verbraucherzentralen beraten und berechnen die Beitragsrendite.

Im Einzelfall mag es gute Gründe geben, die Lebensversicherung zu kündigen. Neben einer unabhängigen Beratung sollten auch die folgenden Punkte in Betracht gezogen werden:

→ **Police preiswerter gestalten:** Wer nur Probleme hat, die Versicherungsprämien zu bedienen, kann die in die Versicherung unter Umständen eingebaute Dynamik oder unnötige Zusatzversicherungen kündigen. Insbesondere kann der Unfalltod-Einschluss aus der Lebensversicherung herausgenommen werden. Wurde eine Dynamisierung vereinbart, bedeutet das, dass sich der

Beitrag jährlich um einen bestimmten Prozentsatz erhöht. Gleichzeitig werden für die dynamische Erhöhung Abschlusskosten fällig. Um Beiträge zu sparen, kann die jährliche Beitragserhöhung im Rahmen der Dynamisierung ausgesetzt oder ganz gestoppt werden.

→ **Vertrag beitragsfrei stellen:** Der Vertrag kann beitragsfrei gestellt werden, wenn die Mindestversicherungssumme erreicht ist. Die Beitragsfreistellung, also die Umwandlung in eine prämienfreie Versicherung, ist gesetzlich verankert und jederzeit für den Schluss der laufenden Versicherungsperiode möglich, wenn die vereinbarte Mindestversicherungsleistung besteht. Bei Beitragsfreistellung muss der oder die Versicherte keine Beiträge mehr zahlen. Die Folge: Der Versicherungsschutz wird abgesenkt und die Ablaufleistung gemindert. Allerdings bleiben die Ansprüche aus der Überschussbeteiligung bestehen. Der ursprüngliche Versicherungsschutz kann nach einer Beitragsfreistellung nur mit Zustimmung des Versicherers wiederhergestellt werden. Es handelt sich dann um einen Neuabschluss, was neue Abschluss- und Vertriebskosten zur Folge hat.

→ **Beiträge stunden:** Wenn der finanzielle Engpass zeitlich begrenzt ist (also zum Beispiel bei Arbeitslosigkeit oder bis eine andere Anlage fällig wird), können Versicherte versuchen, für einige Monate eine Stundung der Beiträge zu erreichen. Der Vorteil: Der Versicherungsschutz bleibt bestehen. Die gestundeten Beiträge müssen plus Zinsen nachgezahlt werden. Die Stundung der Beiträge ist allerdings nur sinnvoll, wenn sichergestellt ist, dass später tatsächlich die Beiträge wieder aufgebracht und auch die gestundeten Beiträge mit Zinsen nachgezahlt werden können.

→ **Vertrag vorübergehend ruhend stellen:** Vorübergehende Zahlungsschwierigkeiten können überbrückt werden, indem der Vertrag vorübergehend ruhend gestellt wird. Weil für die Zeit der Ruhendstellung weder für den Versicherten noch für die Versicherung vertragliche Pflichten bestehen, sind keine Beiträge zu zahlen, im Gegenzug ist aber der Versicherungsschutz unterbrochen. Der Vertrag selbst bleibt bestehen, nach Ablauf der vereinbarten Ruhendstellung lebt der Versicherungsschutz wieder auf.

→ **Prämien reduzieren:** Um Beiträge dauerhaft zu senken, kann der Vertrag in einen mit reduzierten Prämien umgewandelt werden. Gibt es diese Möglichkeit in den Versicherungsbedingungen nicht, kann der Versicherer einem solchen Wunsch des Versicherten zustimmen oder ihn auch ablehnen. Verringert sich die Prämie, sinken die Leistungen im Todesfall sowie die Ablaufleistung ebenfalls.

- → **Policendarlehen aufnehmen:** Wer Geld benötigt, kann auf seine Lebensversicherung ein sogenanntes Policendarlehen aufnehmen. Das ist eine Art Vorschuss auf die zu erwartende Versicherungsleistung. Das Darlehen wird vom Versicherer maximal in Höhe des Rückkaufswerts der Versicherung gewährt. Ein Rechtsanspruch darauf besteht nicht. Ein Policendarlehen muss der Darlehensnehmer verzinsen, aber nicht unbedingt vor Vertragsablauf tilgen. Wird das Darlehen erst mit dem Ablauf des Vertrags fällig, wird es mit der Versicherungsleistung verrechnet.
- → **Versicherung auf dem Zweitmarkt verkaufen:** Eine Alternative zur Kündigung kann auch der Verkauf der Police auf dem Zweitmarkt sein. Das gilt für klassische Kapitallebensversicherungen und teilweise auch für fondsgebundene Lebensversicherungen. In diesem Fall erhält der Versicherte dann einen Kaufpreis, der zwar unter der Ablaufleistung, dafür aber über dem Rückkaufswert der Versicherung liegt. Der Käufer führt den Vertrag dann im Normalfall bis zu seiner Fälligkeit weiter und zahlt die Beiträge. Die Ablaufleistung fließt am Ende der Vertragslaufzeit an das Unternehmen, das den Vertrag gekauft hat. Der Todesfallschutz bleibt dem Versicherten jedoch erhalten, da der Policenkäufer den Vertrag fortführt. Stirbt er vor Ende des Vertrags, zahlt der Policenkäufer die Todesfallleistung an die Person aus, die der Versicherte vor seinem Tod benannt hat. Die Todesfallleistung umfasst die bis zum Tod gezahlten Prämien und eine angemessene Verzinsung, allerdings reduziert um den Kaufpreis.

### Private Rentenversicherung

Häufig wird bei der Altersvorsorge mit eigenen Mitteln auch auf eine private Rentenversicherung gesetzt. Bei diesen Verträgen zur sogenannten „aufgeschobenen Rente“ zahlt die Versicherung dann lebenslang die vereinbarte Rente. Den Garantieanteil erhält der oder die Versicherte auf jeden Fall. Hinzu kommen noch die sogenannten Überschussanteile aus dem Erfolg der Kapitalanlagen. Ob und wenn, wie viel Überschüsse ausbezahlt werden, ist allerdings nicht garantiert.

**16,08 Millionen Personen**

**in Deutschland besaßen im Jahr 2024 entweder selbst eine**

**private Rentenversicherung**

**oder jemand anderes aus deren Haushalt.**

Statista 2025, IfD Allensbach

Wie hoch die Rente ausfällt, hängt im Wesentlichen vom eingezahlten Betrag und der Lebenserwartung des Versicherten ab. Wurde eine dynamische Rente gewählt, steigert sich die garantierte Rente jährlich um einen bestimmten Prozentsatz, sodass so die Inflation ausgeglichen werden kann. Wurde ein Kapitalwahlrecht vereinbart, muss der Versicherte vor der Auszahlung entscheiden, ob er sich das angesparte Kapital zum Rentenbeginn auf einen Schlag auszahlen lassen oder ob er eine monatliche lebenslange Rente beziehen will.

Ob sich eine private Rentenversicherung mit Auszahlung oder eine monatliche Rente eher lohnt, lässt sich nicht pauschal sagen. Welche Variante sinnvoller ist, hängt unter anderem von der Lebenssituation des Versicherten ab. Reichen gesetzliche Rente und andere Alterseinkünfte nicht aus, um den eigenen Lebensstandard zu halten, ist die Auszahlung der privaten Rentenversicherung als monatliche Rente in der Regel sinnvoller. Und auch wer zu Rentenbeginn gesund ist und ein langes Leben (mindestens 20 Jahre) erwartet, fährt mit der monatlichen lebenslangen Rente besser. Wenn der Versicherte zum Rentenbeginn jedoch unter einer schweren Krankheit leidet, kann die einmalige Kapitalzahlung die bessere Option sein. Aber auch dann, wenn die volle Versicherungssumme für einen anderen wichtigen Zweck der Altersvorsorge benötigt (etwa zur Tilgung von Darlehen für eine Immobilie) wird.

### Sofortrente

Beim Übergang ins Rentenalter kommt eine spezielle Variante der privaten Rentenversicherung in Betracht: die Sofortrente. Statt über Jahre Kapital anzusparen, zahlt der Versicherte einmal einen hohen Betrag ein. Dieses Geld verrentet die Versicherung sofort, sie beginnt also meist unverzüglich damit, es wieder als monatlichen Betrag auszuzahlen. Es ist aber auch möglich, die Rente noch etwas aufzuschieben und erst nach einigen Jahren mit der Rentenzahlung zu starten.

**→ TIPP**
Im Prinzip eignet sich eine sichere Sofortrente, wenn Sie fit und gesund sind und ein langes Leben erwarten, damit Sie zumindest nominal den eingezahlten Betrag zurückerhalten. Sie ist empfehlenswert, wenn Ihre Lebenshaltungskosten im Alter noch nicht durch sichere Einnahmen gedeckt sind und Sie möglichst keine Einkommensschwankungen möchten. Ob eine Rentengarantiezeit vereinbart wird, ist Geschmackssache. Auf jeden Fall drückt ein Tarif mit Rentengarantiezeit die Höhe der Rente. Ein Vorteil ist, dass die private Rente im Rahmen einer Steuervergünstigung nur mit dem Ertragsanteil versteuert werden muss (→ Seite 118).

## Besteuerung der Versicherungsprodukte

Wie Einnahmen aus einer Kapitallebensversicherung versteuert werden müssen, hängt vor allem vom Zeitpunkt des Abschlusses ab. Das entscheidende Datum ist dabei der 1. Januar 2005.

Wurde eine Kapitallebensversicherung vor diesem Zeitpunkt abgeschlossen, ist die Kapitalauszahlung unter folgenden Voraussetzungen steuerfrei:

- → Der Vertrag hatte eine mindestens zwölfjährige Laufzeit,
- → während der gesamten Laufzeit bestand ein mindestens 60-prozentiger Todesfallschutz,
- → es wurden mindestens fünf Jahre laufende Beiträge gezahlt,
- → die Auszahlung erfolgt frühestens zwölf Jahre nach Vertragsabschluss,
- → es darf keine schädliche Beleihung oder Abtretung des Versicherungsanspruchs erfolgt sein,
- → der Betrag der Ablaufleistung wird vollständig auf einmal ausbezahlt.

Wird die Ablaufleistung als monatliche Rente ausgezahlt, muss der Ertragsanteil versteuert werden (→ Seite 118).

Bei Kapitalauszahlungen aus Lebensversicherungen, die nach dem 31. Dezember 2004 abgeschlossen wurden, ist grundsätzlich der Unterschiedsbetrag zwischen der Ablaufleistung und den eingezahlten Beiträgen steuerpflichtig. Ausnahmsweise muss jedoch nur die Hälfte des Unterschiedsbetrags versteuert werden, wenn

- → die Ablaufleistung in einem Betrag ausgezahlt wird,
- → der Vertrag eine Mindestlaufzeit von zwölf Jahren hatte,
- → die Auszahlung nach Vollendung des 60. Lebensjahrs erfolgt (für Neuverträge

seit dem Jahr 2012 dem vollendeten 62. Lebensjahr) und
- der Todesfallschutz mindestens 50 Prozent der Beitragssumme umfasst (für Verträge, die nach dem 31. März 2009 abgeschlossen wurden).

Anders als Renten aus der gesetzlichen Rentenversicherung werden Leibrenten aus einer privaten Rentenversicherung regelmäßig mit dem günstigeren Ertragsanteil besteuert. Weil der Rentenbezieher bereits Beiträge aus größtenteils versteuertem Einkommen eingezahlt hat, muss er nur den im Rentenbetrag enthaltenen Zinsanteil versteuern. Der Ertragsanteil hängt davon ab, wie alt der Rentenbezieher ist, wenn die Rentenzahlung beginnt. Er ist umso höher, je jünger der Rentner oder die Rentnerin ist, wenn er oder sie erstmals Zahlungen der Deutschen Rentenversicherung erhält.

**ACHTUNG**

Nicht mit dem Ertragsanteil besteuert werden Rentenzahlungen aus einer privaten Versicherung, deren eingezahlte Beträge steuerlich begünstigt waren. Dazu gehören Rentenzahlungen aus einer privaten Rürup-Rente und einer privaten Riester-Rente.

So werden bei einem Rentenbeginn mit dem 50. Lebensjahr 26 Prozent des Ertragsanteils einer lebenslangen Leibrente besteuert, mit 65 Jahren sind es dann 18 Prozent.
**finanzverwaltung.nrw.de/sites/default/files/asset/document/ertragsanteil_bei_lebenslangen_leibrenten.pdf**

**BEISPIEL**

A erhält ab seinem 63. Lebensjahr aus einer privaten Rentenversicherung eine lebenslange monatliche Rente von 1.000 Euro. Der steuerpflichtige Anteil der Rente berechnet sich wie folgt:
Einnahmen:
12 x 1.000 Euro = 12.000 Euro
davon steuerpflichtig:
20 % = 2.400 Euro

## Geldanlage in Wertpapieren

Auch wenn der Ruhestand naht, kann es sinnvoll sein, Geld in Wertpapieren anzulegen. Für Nicht-Börsen-Profis, die die Chancen an den Kapitalmärkten nutzen, aber nicht in risikoreiche Einzelaktien investieren wollen, kann der Kauf von Fondsanteilen eine attraktive Geldanlage für die Altersvorsorge sein. Dabei stehen aktiv oder passiv gemanagte Varianten von Investmentfonds zur Auswahl. Während bei den einen Fondsmanager laufend umschichten und an- und verkaufen, wird bei den sogenannten Indexfonds (ETFs, das steht abgekürzt für Exchange Traded Funds, also börsengehandelter Fonds) ein Index nachgebildet. Was bedeutet, dass auf Fondsebene nur geringe Kosten anfallen, weil das Management nur eingreifen muss, wenn sich die Zusammensetzung des Fonds ändert.

ACHTUNG

Während aktiv gemanagte Investmentfonds jährlich wiederkehrende Kosten zwischen 1,2 und über 2 Prozent des angelegten Kapitals berechnen, sind es bei ETFs oft nur 0,2 Prozent.

HINTERGRUND

## Aktien

Wer Aktien kauft, wird Miteigentümer des jeweiligen Unternehmens. Der Aktienkäufer ist an dessen Gewinn, faktisch aber auch an dessen Verlusten beteiligt. Das Risiko ist allerdings auf den Kaufpreis begrenzt, der für die Aktien gezahlt wurde.
Für den Börsenkurs börsennotierter Aktien ist nicht nur die Geschäftsentwicklung des Unternehmens selbst, sondern sind auch die allgemeine Wirtschaftslage sowie Angebot und Nachfrage von Bedeutung. Deshalb kann der Börsenkurs von Aktien stark schwanken. Bei schlechter Unternehmens- oder gesamtwirtschaftlicher Entwicklung kann der Kurs der Aktie fallen. Sollte das Unternehmen zahlungsunfähig werden, kann die Aktie schließlich sogar wertlos werden. Das angelegte Geld wäre dann verloren. Die Dauer der Beteiligung am Unternehmen ist nicht auf eine bestimmte Laufzeit begrenzt, sondern hängt allein davon ab, wie lange die Aktie gehalten wird.
Mittel- und langfristig betrachtet gehören Aktien zu den lukrativsten Geldanlagen. Gleichwohl können große Börsentiefs über mehrere Jahre erzielte Kursgewinne innerhalb kürzester Zeit zunichtemachen. Weil Kursverluste ebenso wie -gewinne möglich sind, gehen Aktionäre also kein geringes Risiko ein; schließlich können auch Fachleute die Kursentwicklung nicht sicher prognostizieren.

**→ TIPP**

**Wenn Sie mit Ihrem Geld für die Altersvorsorge auf Nummer sicher gehen und bereits beim Abschluss einer Anlageform zumindest ungefähr wissen wollen, mit welcher Rendite Sie rechnen können, dann sollten Sie von Aktien die Finger lassen.**

### Investmentfonds

Kapitalanlage- und Investmentgesellschaften sammeln Geld von vielen Anlegern ein und bündeln es dann in einem Investmentfonds. Durch so einen gemeinsamen Topf steht eine viel größere Summe zur Verfügung und das Fondsmanagement kann viele verschiedene Aktien oder andere Finanzprodukte kaufen, also breit streuen. Das Risiko, das eingesetzte Kapital insgesamt zu verlieren, ist damit im Vergleich zu einer Anlage in Einzelaktien wesentlich geringer. Denn selbst wenn ein Wert in dem Topf schwächelt, reißt er noch nicht den ganzen Fonds nach unten.

**→ TIPP**

**Die Geldanlage in Aktienfonds ist dann sinnvoll, wenn Sie 15 Jahre und mehr Zeit haben und flexibel genug sind, um Kursabstürze an der Börse auszusitzen. Verluste von bis zu 50 Prozent sind historisch möglich. Überlegen Sie, ob Sie dieses Risiko auch im Ruhestand gut schlafen lässt! Auf jeden Fall sollten Sie über genügend sichere finanzielle Mittel verfügen, um Ihre Ausgaben für den Lebensunterhalt zu bestreiten. Denn wenn Sie Ihre Anteile wegen dringenden Geldbedarfs zu einem ungünstigen Zeitpunkt verkaufen müssen, ist das mit deutlichen Verlusten verbunden.**

Bei aktiv gemanagten Fonds wählen Fondsmanager – entsprechend der Ausrichtung, also etwa Technologiewerte – Produkte aus und versuchen, das Portfolio immer wieder der Marktsituation anzupassen. Sie greifen aktiv in die Fondsbestände ein und schichten um. Das bedeutet aber auch, dass der Erfolg eines aktiv gemanagten Fonds davon abhängt, wie gut diese Anlagestrategie funktioniert. Zwar rühmt sich das aktive Fondsmanagement in der Regel stets, dass es eine besonders aktive und erfolgversprechende Anlagestrategie verfolgt. Ihre Manager schnitten angeblich immer besser als der Markt, also die anderen Investoren ab. Doch Studien haben jedoch immer wieder gezeigt: Das ist die Ausnahme, nicht die Regel.

Entsprechend ihrer eingezahlten Gelder erhalten Anleger Anteile am Fonds, sogenannte Investmentzertifikate. Steigt das Fondsvermögen, steigt auch der Wert der Fondsanteile, umgekehrt gilt das Gleiche.

Anteile an Investmentfonds können grundsätzlich börsentäglich ge- und verkauft werden. Sowohl Einmalzahlungen als auch regelmäßige Sparraten sind möglich, um Fondsanteile zu erwerben.

> **ACHTUNG**
>
> Es gibt offene Fonds, deren Anteile Sie jederzeit verkaufen können, und geschlossene Fonds, zum Beispiel für Immobilien. Dort müssen Sie gesetzlich vorgeschriebene Halte- und Rückgabefristen einhalten, um wieder an Ihr Geld zu kommen. Diese sollten Sie daher meiden.

## Fondsarten

Anleger können zwischen verschiedenen Fonds wählen. Es gibt unter anderem:

- Aktienfonds, die ausschließlich oder überwiegend in Aktien investieren,
- Rentenfonds, die mehrheitlich in verschiedene Arten von Anleihen investieren (zum Beispiel Staatsanleihen, Unternehmensanleihen und andere festverzinsliche Wertpapiere),
- Mischfonds, die Gelder – außer in Aktien – auch in festverzinslichen Wertpapieren anlegen,
- Dachfonds, die nicht in einzelne Wertpapiere, sondern in andere Fonds (sogenannte Zielfonds) investieren,
- Garantiefonds, die Anlegern eine Sicherheitsgarantie bieten,
- Geldmarktfonds, die in kurz laufende Papiere, also in Tages- und Termingelder, Geldmarktpapiere und Anleihen mit kurzen Restlaufzeiten investieren.

## Kosten

Auswahl und Handel der Aktien oder Anleihen, Markt- und Unternehmensanalysen sowie das Bemühen, mit ständiger Optimierung hohe Renditen zu erzielen – all diese Aktivitäten der Fondsmanager müssen bezahlt werden. Die Kosten eines Fonds setzen sich aus folgenden Positionen zusammen:

- Ausgabeaufschlag und/oder Rücknahmeaufschlag,
- Verwaltungsgebühr der Investmentgesellschaft,
- unter Umständen erfolgsabhängige Vergütung der Investmentgesellschaft,
- Depotbankgebühr.

Welche Gebühren für den jeweiligen Fonds erhoben werden, ist im Verkaufsprospekt nachzulesen.

GUT ZU WISSEN

**Kosten schmälern Rendite**

Bei einem aktiv gemanagten Aktien-Investmentfonds sind meist einmalig 5 Prozent Ausgabeaufschlag plus 1,5 Prozent des Kapitals jährlich plus erhebliche Transaktionskosten bei sehr aktiver Anlagestrategie zu zahlen. Manchmal ist auch noch eine sogenannte „Performance Fee" fällig. Damit Anleger mit diesem Fonds dennoch eine Rendite über Festgeld erzielen, müssen Fondsmanager schon überragend gut sein.

### ETFs

Wer nach einer kostengünstigen Alternative sucht, ist mit passiv verwalteten Indexfonds gut aufgestellt. Denn diese ETFs orientieren sich an einem Vergleichsindex, dessen Aufbau sie zuverlässig nachbilden. Transaktionen finden nur statt, wenn sich auch am Index etwas ändert. Da diskutieren keine Fondsmanager über die Zukunft einzelner Unternehmen. Hier kaufen sie einfach nur Aktien eines Indexes, die beispielsweise zum DAX, dem wichtigsten deutschen Aktienindex, gehören. Vereinfacht gesagt misst der DAX die Wertentwicklung der 40 größten börsennotierten Unternehmen in Deutschland. Diese Mischung sorgt dafür, dass ein solcher ETF relativ stabil gegen Kurseinbrüche ist. Denn hier wird nicht in einzelne Unternehmen investiert, sondern sie bilden komplette Aktienindizes ab. Wenn die Aktien einzelner Unternehmen fallen, macht sich das bei einen ETF nur wenig bemerkbar. Erst wenn die gesamte wirtschaftliche Lage oder Situation in einer Branche in Schwierigkeiten gerät, verlieren auch ETFs an Wert.

GUT ZU WISSEN

**Renditegewinner ETF**

Auf Sicht von 15 Jahren schneiden 85 bis 90 Prozent der Fonds mit aktiven Fondsmanagements schlechter ab als ihr Vergleichsindex. Selbst wenn diese ein gutes Gespür für erfolgreiche Unternehmen haben, fressen die hohen Kosten für das Management und die Vertriebsprovisionen die Rendite der Anleger oft wieder auf.

**→ TIPP**

Wie bei jedem Investmentfonds bleibt auch bei ETFs das Risiko von Verlusten. Sinkt der hinter einem ETF liegende Index, verliert auch der Fonds an Wert. Eine Garantie für künftige Gewinne gibt es nicht, Wertentwicklungen der Vergangenheit geben nur Anhaltspunkte zur Einschätzung. Alles Wissenswerte zu ETFs ist im Ratgeber „ETF als Geldanlage und Altersvorsorge“ der Verbraucherzentrale nachzulesen, zu bestellen unter **shop.verbraucherzentrale.de**

Die Stiftung Warentest bietet mit ihrem „Fondsfinder“ eine regelmäßig aktualisierte Datenbank, um nach passenden Fonds fürs eigene Portfolio zu suchen. Hier kann nach Fondsdaten, Bewertungen von Anlageerfolgen sowie Anlagestrategien gefiltert werden. Aus rund 1.500 Fondsgruppen kann hier ausgewählt werden – und es ist zu erfahren, wo das jeweilige Produkt zu kaufen ist.
**test.de/node/4331006-0/**

### Fondssparen: Sparplan oder Einmalzahlung

Wenn in Fonds gespart werden soll, kann dies entweder als Einmalzahlung eines größeren Betrags oder als Sparplan in regelmäßigen Raten erfolgen.

Bei einem Fondssparplan wird, entsprechend der persönlichen Möglichkeiten und Sparziele, ein fester Betrag eingezahlt, von dem dann Fondsanteile erworben und in einem Depot verwahrt werden. Für diese feste Sparrate erhält der Anleger mal mehr, mal weniger Fondsanteile gutgeschrieben, weil die Preise des Fonds wie Börsenkurse schwanken können. Wegen der regelmäßigen Einzahlungen (und bei guter Börsenentwicklung) wächst das Fondsvermögen kontinuierlich an, vor allem dann, wenn die Erträge des Fonds nicht an den Sparer ausgeschüttet, sondern automatisch wieder angelegt werden.

Fondssparpläne sind darüber hinaus außerordentlich flexibel, weil sowohl die Laufzeit als auch die Höhe des Sparbetrags frei festgelegt werden kann. Zudem können die Einzahltermine selbst bestimmt werden.

**BEISPIEL**

Wenn Sie 15 Jahre lang jeden Monat 100 Euro in einen Fondssparplan einzahlen und damit nach Abzug aller Kosten sechs Prozent Rendite im Jahr erzielen, haben Sie bei einem Kapitaleinsatz von 18.000 Euro am Ende fast 29.000 Euro angespart. Wenn Sie 200 Euro im Monat sparen und über 15 Jahre lang anlegen, kommen Sie am Schluss auf ein Kapital von über 57.000 Euro. Die Kapitalerträge müssen allerdings noch oberhalb des Sparerfreibetrags versteuert werden.

Fondssparen eignet sich für alle mittel- bis langfristigen Sparziele. Durch die regelmäßigen Einzahlungen kann unter Umständen auch vom sogenannten Cost-Average-Effekt profitiert werden: Sind die Kurse niedrig, können mehr Anteile als bei hohen Kursen gekauft werden. Dafür zahlen Sie über einen längeren Zeitraum betrachtet möglicherweise einen günstigeren Durchschnittspreis als Sparerinnen oder Sparer, die sämtliche Anteile auf einen Schlag als Einmalanlage erwerben oder immer wieder eine gleichbleibende Anzahl an Anteilen kaufen. Aber Achtung: Die Entwicklung an den Börsen ist kaum vorhersehbar. So kann unter Umständen mit einer Einmalanlage eine bessere Rendite erreicht werden, wenn einmalig zu einem günstigen Zeitpunkt gekauft wird und der Kurs danach kontinuierlich steigt.

Wenn bereits ein größerer Geldbetrag zur Verfügung steht – etwa aus einer Erbschaft oder einer fälligen Lebensversicherung – kann dieser auch auf einen Schlag in Fondsanteile investiert werden. Für Einmalanlagen gelten Mindestanlagesummen, die je nach Depotstelle zwischen 500 und 1.000 Euro liegen. Auch bei einer Einmalanlage können Fondsanteile jederzeit ganz oder teilweise ver- oder hinzugekauft werden.

**Einmaleinlage von 10.000 Euro in Investmentfonds: Bei einer durchschnittlichen Rendite von 2 bis 7 Prozent werden in 5 bis 25 Jahren die aufgelisteten Anlageergebnisse erzielt:**

| ANLAGEDAUER IN JAHREN | RENDITE VON | | | | | |
|---|---|---|---|---|---|---|
| | 2 PROZENT | 3 PROZENT | 4 PROZENT | 5 PROZENT | 6 PROZENT | 7 PROZENT |
| 5 | 11.041 Euro | 11.593 Euro | 12.167 Euro | 12.763 Euro | 13.382 Euro | 14.026 Euro |
| 10 | 12.190 Euro | 13.439 Euro | 14.802 Euro | 16.289 Euro | 17.908 Euro | 19.672 Euro |
| 15 | 13.459 Euro | 15.580 Euro | 18.809 Euro | 20.789 Euro | 23.966 Euro | 27.590 Euro |
| 20 | 14.859 Euro | 18.061 Euro | 21.911 Euro | 26.533 Euro | 32.071 Euro | 38.697 Euro |
| 25 | 16.406 Euro | 20.938 Euro | 26.658 Euro | 33.864 Euro | 42.919 Euro | 54.274 Euro |

**BEISPIEL**

Wenn Sie eine Einmaleinlage von 20.000 Euro in einen Investmentfonds investieren, kommen Sie bei einer Anlagedauer von 15 Jahren und einer Rendite von sechs Prozent auf ein Anlageergebnis von fast 48.000 Euro (2 x 23.966). Zahlen Sie einmalig 40.000 Euro ein, haben Sie am Ende einer Laufzeit von zehn Jahren und einer Rendite von fünf Prozent ein Vermögen von rund 65.000 Euro (4 x 16.289 Euro) in Ihrem Depot. Depotkosten sowie die Besteuerung der Gewinne sind nicht berücksichtigt.

Wie bei jedem Einzelinvestment in börsengehandelte Titel stellt sich auch bei der Einmaleinlage in Fonds die Frage des richtigen Einstiegszeitpunkts. Weil niemand sicher weiß, wie sich die Finanzmärkte entwickeln werden, kann es sinnvoll sein, die Gesamtanlagesumme in Teilbeträge aufzuteilen und dann in einem bestimmten Rhythmus Fondsanteile zu erwerben. Und selbst wenn Ihnen ein größerer Geldbetrag für eine Einmalanlage zur Verfügung steht, kann sich eine Kombination mit einem Fondssparplan empfehlen. So können Sie einerseits vom Zinseszinseffekt der Einmalanlage und zusätzlich auch vom geringeren Risiko durch den monatlichen Kauf neuer Fondsanteile profitieren. Sollten die Kurse nach dem Kauf der Einmalanlage sinken, kann der Verlust durch die Anlage des Sparplans ausgeglichen werden.

## Auszahlpläne

Wer sich rechtzeitig um die zusätzliche Vorsorge fürs Alter gekümmert hat, steht dann vor der Aufgabe, das vorhandene Kapital so anzulegen, dass es weiterhin Rendite abwirft, dass es verfügbar ist, wenn es gebraucht wird, und es obendrein so einzuteilen, dass es bestenfalls bis zum Lebensende reicht.

**→ TIPP**

Das Risiko, dass das Kapital vorzeitig aufgebraucht ist, hängt entscheidend von der Höhe der Entsparrate ab. Vorsicht ist angesagt, das reguläre Entnahmealter auf 85 Jahre festzulegen. Die Deutsche Aktuarvereinigung e. V. weist darauf hin, dass ein solcher Entnahmeplan in 50 Prozent aller Fälle schon zu Lebzeiten ausläuft. Männer sollten mit einer Lebenserwartung von 98 Jahren, Frauen mit 100 Jahren rechnen.

Wie lange das zur Verfügung stehende Geld abhängig von der Entnahmerate reicht, lässt sich selbst ausrechnen, zum Beispiel mit dem Onlinerechner unter
**zinsen-berechnen.de/entnahmeplan.php**

Dreh- und Angelpunkt ist der Entnahmeplan, also die Festlegung, wie viel Geld regelmäßig aufs Konto fließen soll, um die Rentenlücke zu schließen.

Jeweils abhängig davon, in welchen Anlageprodukten die Ersparnisse stecken, unterscheiden sich die Planungsschritte fürs Entsparen. Während von einem Tagesgeldkonto jederzeit Beträge auf das Referenz- beziehungsweise Girokonto überwiesen werden können, müssen ETF- oder Fondsanteile erst an der Börse verkauft werden. Einige Depotanbieter bieten das automatisiert an, der Verkaufserlös wird dann dem Referenzkonto gutgeschrieben. Dieses bequeme Verfahren hat allerdings den Nachteil, dass Anteile möglicherweise so zu einem ungünstigen Zeitpunkt, also zu einem niedrigen Kurs, verkauft werden.

Ersparnisse auf Festgeldkonten lassen sich nicht in einen Auszahlplan einpflegen. Denn der Auszahltermin steht entsprechend der Vertragslaufzeit fest. Dann bietet es sich beispielsweise an, das benötigte Geld für ein Jahr zu entnehmen und die restliche Summe ein weiteres Jahr festzulegen. Allerdings: Im Notfall kommt man an dieses Geld nicht ran!

## Bankauszahlpläne

Wer Kapital gespart hat, kann eine Lücke zwischen dem Einkommen als Rentner oder Rentnerin und dem notwendigen Budget durch einen Bankauszahlplan schließen. Dieser funktioniert im Prinzip so: Es wird ein größerer Betrag (etwa aus fälligem Festgeld oder einer Kapitallebensversicherung) bei der Bank eingezahlt und Anleger oder Anlegerin erhalten dann für eine vorher festgelegte Laufzeit ebenfalls regelmäßige (meist monatliche) Auszahlungen. Auch der Zinssatz, zu dem das Geld in dieser Zeit angelegt wird, steht von Beginn an fest.

Individuell kann entschieden werden, ob nur die erwirtschafteten Erträge (Auszahlplan ohne Kapitalverzehr) oder daneben auch Teile des Kapitals (Auszahlplan mit Kapitalverzehr) ausgezahlt werden sollen.

Im Rahmen eines Auszahlplans können Sie Ihr Geld schwankungsfrei anlegen, aus der Anlage regelmäßig Geld entnehmen und im Laufe der Zeit die Ersparnisse aufzehren. Ein solcher Auszahlplan mit Kapitalverzehr ist die Regel. Der Nachteil: Das Geld reicht nur für eine festgelegte Zahl von Jahren. Leben Sie länger als die Auszahlung der Geldanlage geplant ist, fehlt Ihnen die monatliche Rate.

**Auszahlplan mit Kapitalverzehr**

| LAUFZEIT IN JAHREN | ANLAGEERTRAG (ZINS/RENDITE) FÜR 10.000 EURO BEI EINEM ZINSSATZ VON | | | | |
|---|---|---|---|---|---|
| | 1 PROZENT | 2 PROZENT | 3 PROZENT | 4 PROZENT | 5 PROZENT |
| 2 | 420,65 Euro | 424,61 Euro | 428,55 Euro | 432,47 Euro | 436,37 Euro |
| 4 | 212,42 Euro | 216,51 Euro | 220,61 Euro | 224,71 Euro | 228,82 Euro |
| 6 | 143,02 Euro | 147,18 Euro | 151,37 Euro | 155,60 Euro | 159,85 Euro |
| 8 | 108,32 Euro | 112,54 Euro | 116,82 Euro | 121,15 Euro | 125,54 Euro |
| 10 | 87,51 Euro | 91,78 Euro | 96,13 Euro | 100,56 Euro | 105,08 Euro |
| 15 | 59,78 Euro | 64,16 Euro | 68,69 Euro | 73,36 Euro | 78,17 Euro |
| 20 | 45,93 Euro | 50,42 Euro | 55,12 Euro | 60,02 Euro | 65,11 Euro |
| 25 | 37,64 Euro | 42,23 Euro | 47,09 Euro | 52,21 Euro | 57,57 Euro |
| 30 | 32,12 Euro | 36,81 Euro | 41,84 Euro | 47,17 Euro | 52,78 Euro |
| 35 | 28,18 Euro | 32,98 Euro | 38,16 Euro | 43,70 Euro | 49,55 Euro |
| 40 | 25,24 Euro | 30,14 Euro | 35,48 Euro | 41,21 Euro | 47,28 Euro |

**BEISPIEL**

Ein 65-jähriger Anleger, der aufgrund seiner Gesundheit und guter Gene davon ausgeht, 90 Jahre alt zu werden, kann bei einem Kapital von 50.000 Euro seine Rente 25 Jahre lang jeden Monat um rund 235 Euro (5 x 47,09 Euro) aufbessern, wenn er eine jährliche Rendite von drei Prozent erzielt. Danach ist das angesparte Kapital dann aufgebraucht. Nicht berücksichtigt sind eventuell fällige Steuern.

Bei einem Auszahlplan ohne Kapitalverzehr bleibt das angelegte Geld unberührt. Ihre monatliche Rente wird ausschließlich aus den Zinsen gezahlt, die Ihr Kapital erwirtschaftet. Zwangsläufig fallen damit die monatlichen Raten geringer aus. Im Gegenzug stehen Ihnen die Raten jedoch grundsätzlich unbegrenzt zur Verfügung („ewige Rente"). Ihr angespartes Kapital wird nicht angetastet und bleibt beispielsweise auch Ihren Erben erhalten.

**Notwendiges Kapitel für „ewige Rente"**

| FÜR EINE EWIGE RENTE IN HÖHE VON | BRAUCHEN SIE EIN KAPITAL IN HÖHE VON ... BEI LAUFENDEN ERTRÄGEN (ZINSEN/RENDITE) IN HÖHE VON | | | | |
|---|---|---|---|---|---|
| | 2 PROZENT | 2 PROZENT | 2 PROZENT | 2 PROZENT | 2 PROZENT |
| 1.200 Euro pro Jahr | 121.200 Euro | 61.200 Euro | 41.200 Euro | 31.200 Euro | 25.200 Euro |
| 2.400 Euro pro Jahr | 242.400 Euro | 122.400 Euro | 82.400 Euro | 62.400 Euro | 50.400 Euro |
| 3.600 Euro pro Jahr | 363.600 Euro | 183.600 Euro | 123.600 Euro | 93.600 Euro | 75.600 Euro |

VORTEILE UND NACHTEILE

## Bankauszahlplan

### Vorteile

Beim Bankauszahlplan kann im Gegensatz zum Fondsauszahlplan (→ Seite 130) genau kalkuliert werden, wie lange das Ersparte für die zusätzliche Rente ausreicht. Vorteilhaft ist beim Bankauszahlplan auch, dass das Kapital nicht verloren geht, wenn der Anleger oder die Anlegerin vorzeitig versterben sollte. In diesem Fall wird das Restkapital an die begünstigten Angehörigen beziehungsweise die Erben ausgezahlt. Ein Vorteil dieser Kapitalanlage ist auch, dass das Geld im Rahmen der gesetzlichen Einlagensicherung abgesichert ist.

### Nachteile

Ein wesentlicher Nachteil des Bankauszahlplans besteht allerdings darin, dass man aus dieser Geldanlage nicht einfach wieder aussteigen kann, etwa, weil man das Geld für einen Notfall (etwa bei Pflegebedürftigkeit) benötigt oder weil man es anderweitig mit einer höheren Rendite anlegen will. Der Auszahlplan gilt für eine vertraglich festgelegte feste Laufzeit und ist während dieser Zeit nicht kündbar. Und weil die Zinsen während der Laufzeit des Bankauszahlplans fest vereinbart sind, kann auch nicht von etwaigen Zinssteigerungen in dieser Zeit profitiert werden.

BEISPIEL

Wenn Sie Ihre Rente um 200 Euro im Monat beziehungsweise um 2.400 Euro im Jahr aufbessern wollen, brauchen Sie bei 3 Prozent laufenden Erträgen Ersparnisse in Höhe von 82.400 Euro. Ganz egal, wie lange Sie leben, steht dann am Ende das angesparte Geld auch Ihren Kindern und Enkeln noch zur Verfügung.

**→ TIPP**

Weil Sie während der vereinbarten Laufzeit beim Bankauszahlplan nicht an Ihr Erspartes herankommen, ist es sinnvoll, nur so viel Geld in den Bankauszahlplan zu stecken, wie für die „Zusatzrente" in der gewünschten Höhe erforderlich ist.

## Fondsauszahlplan

Wer über eine größere Summe etwa aus einer fälligen Lebensversicherung verfügt, kann auch über einen Fondsauszahlplan nachdenken: Dabei wird eine bestimmte Anlagesumme in einen oder mehrere Fonds angelegt. Aus dem Depot werden dann regelmäßige Auszahlungen geleistet. Dabei entscheidet der Anleger, ob diese ausschließlich aus den laufenden Erträgen des Depots finanziert werden oder ob auch Teile des Kapitals aufgebraucht werden (Kapitalverzehr). Je höher die monatliche Rente ausfällt, desto schneller wird auch das angelegte Kapital angegriffen.

**→ TIPP**

**Für den Fondsauszahlplan spricht, dass beim Tod des Anlegers – im Gegensatz zur Sofortrente (→ Seite 116) – den Begünstigten beziehungsweise den Erben das nicht verbrauchte Kapital zur Verfügung steht. Außerdem ist diese Form der Kapitalanlage flexibler als der Bankauszahlplan und die Sofortrente, weil es jederzeit möglich ist, auf das Kapital zuzugreifen und es anderweitig anzulegen.**

Beim Fondsauszahlplan besteht zudem das Risiko, dass sich das Vermögen durch unvorhergesehene Kurseinbrüche vermindert. Nachteilig ist auch, dass die Verzinsung und damit der Zeitraum, über den ein bestimmter Geldbetrag entnommen werden kann, nicht gewährleistet ist. Über eine garantierte Rente in einer bestimmten Höhe können Anleger also nicht verfügen.

Bei einem Auszahlplan aus Aktienvermögen sind zwar langfristig die höchsten Gewinne möglich, allerdings muss damit gerechnet werden, dass die Kurse immer wieder mal absacken können. Eine längere Abschwungphase an der Börse kann deshalb auch zur Folge haben, dass weniger Geld entnommen werden kann. Sinnvoll kann es deshalb sein, einen ETF auf einen weltweiten Index (zum Beispiel den MSCI World) mit sicherem Tagesgeld zu kombinieren.

## Besteuerung von Kapitalerträgen

Einkünfte aus Kapitalanlagen im Privatvermögen sind steuerpflichtig, und zwar unabhängig davon, ob sie im In- oder im Ausland erzielt werden. Die Steuer wird in Form der Abgeltungssteuer direkt von den Banken und Finanzinstituten, über die Kapitalanlagen verwaltet werden, an den Fiskus abgeführt.

Kapitalerträge, die nicht in einem Unternehmen anfallen, werden mit einem einheitlichen Steuersatz von 25 Prozent besteuert. Hinzu kommen noch gegebenenfalls der Solidaritätszuschlag und die Kirchensteuer.

Die anfallende Steuer hat „abgeltende“ Wirkung, das heißt, der Anleger hat nach Abzug der Abgeltungssteuer seiner Steuerpflicht entsprochen. Die Kreditinstitute ziehen die anfallende Steuer gleich bei der Gutschrift der Erträge ab. Das gilt auch für erzielte Kursgewinne.

### Besteuerte Einkünfte

Der Abgeltungssteuer unterliegen alle Erträge aus einem privaten Kapitalvermögen ohne Rücksicht darauf, ob sie laufend gezahlt werden oder aus Wertveränderungen resultieren, unter anderem

- → Zinserträge aus Geldeinlagen bei Kreditinstituten,
- → Kapitalerträge aus Forderungswertpapieren,
- → Dividenden,
- → Erträge aus Investmentfonds oder Termingeschäften,
- → Zertifikatserträge.

Weiterhin erfasst die Abgeltungssteuer Gewinne aus Verkäufen festverzinslicher Wertpapiere, von Investmentanteilen und Aktien, nicht jedoch Gewinne aus dem Verkauf von Immobilien.

### Sparer-Pauschbetrag

Jeder Anleger hat einen sogenannten Sparer-Pauschbetrag von 1.000 Euro pro Jahr für sämtliche Kapitalerträge (Ehepaare 2.000 Euro). Abgeltungssteuer fällt nur an, wenn der Sparer-Pauschbetrag überschritten wird. Um Kapitalerträge von einer Besteuerung freizustellen, muss vom Anleger ein Freistellungsauftrag beim jeweiligen Kreditinstitut eingereicht werden. Darin legt der Anleger den Anteil des Sparer-Pauschbetrages fest, bis zu dem das Institut keine Abgeltungssteuer abführen soll.

Der Freistellungsauftrag gilt für alle Kapitalerträge, die bei dem Institut erzielt werden. Eine Beschränkung auf bestimmte Konten oder Depots ist nicht möglich. Freistellungsaufträge können gegenüber mehreren Kreditinstituten erteilt werden, dürfen jedoch in der Summe nicht den Sparerfreibetrag übersteigen. Freistellungsaufträge können befristet oder unbefristet erteilt werden. Am weitesten verbreitet ist der unbefristete Freistellungsauftrag, der bis auf Widerruf gilt.

Wer aufgrund geringer Einkünfte einen persönlichen Steuersatz von unter 25 Prozent hat, hat die Möglichkeit zur sogenannten Veranlagungsoption. Um diese zu nutzen, müssen die Kapitalerträge in die Einkommensteuererklärung vollständig eingetragen werden. Das Finanzamt prüft dann, ob die Einbeziehung in die Veranlagung für den Steuerpflichtigen günstiger ist als die Abgeltungssteuer. Ist dies der Fall, wird im Einkommensteuerbescheid die entsprechende Rückzahlung festgesetzt. Wenn dagegen die Abgeltungssteuer für den Steuerpflichtigen günstiger ist, muss er keine Steuer nachbezahlen.

## Immobilien

Wohneigentum ist für viele ein wichtiger Bestandteil ihrer privaten Altersvorsorge. Zum einen ist eine Immobilie ein Sachwert und – sieht man mal von möglichen Schwankungen am Immobilienmarkt ab – ein bleibender Wert: Betongold werden Immobilien auch genannt. Zum anderen bieten selbst bewohnte Immobilien die Chance, im Rentenalter mietfrei zu wohnen – vorausgesetzt, sie sind bis dahin abbezahlt. Durch die eingesparte Miete verbessert sich dann die Einkommenssituation von Eigentümern um rund 30 Prozent. Zwar sind deren Renten nicht höher als die von Mietern, die in vergleichbaren Wohnungen leben. Aber nach Abzug aller Kosten fürs Wohnen haben sie eben rund ein Drittel mehr im Portemonnaie. Dieser Effekt wirkt lebenslang. Eigentümer sind außerdem vor Mieterhöhungen sicher. Außerdem ist mietfreies Wohnen im Alter steuerfrei.

Nicht zuletzt: In den eigenen vier Wänden kann man tun und lassen, was man will. Individuelle Wohnwünsche sind leicht umzusetzen, man hat mehr Freiraum und ist von einem Vermieter unabhängig.

Außerdem kann eine Immobilie unter bestimmten Voraussetzungen steuerfrei an Ehepartner oder Kinder vererbt werden. Bei anderen Kapitalanlagen sind dabei viel niedrigere Freibeträge zu beachten.

**→ TIPP**

**Die selbst genutzte Immobilie ist grundsätzlich eine sichere Vorsorgeform. Geringere Sicherheit bietet eine vermietete Immobilie; hier besteht etwa das Risiko von Mietausfällen.**

Wer für die Altersvorsorge in Wohneigentum investiert hat, sollte sich allerdings auch über mögliche Nachteile dieser Anlage im Klaren sein:

→ Eigentümer müssen die Instandhaltungs- und Instandsetzungskosten für die Immobilie selbst tragen. Kleinere und größere Reparaturen, Sanierungen und Modernisierungen verursachen Kosten, insbesondere wenn die Immobilien mit ihren Eigentümern in die Jahre kommen. Wer hierfür keine Rücklagen hat, wird das kaum aus einem möglicherweise geringeren Renteneinkommen stemmen können. Die Finanzierung von Sanierungsbedarf kann insbesondere auch deshalb zum Problem werden, weil Rentnerinnen und Rentnern bei Banken und Sparkassen kaum mehr Kredite eingeräumt werden. Auch im Budget des „Rentnerhaushalts" sollte daher laufend ein Posten für notwendige Instandhaltungsarbeiten fest eingeplant werden.

→ Wer sein gesamtes Geld in eine Immobilie steckt, verzichtet auf eine Risikostreuung bei der Kapitalanlage. Ein Unfall, eine schwere Krankheit oder Pflegebedürftigkeit, der Tod des Ehepartners oder andere Umstände können zur Folge haben, dass die Immobilie schnell und dann mit Wertverlusten verkauft werden muss. Möglicherweise reicht der Erlös dann nicht mehr, um die Lücke zwischen Einnahmen im Rentenalter und Ausgaben bis zum Lebensende zu stopfen.

→ Der Eigentümer einer Immobilie verzichtet unter Umständen auf Flexibilität. So schnell zieht man nicht aus dem Eigentum aus, selbst wenn das angesichts zunehmenden Unterstützungs- und Pflegebedarfs sinnvoll wäre.

ACHTUNG

**Fehlendes Finanzpolster**

Risikoreich kann es sein, wenn neben der Immobilie kaum noch Vermögen vorhanden ist. Denn das ganze Kapitel ist dann in dem Objekt gebunden. Bereits unerwartete Kosten, etwa für notwendige Instandsetzungsmaßnahmen oder auch durch gesetzliche Vorgaben zur energetischen Sanierung, können dann allein mit den Einnahmen aus der Rente nicht mehr finanziert werden. Am Ende bleibt nur, die Immobilie unter Umständen zu verkaufen – oder es droht gar eine Zwangsversteigerung.

### Vermietete Immobilie

Auch eine vermietete Immobilie kann ein Baustein sein, um das verfügbare Einkommen im Rentenalter zu erhöhen. Wie bei einem selbstgenutzten Haus oder einer selbst genutzten Wohnung gilt auch hier: Nur wenn das Objekt spätestens bis zum Rentenbeginn abbezahlt ist, kann es zur Altersvorsorge beitragen. Und das Vermietungsrisiko sollte immer bedacht werden.

Ob vermietete Immobilien eine angemessene Rendite abwerfen und deshalb eine gute Kapitalanlage sind, lässt sich nur bedingt prognostizieren. In Immobilienanzeigen wird regelmäßig mit einer Bruttorendite geworben. Hier wird die Jahreskaltmiete ins Verhältnis zum Kaufpreis gesetzt:

$$\text{Bruttomietrendite} = \frac{\text{Jahreskaltmiete}}{\text{Kaufpreis}} \times 100$$

**BEISPIEL**

Der Kaufpreis für eine Eigentumswohnung beträgt 250.000 Euro. Die Wohnung wird für 1.000 Euro pro Monat, also 12.000 Euro pro Jahr vermietet. Die Bruttomietrendite beträgt 4,8 Prozent: (12.000 : 250.000) x 100

Erst bei einer Bruttomietrendite ab circa fünf Prozent wird sich die Immobilie voraussichtlich selbst tragen – darunter wird es schwierig.

Weil die bei der Bruttomietrendite berücksichtigte Jahreskaltmiete nicht vollständig zur Verfügung steht, sondern auch Betriebskosten und andere Aufwendungen anfallen, greift dieser Wert jedoch zu kurz, um die Rentabilität einer vermieteten Immobilie zu bestimmen. Mehr Aussagekraft hat deshalb die Nettomietrendite, bei der auch die Kaufnebenkosten sowie Verwaltungs- und Instandhaltungskosten berücksichtigt werden. Die Formel hierbei lautet:

$$\text{Nettomietrendite} = \frac{\text{Jahreskaltmiete} - \text{laufende Kosten}}{\text{Kaufpreis} + \text{Nebenkosten}} \times 100$$

**ACHTUNG**

### Vermietungsrisiko

Das Vermietungsrisiko besteht einmal darin, dass die Immobilie über einen bestimmten Zeitraum nicht vermietet werden kann und es deshalb zu Mietausfällen kommt. Ins Risiko gehen Vermieter aber auch, wenn Haus oder Wohnung zwar vermietet werden, die Mieter aber die vereinbarte Miete nicht beziehungsweise nicht rechtzeitig entrichten. Risiken birgt eine vermietete Immobilie auch, weil die bei der Baufinanzierung kalkulierte Miete am Markt nicht erzielt werden kann (etwa, weil Abstriche bei Qualität und Lage zu machen sind) oder gesetzliche Schranken (wie die Mietpreisbremse) beachtet werden müssen.

**BEISPIEL**

Eine Wohnung wurde zu einem Preis von 250.000 Euro gekauft. Sie ist für 1.000 Euro pro Monat, also 12.000 Euro pro Jahr vermietet. Die nicht auf den Mieter umlegbaren Kosten für Verwaltung und Instandhaltung betragen monatlich 100 Euro. Für die Kaufnebenkosten wurden 15.000 Euro entrichtet. Die Nettomietrendite beträgt 4,32 Prozent (12.000 – 1.200 x 100 : 250.000).

### Besteuerung von Einkünften aus Vermietung und Verpachtung

Wer ein Haus oder eine Wohnung vermietet, erzielt Einkünfte aus Vermietung und Verpachtung. Der Vermieter muss seine Einkünfte versteuern, kann aber im Gegenzug seine Werbungskosten geltend machen. Die Einkünfte aus Vermietung und Verpachtung ermitteln sich als Überschuss der Einnahmen gegenüber den Werbungskosten. Der Überschuss kann positiv oder negativ sein.

Zu den Mieteinnahmen gehören vor allem die Miete (Kaltmiete) und die Umlagen (Betriebskostenvorauszahlungen), die der Mieter an den Vermieter zahlt. Denen stehen alle Aufwendungen gegenüber, die „dem Erwerb, der Sicherung und der Erhaltung" der Einnahmen dienen. Diese können als Werbungskosten steuerlich geltend gemacht werden. Dazu gehören insbesondere

- → Renovierungs- und Instandhaltungskosten,
- → Schuldzinsen und andere Finanzierungskosten,
- → Abschreibungen auf das Gebäude beziehungsweise den Gebäudeteil,
- → Hausnebenkosten wie Grundsteuer und Gebäudeversicherung,
- → Kosten für Gartenpflege,
- → Kosten für Hausverwaltung,
- → nicht auf den Mieter umlegbare andere Kosten im Zusammenhang mit der Immobilie.

Finanzierungskosten sind in erster Linie die laufenden Zinsen für Hypothekendarlehen. Wenn diese Kredite zu Rentenbeginn abgezahlt sind, können keine Finanzierungskosten mehr geltend gemacht werden.

Steuermindernd wirken sich Abschreibungen auf das vermietete Gebäude aus. Abschreibungsfähig ist nur das Gebäude, nicht dagegen der Grund und Boden, auf dem es steht. Abgeschrieben wird linear, also in gleichen Jahresbeträgen. Der jährliche Abschreibungsprozentsatz beträgt grundsätzlich 2 Prozent; bei Altgebäuden, die vor dem 1. Januar 1925 fertiggestellt wurden, beträgt er 2,5 Prozent.

# Versicherungen im Alter

Auch wenn der Ruhestand in Sicht ist gilt es, die existenziellen Risiken des täglichen Lebens weiter abzusichern. Allerdings ist dieser neue Lebensabschnitt Anlass endlich das zu tun, was eigentlich regelmäßig angesagt ist: Nämlich Bestandsaufnahme beim Versicherungsschutz zu machen. Und zu überprüfen, welche Versicherung überhaupt und in welchem Umfang nötig ist.

Wer kennt das nicht? Da schlummern irgendwann einmal abgeschlossene Versicherungspolicen in Ordnern, die Verträge verlängern sich automatisch Jahr für Jahr, obwohl sie entweder nicht mehr oder nicht in diesem Umfang notwendig sind. Spätestens mit dem nahenden Ruhestand sollte kritisch überprüft werden, ob die Policen noch der Lebenssituation entsprechen.

## Private Haftpflichtversicherung

Selbst für Versicherungs-Muffel: Eine private Haftpflichtversicherung ist ein absolutes Muss für jeden und jede – in jedem Alter. Mit ihr sind als Basisversicherung die allgemeinen Risiken des täglichen Lebens abgedeckt.

GUT ZU WISSEN

**Kündigung einer Versicherung**

Wenn Sie sich rechtzeitig vor einer Verlängerung kümmern, können Sie die meisten Versicherungsverträge kündigen, ohne besondere Gründe angeben zu müssen. Allerdings gelten für manche Versicherungssparten besondere Kündigungsmöglichkeiten, etwa für Kfz-Versicherungen, Lebensversicherungen und private Krankenversicherungen.
Außerdem haben Sie ein Sonderkündigungsrecht nach einer Beitragserhöhung oder im Schadensfall.

→ **TIPP**

Insgesamt benötigen Seniorinnen und Senioren weniger Versicherungsschutz als Familien mit Kindern. Darüber hinaus bieten Policen, die speziell auf Senioren zugeschnitten sind, erhebliches Sparpotenzial. Allerdings sollte dort auf das Kleingedruckte geachtet werden. Das gilt vor allem, wenn vermeintlich auf die Bedürfnisse älterer Menschen abgestimmte Versicherungen als Paket angeboten werden.

Wer einem anderen einen Schaden zufügt, muss dafür meist finanziell geradestehen. Im schlimmsten Fall kann das den finanziellen Ruin bedeuten. Grundsätzlich leistet die private Haftpflichtversicherung bei Schäden, die Versicherte fahrlässig oder grob fahrlässig verursachen. Ausgeschlossen sind Schäden, die Versicherte vorsätzlich verursacht haben.

ACHTUNG

Haus- und Grundbesitzer von vermietetem oder unbebautem Grundbesitz, Tierhalter, Besitzer von Öltanks oder Bauherren müssen in vielen Fällen zusätzliche Haftpflichtversicherungen abschließen, um die damit verbundenen Risiken abzudecken.

Die Privathaftpflichtversicherung ist zunächst einmal eine Art kleiner Rechtsschutz. Denn bevor sie zahlt, prüft sie die Haftung, das heißt die Frage, ob der Versicherte den Schaden überhaupt verursacht hat. Wo kein Verschulden, da ist auch keine Haftung. Und wo keine Haftung ist, gibt es auch keinen Schadenersatz. Und dann wehrt die Versicherung unberechtigte Schadenersatzansprüche ab. Andernfalls kommt die Versicherung für die Ansprüche des Geschädigten im Rahmen des vereinbarten Versicherungsschutzes auf.

Bei einem Sachschaden werden immer die Reparaturkosten gezahlt. Ist der Gegenstand nach der Reparatur weniger wert als vorher, gibt es außerdem einen Aufschlag für diese Wertminderung.

Bei einem Totalschaden wird der Zeitwert der versicherten Sache erstattet. Als Ersatz für ein gebrauchtes Fahrrad bekäme der Geschädigte also so viel Geld, dass er sich ein ähnlich gutes, gebrauchtes Fahrrad kaufen kann.

Bei einem Personenschaden können Arzt- und Krankenhauskosten, Kosten für die Linderung der Leiden, ein Ausgleich für berufliche Nachteile, Kosten für die Wiederherstellung der Arbeitsfähigkeit, Schmerzensgeld, ein Ausgleich für bleibende Schäden (etwa Rentenzahlungen) und andere Zusatzkosten (zum Beispiel für Pflegepersonal) geltend gemacht werden.

Die Versicherung zahlt in den genannten Fällen nur bis zur im Versicherungsschein genannten Deckungssumme für Personen-, Sach- und Vermögensschäden. Ist der Schaden höher ausgefallen, muss der Versicherte den Rest selbst zahlen. Wichtig ist also eine Versicherung in ausreichender Höhe. Als Mindestdeckungssumme sollten pauschal zehn Millionen Euro vereinbart werden. Die Versicherung sollte diese Summe in allen drei Bereichen – Personen-, Sach- und Vermögensschäden – abdecken.

**→ TIPP**

Die Privathaftpflichtversicherung ist eine Familienversicherung. Mitversichert ist der Ehepartner oder die -partnerin. Auch der nicht eheliche Lebenspartner kann kostenlos mitversichert werden, wenn er oder sie mit dem oder der Versicherten im gleichen Haushalt zusammenlebt. Wer alleinstehend im Haushalt seiner Kinder lebt, kann möglicherweise über deren Haftpflichtversicherung mitversichert sein.

## Wohngebäudeversicherung

Wer ein Eigenheim hat, braucht eine Wohngebäudeversicherung. Sie gehört für Wohnungseigentümer – neben der Privathaftpflichtversicherung – zu den wichtigsten Versicherungen. Ist die Immobilie über ein Hypothekendarlehen finanziert, kommt man um diese Versicherung ohnehin nicht herum; sie ist Bedingung für die Kreditfinanzierung.

Eine Wohngebäudeversicherung tritt ein, wenn das Haus des Versicherten beschädigt oder ganz zerstört wird. Die Grunddeckung einer Wohngebäudeversicherung bietet Schutz gegen die Gefahren Feuer, Leitungswasser und Naturgefahren (Sturm, Hagel).

Die Gebäudeversicherung hat ein großes Loch: Schäden durch Überschwemmungen sind nicht versichert. Diese werden aber mit den Veränderungen des Klimas immer häufiger. Und das auch in Lagen, die sich nicht in der Nähe von Überschwemmungsgebieten befinden. Starkregen und damit verbundene Überschwemmungen sowie Rückstau aus der Kanalisation treten in nahezu allen Regionen Deutschlands immer öfter auf.

Wer sich gegen Schäden aus Überschwemmungen oder Rückstau absichern will, muss die sogenannte Elementarschadenversicherung als Zusatzpolice zur Gebäudeversicherung abschließen. Diese gibt es auch in Kombination mit einer Hausratversicherung. In der Elementarschadenversicherung sind im Paket Schäden am Gebäude und an Grundstücken durch Überschwemmung, Erdbeben. Erdsenkung, Erdrutsch, Schneedruck und Lawinen versichert. Eine Versicherung gegen einzelne Gefahren (etwa nur gegen Überschwemmung) ist nicht möglich.

Die Wohngebäudeversicherung schützt nicht nur das eigentliche Gebäude, sondern auch alle mit diesem fest verbundenen Teile (Zentralheizungsanlagen, Einbaumöbel, sanitäre Installationen und elektrische Anlagen). Auch Zubehör, das der Instandhaltung des Gebäudes und dessen Nutzung zu Wohnzwecken dient (Antennen, Markisen, Überdachungen), ist geschützt.

Die richtige Versicherungssumme ist die, mit der das Gebäude im Falle der Zerstörung wieder vollständig aufgebaut werden kann. Eine Wohngebäudeversicherung wird in der Regel als gleitende Neuwertversicherung abgeschlossen. Die Beiträge fast aller Anbieter sind durch Anpassungsklauseln in den Versicherungsbedingungen an die Baupreisentwicklung und die Schadenzahlungen im Vorjahr gekoppelt. Dies soll einer Unterversicherung entgegenwirken.

Die Beitrags- und Leistungsunterschiede zwischen den Anbietern von Wohngebäudeversicherungen sind enorm. Sinnvoll ist deshalb eine unabhängige Beratung.
**verbraucherzentrale.de/beratung**

## Hausratversicherung

Ob eine Hausratversicherung notwendig ist, hängt vom Wert der Einrichtung ab. Je wertvoller die Einrichtung, desto wichtiger ist die Police.

Versichert sind Schäden durch Leitungswasser, Sturm, Hagel, Raub, Einbruchdiebstahl, Brand, Blitzschlag und Explosion. Soll Hausrat auch gegen Schäden aus Überschwemmungen oder Rückstau abgesichert werden, ist eine Elementarschadenversicherung als Zusatzpolice zur Hausratversicherung notwendig.

**→ TIPP**

**Wer ein Haus besitzt, sollte die Gebäudeversicherung und die Hausratversicherung am besten bei demselben Anbieter abschließen. So wird vermieden, dass sich unterschiedliche Versicherungen darüber streiten, wer von beiden einen Schaden begleichen muss.**

Zum Hausrat zählt alles, was zum Gebrauch und Verbrauch gehört: unter anderem

- die Wohnungseinrichtung: Möbel, Teppiche, TV- Geräte und Receiver, Kameras, Bilder;
- Gebrauchsgegenstände: Haushaltsgeräte, Spielsachen, Wäsche, Kleidung, Bücher;
- Wertsachen: Bargeld, Urkunden, Briefmarken, Wertpapiere, Sparbücher, Schmuck, Münzen, Gemälde, Plastiken, Antiquitäten – bis zu einer bestimmten Wertgrenze.

Der Hausrat ist auch versichert, wenn er vorübergehend (bis zu drei Monaten) außerhalb der Wohnung untergebracht ist, wenn er also beispielsweise zur Reinigung oder zur Reparatur gegeben wird, sich am Arbeitsplatz befindet oder auf Reisen mitgenommen wird.

Die Versicherung übernimmt die Kosten, die entstehen, um den Schaden zu beseitigen, oder – im Fall eines Totalschadens – die Kosten für die Neubeschaffung des Hausrats. Von der Hausratversicherung erstattet werden auch Aufräumkosten, Hotelkosten, solange die Wohnung nicht benutzbar ist, Kosten, die für provisorische Maßnahmen anfallen (etwa wenn bei einem Einbruchdiebstahl das eingeschlagene Fenster provisorisch gesichert werden muss), und die Kosten für den Einbau neuer Schlösser, wenn nach einem Einbruchdiebstahl die Schlüssel abhandengekommen sind.

**! ACHTUNG**

Wer eine Hausratversicherung abschließen will, sollte vor allem auf eine ausreichende Versicherungssumme achten. Andernfalls entsteht eine Unterversicherung. Wer also im Antrag eine zu geringe Versicherungssumme angibt, erhält im Schadensfall keinen vollen Ersatz.

Damit im Schadensfall kein Verlust entsteht, muss die Versicherungssumme für den Hausrat immer dem tatsächlichen Versicherungswert entsprechen. Dies ist der aktuelle Neuwert, also der Wert von Gegenständen gleicher Art und Güte in neuwertigem Zustand. Regelmäßig bieten die Versicherungen aber auch die sogenannte Quadratmeter-Lösung an. In diesem Fall wird ein fester Betrag pro Quadratmeter (zwischen 650 und 700 Euro) festgelegt. Die Versicherungssumme ergibt sich dann aus der Multiplikation der Quadratmeter mit diesem Betrag. Wenn die Versicherungssumme nach der genannten Formel pauschal berechnet wird, verzichtet die Versicherung bei einem Schaden darauf zu prüfen, ob der Hausrat unterversichert – das heißt, in Wirklichkeit mehr wert ist als die vereinbarte Summe.

## Private Unfallversicherung

Für Berufstätige ist eine private Unfallversicherung wesentlich wichtiger als für ältere Menschen. Zwar steigt bei ihnen angesichts nachlassender Körperkräfte die Unfallgefahr, aber Seniorinnen und Senioren müssen bei einem Unfall keine Einkommenslücke befürchten, weil die Rente weiterhin gezahlt wird. Allerdings müssen auch sie mögliche Folgen eines Unfalls aus eigenen Mitteln bestreiten. Und das kann den vorhandenen finanziellen Rahmen schnell sprengen.

Mit Eintritt in den Ruhestand endet der Schutz der gesetzlichen Unfallversicherung, zum Beispiel bei einem Arbeitsunfall. Bestehen bleibt der Schutz durch die gesetzliche Krankenversicherung und die soziale Pflegeversicherung. Diese Versicherungen und die Altersrente reichen aber oft nicht aus – es bleiben regelmäßig erhebliche finanzielle Lücken. Allerdings bauen private Unfallversicherungen für ältere Menschen oft hohe Hürden auf. Meist ist ein Abschluss nicht mehr möglich, wenn das 65. Lebensjahr überschritten ist und bestehende Verträge werden häufig mit Vollendung des 75. Lebensjahrs von der Versicherung automatisch gekündigt.

Helfen kann eine Senioren-Unfallversicherung, die auf die Bedürfnisse von älteren Menschen zugeschnitten ist. Sie beinhaltet insbesondere sogenannte Assistance-Leistungen. Wenn der Versicherte sich wegen eines Unfalls nicht mehr selbst versorgen kann, übernimmt die Versicherung beispielsweise die Kosten für den Hausnotrufdienst mit einer 24-Stunden-Erreichbarkeit, den Menü-Service, die Begleitung bei Arzt-, Therapie- und Behördengängen, die Unterstützung bei Besorgungen und Einkäufen, die Wohnungsreinigung und die Unterstützung bei der Körperpflege.

Das Aufnahmealter und die Altersbegrenzung bei Vertragsabschluss werden von Versicherungsgesellschaften sehr unterschiedlich geregelt. Die Gesellschaften versichern Personen in der Regel ab 50 Jahren. Meist ist das Aufnahmehöchstalter auf 75 Jahre begrenzt. Es gibt auch Gesellschaften, die auf ein Aufnahmehöchstalter verzichten.

Wichtig ist, dass die Verträge auch bei fortschreitendem Alter ohne Leistungseinschränkungen und Beitragserhöhungen unverändert fortgeführt werden.

## Auslandskrankenversicherung

Endlich auf Reisen zu gehen, ohne Urlaubstage zählen zu müssen: Für viele angehende Rentnerinnen und Rentner steht dieser Wunsch ganz oben auf der Liste geplanter Unternehmungen. Wer dann Ziele ins Ausland ansteuert, sollte eine Auslandskrankenversicherung im Gepäck haben. Denn die gesetzliche Krankenversicherung übernimmt nur Kosten für Behandlungen in Europa und in Ländern mit Sozialversicherungsabkommen. Oftmals rechnen Praxen und Kliniken dort aber privat ab und Sie müssen einen hohen Eigenanteil zahlen. Die Krankenkasse erstattet davon nur einen Teil oder gar nichts. Zudem gehören die Kosten für einen Rücktransport nach Deutschland nicht zum Leistungskatalog der gesetzlichen Krankenversicherung.

Bei Reisen etwa in die Karibik übernehmen die gesetzlichen Krankenkassen weder Behandlungs- noch die Kosten für einen nötigen Rücktransport.

**!** ACHTUNG

Wer sich im Auslandsurlaub verletzt oder erkrankt und mit einem Krankenwagen wieder nach Hause transportiert werden muss, bekommt dafür unter Umständen eine hohe Rechnung. So kann eine Schienbeinkopf-Fraktur in Österreich mit Helikopterabtransport vom Berg, Behandlung und anschließendem Rücktransport nach Hause leicht 14.000 Euro und mehr kosten.
**test.de/node/4848150-0/**

In vielen Fällen springt die Auslandskrankenversicherung ein. Meist als Jahresverträge abgeschlossen versichern die Tarife dann in der Regel beliebig viele Urlaubsreisen im Jahr bis zu einer Länge von je vier bis zehn Wochen. Die Verträge verlängern sich in der Regel automatisch um ein weiteres Jahr, sofern sie nicht gekündigt werden.

**GUT ZU WISSEN**

Nicht jede private Krankenversicherung übernimmt im Krankheitsfall die Kosten für einen Rücktransport in die Heimat. Deshalb kann eine Auslandskrankenversicherung auch für privat Krankenversicherte sinnvoll sein. Zudem: Wer im Urlaub krank wird, kann sich so einen Anspruch auf Beitragsrückerstattung erhalten oder eine Selbstbeteiligung sparen.

Für Menschen ab 65 oder 70 Jahren sind Alterszuschläge auf die Tarife bei vielen Versicherern üblich. Es lohnt sich daher, Tarife zu vergleichen und dann gegebenenfalls einen günstigeren Anbieter zu wählen.
test.de/node/4848150-0/

**→ TIPP**

Oft ist es für ein Rentnerpaar günstig, zwei Einzelverträge statt eines Familienvertrags abzuschließen. Beim günstigsten Versicherer (Stand: Februar 2024), der Tarife unabhängig vom Alter anbot, zahlte ein Paar 16 Euro für den Reiseschutz.

## Private Pflegezusatzversicherung

Pflege ist teuer. Ambulant zu Hause wie auch stationär im Pflegeheim übernehmen die gesetzlichen Pflegekassen nur einen Teil der entstehenden Kosten. Die Differenz zwischen den tatsächlichen Pflegekosten und den Leistungen der gesetzlichen Pflegeversicherung (siehe Kasten Hintergrund) müssen Pflegebedürftige aus eigener Tasche bezahlen.

Eine Pflegezusatzversicherung kann diese Lücke zumindest teilweise schließen. Denn die Zahlungen aus einer solchen Versicherung können für die Kosten einer stationären Unterbringung oder eines ambulanten Pflegedienstes verwendet werden. Drei Varianten an Pflegezusatzversicherungen stehen zur Auswahl:

**Pflegetagegeldversicherung**
Die Pflegetagegeldversicherung zahlt im Pflegefall monatlich ein festgelegtes Pflegetagegeld. Das Tagegeld wird bei nachgewiesener Pflegebedürftigkeit unabhängig von den tatsächlichen Kosten gezahlt. Versicherten steht das Geld zusätzlich zu den Leistungen der Pflegeversicherung zur freien Verfügung, ob für den Aufenthalt in einem Heim, für die Pflege zu Hause durch einen ambulanten Pflegedienst oder durch Angehörige.

HINTERGRUND

## Pflicht zur Pflegeversicherung

Die Pflegeversicherung springt ein, wenn Menschen gesundheitlich in ihrer selbstständigen Lebensführung eingeschränkt und deshalb auf Hilfe durch andere angewiesen sind. Die Beeinträchtigungen können körperliche, kognitive oder psychische Ursachen haben. Ob jemand pflegebedürftig im Sinne der Pflegeversicherung ist und deshalb Leistungen bekommen kann, hängt davon ab, wie selbstständig er – oder ob überhaupt – in verschiedenen Lebensbereichen agieren kann. Für die Beurteilung gibt es jeweils festgelegte Kriterien, die bei der Begutachtung des Versicherten durch den Medizinischen Dienst – oder durch Medicproof, den Dienst der privaten Pflegeversicherungen – geprüft werden:

- **Mobilität:** zum Beispiel sich im Bett umdrehen, Treppen steigen
- **Kognitive und kommunikative Fähigkeiten:** zum Beispiel Sachverhalte und Informationen verstehen, Risiken und Gefahren erkennen
- **Verhaltensweisen und psychische Problemlagen:** wie Aggressionen, Ängste
- **Selbstversorgung:** etwa Essen und Trinken, Benutzen einer Toilette
- **Bewältigung von und selbstständiger Umgang mit krankheits- oder therapiebedingten Anforderungen und Belastungen:** zum Beispiel Arztbesuche, Verbandswechsel
- **Gestaltung des Alltagslebens und sozialer Kontakte:** wie Ruhen und Schlafen, Tagesablauf gestalten

Abhängig davon, wie stark die Selbstständigkeit und die Fähigkeiten der pflegebedürftigen Person eingeschränkt sind, wird sie in einen von fünf möglichen Pflegegraden eingeordnet:

- **Pflegegrad 1:** geringe Beeinträchtigungen der Selbstständigkeit oder der Fähigkeiten
- **Pflegegrad 2:** erhebliche Beeinträchtigungen der Selbstständigkeit oder der Fähigkeiten
- **Pflegegrad 3:** schwere Beeinträchtigungen der Selbstständigkeit oder der Fähigkeiten
- **Pflegegrad 4:** schwerste Beeinträchtigungen der Selbstständigkeit oder Fähigkeiten
- **Pflegegrad 5:** schwerste Beeinträchtigungen der Selbstständigkeit oder der Fähigkeiten mit besonderen Anforderungen an die pflegerische Versorgung.

Abhängig vom anerkannten Pflegegrad und ob häusliche oder teil- beziehungsweise vollstationäre Pflege in Anspruch genommen werden soll, bewilligen die Pflegekassen Geld- oder Sachleistungen. Über Wissenswertes informieren die Ratgeber „Das Pflegegutachten“ und das „Handbuch Pflege“ der Verbraucherzentrale.
**shop.verbraucherzentrale.de**

**Pflegekostenversicherung**
Bei der Pflegekostenversicherung übernimmt der Versicherer die nachgewiesenen Pflegekosten. Das gilt aber immer nur für die im Leistungskatalog der gesetzlichen Pflegeversicherung aufgeführten Kosten. Mitunter setzen Versicherer voraus, dass die gesetzliche Pflegeversicherung diese Leistungen gewährt. Erst dann übernehmen sie den Eigenanteil des Versicherten ganz oder teilweise.

**Pflegerentenversicherung**
Die Pflegerentenversicherung zahlt eine lebenslange Rente, wenn der oder die Versicherte pflegebedürftig wird. Die Höhe der Rente kann vom Versicherten flexibel festgelegt werden. Sie richtet sich nach dem Pflegegrad. Die volle Pflegerente wird erst ab Pflegegrad 4 oder 5 gezahlt. In den niedrigeren Pflegegraden wird die Pflegerente bei einigen Anbietern nur anteilig (bei einigen Anbietern beim Pflegegrad 1 oder 2 überhaupt nicht) gezahlt.

**→ TIPP**
**Prinzipiell kann es auch im Alter sinnvoll sein, sich eine Pflegezusatzversicherung zuzulegen. Allerdings berechnen sich die Beiträge nach Lebensalter und Gesundheitszustand. Wer erst spät eine Police abschließen möchte, muss also mit hohen Kosten rechnen.**

Bei der Entscheidung, ob der Abschluss einer Pflegezusatzversicherung sinnvoll ist, muss immer auch berücksichtigt werden, ob und wie viel Unterstützung von Angehörigen in der Pflege möglich ist. Übernehmen diese die Pflege beispielsweise ganz oder zumindest in Teilen, werden die Aufwendungen für ambulante Pflegedienste geringer. Dann lohnt sich eine Pflegezusatzversicherung also nicht so sehr.
**verbraucherzentrale.de/node/29435**

## Überflüssige Versicherungen

Wenn Sie nicht mehr arbeiten müssen, wird auch manche Versicherung überflüssig. Dazu gehören die Berufsunfähigkeits- und die Krankentagegeldversicherung. Verzichtet werden kann auch auf Policen, die nur kleinere Schäden absichern, wie dies beispielsweise bei einer Reisegepäckversicherung der Fall ist. Extra-Geräteversicherungen für Fahrräder, Handys, Laptops oder Brillen lohnen sich ohnehin nur bei extrem teuren Anschaffungen.

Auch der „letzte Gang" kostet Geld – und das nicht zu knapp. Viele Menschen wollen sicher sein, dass die Hinterbliebenen nach ihrem Tod nicht mit diesen Kosten belastet werden. Die Lösung aus der Sicht der Versicherer: eine Sterbegeldversicherung. Stirbt der Versicherte, wird die vereinbarte Versicherungssumme an die Hinterbliebenen ausgezahlt, die damit die Beerdigungskosten finanzieren können.

**→ TIPP**

Wenn Sie finanziell für die eigene Bestattung vorsorgen möchten, sollten Sie nicht auf Versicherungen setzen. Wenn Sie erst kurz vor der Rente oder noch später eine Police abschließen, zahlen Sie oft drauf.

Sinnvoller kann es sein, einen bestimmten Betrag Monat für Monat auf einem Geldmarkt- oder Festgeldkonto oder in einem Banksparplan anzusparen. Als Alternative zu einer Sterbegeldversicherung kommt auch ein Bestattungsvorsorgevertrag mit einem Bestattungsunternehmen in Betracht.

Bei dessen Abschluss können auch die Wünsche und Einzelheiten im Zusammenhang mit der Bestattung festgehalten werden. Und wenn das Geld schon zur Verfügung steht, kann es auch gleich eingezahlt werden. Allerdings sollte die Zahlung nicht auf das Konto des Bestattungsunternehmens, sondern auf ein Treuhandkonto erfolgen, damit es bei einer etwaigen Insolvenz des Bestatters nicht verloren geht.

**→ TIPP**

Der Ratgeber „Was tun, wenn jemand stirbt?“ der Verbraucherzentrale hat wichtige Hinweise rund um die Themen Bestattungsvorsorge und Formalitäten.
**shop.verbraucherzentrale.de**

# Wohnformen im Alter

Wenn die Rente in Sicht ist, machen sich viele daran, lange aufgeschobene Pläne in die Tat umzusetzen: Reisen, Hobbys nachgehen, eine neue Sprache lernen, endlich Muße für die Gartenarbeit. Eher seltener hingegen werden Pläne für ein Wohnumfeld geschmiedet, das den Anforderungen in zunehmendem Lebensalter genügt. „Wie kann und will ich im Alter leben?" – Wer sich frühzeitig mit dieser Frage auseinandersetzt, kann selbstbestimmt die Weichen etwa für barrierefreies Wohnen oder auch für den Umzug in eine passendere Wohnform stellen.

„Wie kann und will ich im Alter leben?" – Spontan dürften die meisten darauf antworten, dass sie solange wie möglich in der vertrauten Umgebung wohnen bleiben wollen. Dort kennen sie sich aus und haben Freunde und Bekannte, die gegebenenfalls unterstützen können.

Problematisch wird es jedoch, wenn die Wohnfläche zu groß wird oder zu viel Arbeit macht, diese den persönlichen Anforderungen nicht mehr entspricht oder die eigene Immobilie aus den Alterseinkünften nicht mehr unterhalten werden kann.

## Kriterien für die Entscheidung

Vieles spricht dafür, sich frühzeitig über die Wohnwünsche im Alter klar zu werden. Je eher damit begonnen wird, desto größer ist der Gestaltungsspielraum. Denn schnell ein passendes Zuhause zu finden, wenn es im bisherigen wirklich nicht mehr geht, kann eine Herausforderung sein. Die Suche nach Alternativen und ein Umzug kosten Zeit und Kraft, die dann vielleicht nicht mehr vorhanden sind. Bei Wohnformen wie „Betreutem Wohnen", Wohngemeinschaften für Senioren oder auch in Pflegeeinrichtungen gibt es häufig lange Wartelisten von bis zu sechs Monaten. Und selbst wenn „nur" eine Wohnung in der Nähe der Kinder gesucht wird, sind meist ein umkämpfter Wohnungsmarkt oder ein überschaubares Angebot an barrierefreiem Wohnraum echte Hürden für eine schnelle Lösung. Wer sich frühzeitig – also bevor die Einschränkungen zu gravierend werden – kümmert, läuft somit nicht Gefahr, allein deshalb irgendwo hinziehen zu müssen, weil dort gerade ein Platz oder eine Wohnung frei ist.

→ **TIPP**

Die Entscheidung darüber, wie Sie im Alter wohnen möchten, ist sicher nicht einfach. Über geeignete Wohnformen sollten Sie sich deshalb eingehend informieren. Die kommunalen Seniorenberatungsstellen oder auch Pflegeberatungsstellen sind vielerorts kompetente Ansprechpartner.

Häufig – aber nicht nur – sind körperliche und gesundheitliche Einschränkungen der Anstoß, das Zuhause im Alter noch einmal zu wechseln. Dann sind Wohnformen gefragt, die zur individuellen Situation besser passen. Die folgenden Aspekte helfen bei der Abwägung, ob ein Wohnungswechsel notwendig oder sinnvoll ist:

→ **Mobilität:** Soziale Kontakte sind wichtig, können aber mit zunehmendem Alter bei eingeschränkter Mobilität schwieriger werden. Das gilt nicht nur für persönliche Treffen mit Freunden und Verwandten, sondern auch für Arztbesuche oder die Teilhabe an kulturellen und sportlichen Veranstaltungen. Auch die selbstständige Versorgung kann zum Kraftakt werden. Wenn dann das Autofahren nicht mehr möglich ist und der Wohnort durch öffentliche Verkehrsmittel nur schlecht an eine größere Stadt angebunden ist, wird es schwierig, alle wichtigen Angelegenheiten zu erledigen und persönliche Kontakte ohne fremde Hilfe aufrechtzuerhalten. Dann stellt sich die Frage, ob ein Umzug etwa näher zu den Kindern oder zu anderen Personen, die im Alltag unterstützen können, sinnvoll ist.

→ **Gesundheit:** Die eigene Gesundheit und ein eventueller Pflegebedarf sind wichtige Kriterien für die Wahl der Wohnform. So kann das Leben in der jetzigen Wohnung beschwerlich oder unmöglich werden, weil sie nicht für die Benutzung eines Rollstuhls ausgerichtet ist. Und dort auch kein Treppenlift eingebaut oder die Türen nicht verbreitert werden können. Nicht selten ist der barrierefreie Umbau der Wohnung an die neuen Anforderungen wegen technischer, finanzieller oder rechtlicher Probleme mit Nachbarn oder Vermietern nicht zu bewerkstelligen. Und wenn der Unterstützungs- oder Pflegebedarf am derzeitigen Wohnort nicht gedeckt werden kann, stellt sich die Frage nach dem Umzug in eine Pflegeeinrichtung oder an den Wohnort der Kinder.

→ **Arbeitsaufwand:** Die Bewältigung des täglichen Haushalts (wie Einkauf, Kochen, Reinigung) kann zunehmend beschwerlich und herausfordernd werden. Das gilt bei einer eigenen Immobilie auch für deren Instandhaltung und Instandsetzung. Unterstützen kann dann eine Haushaltshilfe oder ein ambulanter Pflegedienst. Unter Umständen können auch Verwandte, Nachbarn oder Freunde einspringen. Manchmal ist aber der Umzug in eine kleinere oder in eine betreute Wohneinheit die bessere Lösung.

→ **Finanzielle Verhältnisse:** Mit dem Eintritt in den Ruhestand ändern sich auch die finanziellen Verhältnisse. Viele Menschen gehen davon aus, dass es günstiger ist, zu Hause wohnen zu bleiben. Allerdings können sich die Kosten für Umbauten, Haushaltshilfen oder ambulante Pflegedienste schnell summieren. Bei einer Wohnung müssen Miete und die Nebenkosten, beim Wohneigentum unter anderem die Instandhaltungs- und Instandsetzungskosten, die Grundsteuer und eventuell noch bestehende Verbindlichkeiten finanziert werden, und das häufig mit geringeren Einkünften. Mit steigendem Lebensalter kann es also unter Umständen problematisch sein, die Kosten fürs Wohnen zusätzlich zu denen für die Lebenshaltung zu stemmen. Die Alternative ist dann der Umzug in eine kostengünstigere Wohnform.

→ **Vereinsamung:** Jeder Mensch braucht soziale Beziehungen und Gruppen, denen er sich zugehörig fühlt. Das kann schwieriger werden, je älter man wird. Vor allem kinderlose und gesundheitlich eingeschränkte ältere Menschen fühlen sich häufig einsam. Einsamkeit und soziale Isolation wiederum beeinträchtigen die körperliche und psychische Gesundheit. Deshalb kann es sinnvoll sein, den Wohnsitz zu wechseln und näher zur eigenen Familie oder in eine Senioren-Wohnanlage zu ziehen, um wieder in Gesellschaft zu sein.

- **Unsicherheit bei der Wohnung:** Wer zur Miete wohnt, genießt einen geringeren Schutz als ein Eigentümer, der in den eigenen vier Wänden wohnt. Das Mietverhältnis kann vom Vermieter unter Umständen gekündigt werden (etwa wegen Eigenbedarf), und im Alter ist es dann nicht leicht, eine geeignete neue Wohnung zu finden. Aber auch ein Eigenheim kann aus finanziellen Gründen, wegen der vorhandenen Barrieren oder weil es viel Arbeit macht, zur Belastung werden. Laufende Verpflichtungen aus der Immobilie mindern zudem die Lebensqualität im Alter. Diese Unwägbarkeiten und Unsicherheiten sind gewichtige Argumente, eine „sichere" Alternative für ein altersadäquates Wohnumfeld zu suchen.

## Gründe, ein neues Zuhause zu suchen

Manchmal ist eben doch nicht alles so perfekt, wie es auf den ersten Blick scheint. Dann lohnt es sich darüber nachzudenken, wie das Leben und Wohnen in fortgeschrittenem Alter aussehen könnte. Häufig lassen diese Probleme und Schwierigkeiten einen Wohnungswechsel sinnvoll erscheinen:

- Haus oder Eigentumswohnung sind zu groß oder in der Unterhaltung zu aufwendig und daher als Altersdomizil ungeeignet. Oder der Eigentümer möchte die Verantwortung für die Immobilie schlicht nicht mehr tragen oder in jüngere Hände geben. Auch eine Mietwohnung kann sich im Alter als zu groß und zu teuer erweisen oder die Rahmenbedingungen (etwa nachbarschaftliche Kontakte) haben sich geändert. Die eigene Immobilie zu verkaufen oder eine Mietwohnung aufzugeben und sich für eine kleinere und barrierefreie Wohnform zu entscheiden, kann eine gute Möglichkeit sein, um entspannter in die Zukunft zu blicken.
- Mit zunehmendem Alter steigt oft der Bedarf an Unterstützung und Pflege, sodass unter Umständen die Hilfe durch einen ambulanten Pflegedienst nicht mehr ausreicht und ein Wohnungswechsel (etwa in ein Heim oder ein Umzug zur Familie) notwendig oder sinnvoll ist. Vor allem wenn Gesundheits- und Pflegedienstleistungen nicht mehr und nur schwer zugänglich sind und im Laufe der Jahre eine spezielle Betreuung notwendig ist, ist ein Wohnungswechsel unvermeidlich.
- Die Bewältigung des täglichen Haushalts (das Einkaufen, Kochen und die Reinigung) wird mit zunehmendem Alter zur Herausforderung und Hilfen durch einen Pflegedienst oder durch Familie, Freunde und Bekannte reichen nicht mehr aus.

- Wenn altersbedingt die Beweglichkeit nachlässt und es schwierig wird, soziale Kontakte außerhalb der eigenen vier Wände zu pflegen, sollte über Wohnalternativen nachgedacht werden.
- Und nicht zuletzt wenn wegen fehlender sozialer Kontakte Vereinsamung droht, sollte ein Wechsel der Umgebung in Betracht gezogen werden.

## Gründe, wohnen zu bleiben

Es gibt jedoch auch gute Gründe, im Alter am jetzigen Zuhause festzuhalten:

- So sind zumeist die Kosten für eine Mietwohnung im Vergleich zu anderen Wohnformen geringer. Häufig besteht auch eine emotionale Bindung zu Wohnung oder Haus – vor allem, wenn man dort sehr lange gewohnt oder die Immobilie vielleicht selbst gebaut hat. Nicht selten haben Hauseigentümer jahrelang viel Eigenleistung in Haus und Garten gesteckt, um alles nach ihren Vorstellungen zu gestalten.
- Unter Umständen können Sie jetzt auch die finanziellen Vorteile genießen, die eine schuldenfreie eigene Immobilie mit sich bringt. Schließlich brauchen Sie keine Miete zu zahlen und müssen künftig keine Mietsteigerungen befürchten. Und großzügigere Wohnverhältnisse können im Alter genutzt werden, um das Haus den neuen persönlichen Bedürfnissen anzupassen.
- Wer in der vertrauten Wohnumgebung bleibt, kann die eigenen Tagesabläufe und Routinen erhalten und muss sich nicht umgewöhnen. Das vertraute soziale Netzwerk vor Ort bleibt stabil, auch Selbstständigkeit und Unabhängigkeit werden gefördert.
- Allerdings: Bei der Entscheidung, im bisherigen Wohnumfeld zu bleiben, sollte auf jeden Fall ein Check auf dem Programm stehen, ob es „fit" für die Anforderungen eventueller altersbedingter Beeinträchtigungen gemacht werden kann.

**→ TIPP**

Die Landesarbeitsgemeinschaft Wohnberatung NRW hat eine Checkliste zusammengestellt, mit deren Hilfe sich herausfinden lässt, welche Schwachstellen die eigene Wohnung oder das eigene Haus mit Blick aufs Alter birgt. Die Checkliste gibt es kostenlos unter **wohnberatungsstellen.de/beratung/c/**

## Wohn- und Lebenswünsche im Alter

Wer sich altersbedingt die Frage stellt, ob und wann ein Wohnungswechsel sinnvoll ist, sollte Vor- und Nachteile eines Umzugs sorgfältig abwägen. Denn nicht immer können Probleme allein dadurch gelöst werden. Sinnvoll ist es, verschiedene Szenarien durchzuspielen und zu prüfen, wie die beste Lösung im Einzelfall aussieht. Dabei sollten Ihre eigenen Wünsche im Vordergrund stehen und nicht, was die Kinder, andere Verwandte oder Pflegekräfte für sinnvoll oder notwendig erachten. Schließlich ist es Ihr gutes Recht, Ihr Leben auch im Alter nach Ihren eigenen Vorstellungen zu gestalten und zu genießen, solange dies möglich ist.

WICHTIG

### Passende Wohnform

Berücksichtigen Sie bei Ihrer Entscheidung auch Ihre finanziellen Verhältnisse. Können Sie sich die favorisierte Wohnform dauerhaft leisten?
Planen Sie auch mit Blick auf künftige Bedürfnisse. Wählen Sie eine Wohnform, die Anpassungen ermöglicht, wenn sich Ihr Gesundheitszustand verschlechtern sollte.

## Überblick über Wohnformen im Alter

Wer sich über Alternativen zum Verbleib in der Wohnung informieren und vielleicht darauf vorbereiten will, in zunehmendem Alter auf Hilfe und Pflege angewiesen zu sein, sollte sich zunächst Klarheit über verschiedene Bezeichnungen verschaffen. Unter den Begriffen „altersgerechtes Wohnen" oder „Wohnen im Alter" werden Wohnverhältnisse zusammengefasst, die so zugeschnitten sind, dass sie Älteren und Menschen mit Behinderungen beziehungsweise mobilitätseingeschränkten Personen mehr Lebensqualität bieten. Dabei ist grundsätzlich zu unterscheiden, ob in Gemeinschaft oder selbstständig, ob mit oder ohne Unterstützung und Betreuung oder mit umfassender Pflege gewohnt werden soll.

## Ich bleibe im bisherigen Zuhause

Wenn Sie dazu tendieren, auch im Rentenalter im bisherigen Zuhause wohnen bleiben zu wollen, sollten Sie gedanklich durchspielen, welche Ecken, Kanten und Stolperfallen einer altersgerechten Nutzung entgegenstehen. Manches lässt sich ohne viel Aufwand anpassen, zum Beispiel eine Sitzgelegenheit am Waschbecken schaffen.

## Wohnen im Alter: Was möglich ist

**…, wenn Sie noch fit sind**

- ➔ Gemeinschaftliches Wohnen/Mehrgenerationenwohnen
- ➔ Betreutes Wohnen
- ➔ Seniorenstift
- ➔ Die eigene Wohnung/Haus barrierefrei umbauen
- ➔ In eine barrierefreie Wohnung ziehen

**…, wenn es zu Hause beschwerlich wird**

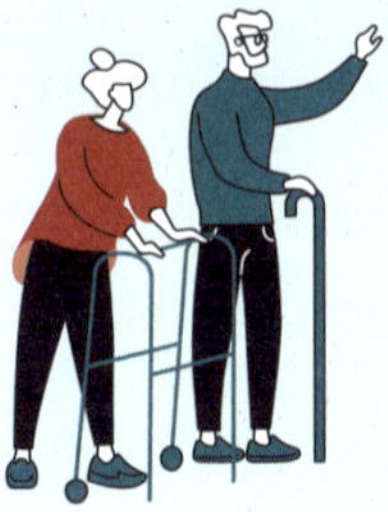

- ➔ Pflegeheim
- ➔ Betreutes Wohnen
- ➔ Seniorenstift
- ➔ Pflege-WG
- ➔ Die eigene Wohnung/Haus barrierefrei umbauen und mit technischen Assistenzsystemen ausstatten

**…, wenn es allein nicht mehr geht**

- ➔ Pflegeheim
- ➔ Betreutes Wohnen
- ➔ Angebote, speziell für Menschen mit Demenz
- ➔ Pflege-WG
- ➔ Seniorenstift

Doch manchmal ist eine Umgestaltung – wie etwa beim Einbau von Türverbreiterungen – richtig aufwendig. Zudem setzen die baulichen Gegebenheiten den Rahmen, ob und in welcher Form eine alters- oder behindertengerechte Ausrichtung zu realisieren ist.

Auch kostet jeder Umbau Geld, bedeutet Arbeit und vielleicht wochenlanges Leben auf einer Baustelle – mit allen damit verbundenen Einschränkungen. Zudem sollten Sie das Vorhaben „altersgerechter Umbau“ nicht auf die lange Bank schieben, denn in zunehmendem Alter kann das ein Kraftakt werden. Und je eher Sie damit anfangen, desto länger können Sie auch von den Verbesserungen profitieren.

Und nicht zuletzt: Die Möglichkeiten zur barrierefreien Anpassung hängen natürlich auch davon ab, ob Sie zur Miete wohnen oder Eigentümer sind. Denn Mieter müssen zum einen bei baulichen Veränderungen die Zustimmung des Vermieters einholen (➔ Seite 157). Zum anderen lassen sich Umbauten in einer eigenen Immobilie leichter realisieren, weil etwa auf andere Mietparteien keine Rücksicht genommen werden muss.

### Barrierefreiheit als Schlüssel

Barrierefreies Wohnen bedeutet, dass die Wohnräume, aber auch das Wohnumfeld alters- und behindertengerecht gestaltet sind. Menschen mit Bewegungseinschränkungen sind somit weniger auf Hilfe angewiesen, was auch pflegende Angehörige entlastet. Selbst bei einem höheren Pflegegrad ist dank der barrierefreien Ausstattung häufig ein Verbleib im vertrauten Umfeld möglich. Nicht zuletzt: Die Nachfrage nach und damit der Wert barrierefreier Häuser und Wohnungen steigen zunehmend.

> **GUT ZU WISSEN**
>
> Eine barrierefreie Wohnung stellt einerseits sicher, dass ältere Menschen auch bei gesundheitlichen Einschränkungen lange selbstbestimmt, sicher und komfortabel in ihren eigenen vier Wänden wohnen bleiben können. Andererseits fördert eine barrierefreie Wohnung auch das Sozialleben, weil dann ältere Menschen aus dem Freundeskreis oder der Familie hürdenlos zu Besuch kommen können.

Die folgende Liste zeigt mögliche Maßnahmen:

- **Barrierefreier Zugang:** Beseitigen von Schwellen oder Stufen, Anbau von (mobilen) Rampen, rutschfestes Bodenmaterial einbauen
- **Barrierefreie Küche:** unterfahrbare Arbeitsflächen, höhenverstellbare Küchenschränke, Bewegungsfläche vergrößern
- **Barrierefreies Bad:** bodengleiche Dusche ohne Bodenschwelle, Duschhocker oder -sitz für Badewanne oder Dusche, höhenverstellbare Toiletten, ausreichende Badbeleuchtung
- **Barrierefreies Schlafzimmer:** rutschhemmende Bodenbelege, Telefonanschluss für Notfälle, Montage einer Aufsteh- und Aufrichthilfe am oder über dem Bett, Kleiderschrank mit Schiebetüren oder begehbar
- **Barrierefreies Wohnzimmer:** Teppiche beseitigen, Freiräume schaffen, Schwellen abbauen, Türbreite anpassen
- **Barrierefreie Treppen:** Montage eines Treppenlifts, beidseitig Handläufe anbringen, Treppe verbreitern, Stufenhöhe verkleinern, Auftrittbreite vergrößern
- **Barrierefreie Türen:** Türschwellen entfernen, Türgriffe austauschen, Türen verbreitern, automatische Türsysteme, Greifhöhe der Türen verändern.

**→ TIPP**

Bei den Wohnberatungsstellen gibt es kompetente Unterstützung, um sich einen Überblick über sinnvolle Anpassungsmaßnahmen zu verschaffen. Hier wird auch über Fördermöglichkeiten informiert. Eine Übersicht der Beratungsstellen – sortiert nach Bundesländern – finden Sie bei der Bundesarbeitsgemeinschaft Wohnungsanpassung e. V.: **wohnungsanpassung-bag.de/seite/259749**

→ **TIPP**

Die DIN 18040-2 gibt Standards vor, ist aber keine rechtlich verbindliche Vorgabe. Sie richtet sich in erster Linie an Bauherren und Architekten. Bei Auftragsvergaben an Handwerker sollte darauf geachtet werden, dass Umbauten gemäß der DIN 18040-2 oder nach den Technischen Mindestanforderungen der KfW-Bank vorgenommen werden.

### Barrierefreie Umgestaltung der Mietwohnung

Wenn Mieter aufgrund von Altersbeschwerden oder gar wegen einer Behinderung auf eine barrierefreie Nutzung der Mietwohnung angewiesen sind, kann ein entsprechender Umbau notwendig werden. Grundsätzlich muss der Vermieter den baulichen Veränderungen zustimmen, die hierbei dann erforderlich sind. Denkbar wären beispielsweise die Verbreiterung von Türen, der Einbau einer behindertengerechten Nasszelle, die Montage von Gehhilfen oder die Installation einer Notrufeinrichtung.

Ein Anspruch auf die barrierefreie Umgestaltung der Mietwohnung besteht auch dann, wenn die Bewegungsfreiheit eines in der Wohnung lebenden Angehörigen oder die der Lebensgefährtin des Mieters eingeschränkt wird. Ob die Person Partei des Mietvertrags ist oder nicht, spielt keine Rolle.

Der Vermieter kann seine Zustimmung zum barrierefreien Umbau nur verweigern, wenn seine Interessen schwerer wiegen als die des Mieters mit Beeinträchtigungen. Dabei können etwa Umfang und Dauer der baulichen Maßnahmen, deren Genehmigungsfähigkeit, die Belange der anderen Mieter, die Rückbaumöglichkeiten, fehlende Sicherheitsleistungen des Mieters oder Haftungsgesichtspunkte in die Abwägung einbezogen werden.

Der Vermieter kann seine Zustimmung davon abhängig machen, dass der Mieter eine angemessene zusätzliche Sicherheit hinterlegt, um bei dessen Auszug den ursprünglichen Zustand der Wohnung wiederherstellen zu lassen. Diese Sicherheit kann der Vermieter zusätzlich fordern, also unabhängig von der ohnehin schon vereinbarten Kaution.

Versagt ein Vermieter die Zustimmung, bleibt dem Mieter dann nur der Gang zum Amtsgericht.

Nach Beendigung des Mietverhältnisses muss der Mieter die baulichen Veränderungen wieder zurückbauen (zum Beispiel die Einstiegshilfen im Bad entfernen) und den ursprünglichen Zustand wiederherstellen. Dazu ist er auch verpflichtet, wenn der Vermieter den Baumaßnahmen zugestimmt hatte. Andernfalls kann der Vermieter Schadensersatz geltend machen. Nach dem fachgerechten Rückbau kann der Mieter seine Sicherheitsleistung zurückverlangen.

**→ TIPP**

Häufig erhöhen sich durch die Barrierefreiheit der Wert und die Attraktivität einer Immobilie. Es wird empfohlen, bereits vor den baulichen Veränderungen mit dem Vermieter schriftlich zu vereinbaren, ob die Einbauten bestehen bleiben dürfen oder ob ein Rückbau durch den Mieter erforderlich ist. Sinnvoll kann es auch sein, dass der Vermieter die Einbauten gegen Entschädigung an den Mieter übernimmt und die Wohnung in diesem Zustand weitervermietet.

### Barrierefreie Umgestaltung der eigenen Immobilie

Eigentümer eines freistehenden Einfamilienhauses können allein entscheiden, ob sie den Zugangsbereich umgestalten, Türen verbreitern, ein neues Bad oder einen Treppenlift einbauen. Bei größeren baulichen Veränderungen muss unter Umständen die Baubehörde eingeschaltet und eine Baugenehmigung eingeholt werden. Das ist etwa der Fall, wenn in die Gebäudestatik eingegriffen oder an das bestehende Gebäude angebaut wird. Auskünfte erteilt die örtliche Baubehörde.

Grundsätzlich hat auch der Eigentümer eines Doppel- und Reihenhauses weitgehend freie Hand bei der baulichen Umgestaltung seiner Immobilie. Der Nachbar muss unter Umständen zustimmen, wenn der von beiden Eigentümern genutzte Zugang verändert werden soll. Entsprechendes gilt, wenn durch bauliche Veränderungen Grenzabstände nicht mehr eingehalten werden.

Beim Wohnungseigentum sind zwei Arten von Eigentum zu unterscheiden: das Sondereigentum und das Gemeinschaftseigentum. Zum Sondereigentum des Eigentümers gehört der Teil der Immobilie, der von jedem Einzelnen exklusiv genutzt und verwaltet wird. Das ist also insbesondere die Wohnung des Eigentümers. Gemeinschaftseigentum hingegen bezieht sich auf die Bereiche und Gebäudeteile in der Wohnungseigentümergemeinschaft, die von allen Eigentümern gemeinsam genutzt und verwaltet werden. Es umfasst beispielsweise das Treppenhaus, den Aufzug oder den Zugang zur Wohnanlage.

Während der Wohnungseigentümer über bauliche Veränderungen und damit über die barrierefreie Umgestaltung in seiner Wohnung grundsätzlich allein entscheiden kann, muss bei baulichen Maßnahmen am Gemeinschaftseigentum die Mehrheit der Eigentümergemeinschaft zustimmen. Allerdings kann ein Wohnungseigentümer deren Zustimmung verlangen, wenn es sich hierbei um eine sogenannte privilegierte bauliche Maßnahme handelt. Das ist zum Beispiel der Fall, wenn das Wohnumfeld so angepasst werden soll, dass es durch Menschen mit Behinderungen genutzt werden kann.

Dazu zählen nicht nur bauliche Veränderungen, die für die Nutzung durch körperlich oder geistig eingeschränkte Personen erforderlich, sondern alle, die diesem Zweck auch nur förderlich sein können. Ob und in welchem Umfang der Wohnungseigentümer oder einer seiner Angehörigen auf die Maßnahme angewiesen ist, spielt keine Rolle.

BEISPIEL

Ein Wohnungseigentümer mit Behinderungen hat beispielsweise Anspruch auf den Bau einer Rollstuhlrampe oder eines Treppenlifts im gemeinschaftlichen Treppenhaus.

Wenn die Voraussetzungen für eine privilegierte Maßnahme vorliegen, kann der Wohnungseigentümer darauf bestehen, dass ein entsprechender Beschluss durch die Eigentümergemeinschaft gefasst wird („Ob" der Maßnahme). Dabei haben die übrigen Wohnungseigentümer lediglich Entscheidungsspielraum, wie die Maßnahme („Wie" der Maßnahme) durchgeführt wird. Die Wohnungseigentümer können aber beschließen, dass die Bauausführung auf Kosten des bauwilligen Wohnungseigentümers erfolgt.

Wichtig außerdem: Wohnungseigentümer müssen nicht nur den Ein-, sondern auch den Rückbau bezahlen, wenn sie doch irgendwann einmal ausziehen. So kann die Eigentümergemeinschaft festlegen, dass dafür schon beim Einbau zur Sicherheit Geld auf ein Extrakonto angelegt wird.

HINTERGRUND

### Grenze baulicher Veränderungen

Der Bundesgerichtshof (BGH) hat in zwei Fällen zur Frage entschieden, wie die in Paragraph 20 Wohnungseigentümergesetz geregelte Grenze zu ziehen ist, bis zu der Wohnungseigentümer baulichen Veränderungen für mehr Barrierefreiheit an der Wohnanlage zustimmen müssen. In seinen Urteilen vom 9. Februar 2024 (Aktenzeichen V ZR 244/22; V ZR 33/32) legte der BGH dar, dass nach Absatz 2 Satz 1 Nummer 1 Maßnahmen zugunsten von älteren Menschen oder Menschen mit Behinderungen erleichtert werden sollen. Die Grenze sei gemäß Absatz 4 jedoch dann überschritten, wenn die Wohnanlage dabei „grundlegend umgestaltet" wird oder die anderen Eigentümer dadurch „unbillig benachteiligt" würden.

> **GUT ZU WISSEN**
>
> Soweit die baulichen Gegebenheiten der Wohnanlage es gestatten, kann der auf den Rollstuhl angewiesene Eigentümer der ebenerdigen Eigentumswohnung verlangen, dass die Eigentümergemeinschaft es duldet, wenn er einen behindertengerechten Weg aus der Wohnung über die zugehörige Terrasse und über Gemeinschaftsflächen zum Straßenraum anlegt (Amtsgericht Dortmund, Az. 139 1184/93 WEG).

## Förderprogramme und Zuschüsse

Der altersgerechte beziehungsweise barrierefreie Umbau von Häusern und Wohnungen wird durch Förderprogramme und Zuschüsse finanziell unterstützt:

→ **Kreditanstalt für Wiederaufbau:** Die Kreditanstalt für Wiederaufbau (KfW) fördert Maßnahmen, um Haus oder Wohnung altersgerecht umzubauen oder um vorhandene einzelne Barrieren zu reduzieren. Das kann im Wohn- und Außenbereich sein, beispielsweise die Verbreiterung von Wegen, der Abbau von Barrieren am Eingang des Hauses, der Einbau einer Aufzugsanlage, das Anbringen von Handläufen an Treppen oder die Verbreiterung von Türen, der Badumbau oder der Abbau von Schwellen. Die Förderung können sowohl Immobilieneigentümer als auch Mieter in Anspruch nehmen – unabhängig vom Alter. Gefördert werden die Maßnahmen entweder durch ein zinsgünstiges Darlehen in Höhe von maximal 50.000 Euro oder durch einen Investitionszuschuss in Höhe von maximal 2.500 Euro bei Einzelmaßnahmen und bis zu 6.250 Euro bei Umbauten zum Standard „Altersgerechtes Haus". Mit diesem Standard definiert die KfW ein Paket von Maßnahmen wie barrierereduzierte Wohn- und Schlafzimmer, Küchen und Bäder sowie Zugänge, die eine Wohnung oder ein Haus altersgerecht machen. Im Einzelnen sind es die Programme KfW 455-B (Barrierereduzierung – Investitionszuschuss) oder KfW 159 (Altersgerecht umbauen – Kredit). Voraussetzung für die Förderung ist, dass die geplanten Maßnahmen bestimmte technische Mindestanforderungen erfüllen, die sich an der DIN 18040-2 zum barrierefreien Bauen orientieren. Die Norm ist nachzulesen unter **nullbarriere.de/din18040-2.htm**

GUT ZU WISSEN

### Entweder Zuschuss oder Kredit

Für Ausgaben, die über das zinsgünstige Darlehen finanziert werden, kann zusätzlich kein Zuschuss beantragt werden. Maßnahmen, für die ein Zuschuss beantragt wurde, können wiederum nicht auch über den KfW-Kredit finanziert werden. Es muss also entschieden werden, ob lieber ein günstiges Darlehen aufgenommen oder ein Zuschuss zu den Kosten beantragt wird. Außerdem: Weil aktuell (Stand: August 2025) noch kein Haushalt für das laufende Jahr verabschiedet wurde, ist das Programm KfW 455 B ausgesetzt. Neue Anträge werden daher erst einmal nicht angenommen.

- **Regionale Förderprogramme:** In den meisten Bundesländern gibt es eigene Förderprogramme zur Wohnraumanpassung. Eine Kurzfassung der Programme für jedes Bundesland findet sich unter: **baufoerder.de**
- **Zuschüsse der Pflegeversicherung:** Die Pflegeversicherung gewährt unter bestimmten Voraussetzungen Zuschüsse, wenn die Wohnung an die besonderen Belange des Pflegebedürftigen angepasst werden muss, sodass häusliche Pflege möglich ist. Maßnahmen werden bis zu 4.180 Euro bezuschusst. Eine mögliche Kostenbeteiligung sollte vor Baubeginn mit der Pflegekasse geklärt werden. Hilfreiche Informationen gibt es auch bei den Wohnberatungsstellen.
- **Eingliederungshilfe:** Menschen mit einer Behinderung können auch über die sogenannte Eingliederungshilfe Mittel beantragen. Finanziell unterstützt werden die Beschaffung, Ausstattung und Erhaltung einer Wohnung, wenn die Maßnahme dazu dient, diese an die Bedürfnisse des Bewohners anzupassen. Die Förderung ist einkommens- und vermögensabhängig. Auskunft gibt das örtliche Sozialamt.

**→ TIPP**

Reparaturen und Modernisierungsarbeiten können als Handwerkerleistungen steuerlich geltend gemacht werden. Insgesamt können bis zu 20 Prozent von maximal 6.000 Euro der Handwerkerrechnung von der Steuer abgezogen werden, also bis zu 1.200 Euro pro Jahr. Berücksichtigt werden nur die Lohn- und Arbeitskosten, nicht aber das Material.

### Technische Assistenzsysteme als „Mitbewohner“

Bei der Überlegung, ob die angestammte Wohnung auch im zunehmenden Alter noch den sich verändernden Bedürfnissen entspricht, spielen oft auch Sicherheitsaspekte mit: Was wird, wenn ich in der Wohnung stürze? Wie ist Hilfe bei plötzlichen gesundheitlichen Attacken wie Infarkten oder Schlaganfällen zur Stelle? Auch die Sorge, das Abschalten der Herdplatten oder das Abstellen des Badewassers später einmal zu vergessen, kann Argument sein, sich gegen das selbstständige Wohnen zu entscheiden. Technische Assistenzsysteme wären in diesen Fällen jedoch geeignete „Mitbewohner“, um weiter sicher und selbstbestimmt in den vertrauten vier Wänden wohnen zu bleiben.

Eine Wohnung, in der sich das Wasser und der Herd von alleine abstellen, in der Lampen nachts den Weg ins Bad beleuchten und Sensoren den Notruf auslösen – das schafft eine Umgebung, in der sich ältere Menschen sicherer fühlen. Solche technischen Assistenzsysteme können auch Angehörige, die sich um eine pflegebedürftige Person kümmern, entlasten und unterstützen.

Sie kommen in folgenden Bereichen zum Einsatz:

→ **bei der häuslichen Sicherheit:** Abschaltautomatiken, Bewegungsmelder, zentral gesteuerte Deaktivierung von Elektrogeräten,

→ **im Bereich Gesundheit:** Tablettenspender mit Erinnerungsfunktion, Hausnotruf, Sturzdetektoren,

→ **bei der Kommunikation:** Festnetztelefon mit Bildwahltasten oder Sprachsteuerung, Sprach- und Telefonhörverstärker,

→ **im Bereich Komfort:** Haushaltsroboter (etwa Staubsauger), Hausautomationssysteme (zum automatischen Schließen von Fenstern und Türen).

Mehr Informationen unter
**verbraucherzentrale.de/node/55315**

### Kosten und Finanzierung

Viele technische Hilfsmittel sind inzwischen in das Pflegehilfsmittelverzeichnis der gesetzlichen Kranken- und Pflegekassen aufgenommen. Das bedeutet, dass sie die Kosten hierfür übernehmen – Versicherte müssen nur die gesetzlich festgelegte Zuzahlung in Höhe von 10 Prozent der Kosten, aber höchstens 25 Euro pro Pflegehilfsmittel zahlen. Das Pflegehilfsmittelverzeichnis ist einzusehen unter
**hilfsmittel.gkv-spitzenverband.de/home**

**→ TIPP**

Bei Pflegehilfsmitteln gibt es viele Wege zur Kostenübernahme: Die ärztliche Verordnung, der Direktantrag über einen Anbieter, die Verordnung im Pflegegut-

**achten oder die verbindliche Empfehlung einer Pflegefachkraft.**

Die gesetzlichen Pflegekassen übernehmen beispielsweise die Kosten für den Grundtarif eines Hausnotrufs. Voraussetzung für die Finanzierung dieses technischen Hilfsmittels ist, dass der oder die Pflegebedürftige mindestens Pflegegrad 1 hat und ganz oder weitgehend allein lebt. Außerdem muss er oder sie imstande sein, den Hausnotruf zu bedienen. Die Kosten werden auch übernommen, wenn der oder die Pflegebedürftige zwar mit jemandem zusammenlebt, dieser aber in einer Notsituation nicht in der Lage ist, Hilfe zu organisieren.

- → In einigen Fällen werden von der Pflegekasse die Kosten für technische Assistenzsysteme als wohnumfeldverbessernde Maßnahme übernommen. Dazu gehören sowohl Umbaumaßnahmen als auch fest verbaute technische Hilfen. Diese Maßnahmen können bis zu 4.180 Euro bezuschusst werden.
- → Kosten für technische Hilfsmittel können auch von der Krankenkasse übernommen werden, wenn die entsprechenden Voraussetzungen vorliegen (etwa Kosten für eine GPS-Armbanduhr für einen geistig behinderten Menschen).
- → Technische Umbauten werden unter Umständen von der Kreditanstalt für Wiederaufbau (KfW) gefördert.

## Umzug in eine barrierefreie Wohnung

Barrierefreie Wohnungen stehen ganz oben auf der Wunschliste altersgerechter Wohnformen. Denn sie ermöglichen selbstständiges Wohnen, auch wenn die Mobilität eingeschränkt ist oder man pflegebedürftig wird. Über ambulante Pflegedienste, Haushaltshilfen, Essensservice und andere Dienstleistungen lässt sich dann häusliche Versorgung – bis zu einem gewissen Punkt – organisieren. Viel Individualität und Selbstständigkeit sind dort also umsetzbar. Insbesondere, wenn technische Assistenzsysteme (→ Seite 162) ergänzend zum Einsatz kommen.

GUT ZU WISSEN

### Was barrierefreies Wohnen kostet

Das Immobilienportal Immowelt hat im Herbst 2022 die mittleren Angebotsmieten von seniorentauglichen Wohnungen in den 14 größten deutschen Städten analysiert. Dabei wurden Wohnungen mit einer Größe von 40 bis 120 Quadratmetern (ohne Neubau) in den Blick genommen, die mit den Merkmalen „barrierefrei" oder „seniorengerecht" inseriert waren. Diesen gegenübergestellt wurden vergleichbare Angebote, die diese Merkmale nicht enthielten.

Fazit: In allen Städten waren barrierefreie Wohnungen teurer. In sieben Städten betrug der Mietaufschlag mehr als 100 Euro. Das ist oft damit zu erklären, dass barrierefreie Wohnungen meist jüngeren Baujahres sind oder aufwendig saniert wurden. In alten Bestandswohnungen ist der komplette Umbau oder das Nachrüsten oftmals zu teuer oder generell nicht zu realisieren.

Die größten Aufschläge für barrierefreie Wohnungen mussten Mieter in Frankfurt und Düsseldorf zahlen. In der Bankenmetropole wurden Seniorenwohnungen im Mittel für 1.100 Euro Miete angeboten. Vergleichbare, nicht als seniorentauglich gekennzeichnete Wohnungen kosteten hingegen 850 Euro – eine Differenz von 250 Euro. Das Preisniveau in der Landeshauptstadt am Rhein war generell etwas niedriger: Seniorentaugliche Wohnungen kosteten durchschnittlich 950 Euro Miete, normale Wohnungen wurden für 700 Euro inseriert.

Hinzu kommt, dass sich das Mietniveau in den vergangenen zehn Jahren zum Teil verdoppelt hat. Viele Seniorinnen und Senioren leben seit vielen Jahren in derselben Wohnung und zahlen entsprechend niedrige Mieten. Ein Umzug in eine barrierefreie Wohnung würde also deutlich höhere Kosten bedeuten – selbst dann, wenn auf Wohnfläche verzichtet wird.

**immowelt.de**

**ACHTUNG**

Eine barrierefreie Wohnung erleichtert gegebenenfalls die häusliche Pflege. Wenn allerdings – zum Beispiel bei einer Demenzerkrankung – eine Rund-um-die-Uhr-Betreuung erforderlich ist oder eine Schwerstpflegebedürftigkeit eintritt, ist vielfach ein erneuter Umzug in ein Pflegeheim oder eine Pflege-Wohngemeinschaft unvermeidlich.

Keine Schwellen in der Wohnung, ein unterfahrbares Waschbecken, eine bodengleiche Dusche, breitere Türen und Aufzug – so nur einige der Vorzüge. Barrierefreie Wohnungen gibt es häufig in Neubauten mit entsprechendem Komfort: gute Wärmedämmung, energieeffiziente Heizungstechnik und vieles mehr. Wer jedoch nach einem solchen Domizil Ausschau hält, wird mit ernüchternden Zahlen konfrontiert.

**Weniger als**

**2,5 Prozent**

**der vorhandenen etwa 37 Millionen Wohnungen sind „barrierereduziert".**

Gepaart mit der wachsenden Zahl älterer Menschen wird schnell deutlich: Eine barrierefreie Wohnung zu finden braucht viel Zeit und Geduld. Außerdem ist die Angabe „barriererfrei" auf Immobilienportalen nicht immer unbedingt verlässlich: Bei der Wohnungsbesichtigung stellt sich dann nicht selten heraus, dass sie eben doch nicht alle Kriterien erfüllt.

Auf der Übersichtsseite „Barrierefrei wohnen" im Internetauftritt der Verbraucherzentrale NRW finden Sie eine Checkliste mit wichtigen Kriterien. Sie bietet auch Orientierung bei der Wohnungsbesichtigung: **verbraucherzentrale.nrw/node/54982**

## Selbstständig wohnen – in Gemeinschaft

Wer im Alter mit anderen zusammenleben, sich aber trotzdem ein hohes Maß an Selbstständigkeit bewahren will, kann sich für eine gemeinschaftliche Wohnform entscheiden: entweder nur mit Älteren oder im Generationenmix mit jungen und alten Menschen (sogenannte Mehrgenerationenhäuser).

Ähnlich wie bei Wohngemeinschaften aus Studierendenzeiten wird in Wohnprojekten das Zusammenleben selbst organisiert. In der Regel hat jeder Mitbewohner eine eigene Wohnung für sich; für Individualität und Privatsphäre ist also gesorgt. Darüber hinaus unterstützen sich die Bewohner im Alltag gegenseitig, wenn kleinere Hilfen notwendig sind.

> **ACHTUNG**
>
> Um solche Wohnprojekte zu betreiben, ist die Bereitschaft zum Leben in Gemeinschaft und zu gegenseitiger Hilfestellung erforderlich. Wenn Sie später auf sehr viel Pflege angewiesen sind oder demenziell erkranken, kann das möglicherweise bedeuten, dass Sie unter Umständen wieder ausziehen müssen, weil die Mitbewohner die aufwendige Pflege und das hohe Maß an Unterstützung nicht mehr leisten können.

### Eine Alternative fürs Alter?

Wie jede andere Wohnform ist auch das gemeinschaftliche Wohnen mit Vor- und Nachteilen verbunden. Was dabei überwiegt, ist einmal mehr von den persönlichen Bedürfnissen und Umständen abhängig:

→ **Vorteile:** Gemeinschaftliches Wohnen ermöglicht ein soziales Miteinander und die Gesellschaft durch andere Bewohner, gleichzeitig bleiben die Unabhängigkeit und die Privatsphäre des Einzelnen gewahrt. Die Unterbringung ist kostengünstiger als bei einer einzelnen Wohnung oder in einem Seniorenheim, weil die anfallenden Kosten (etwa für Wasser, Strom, Lebensmittel) geteilt werden können. Die Bewohner unterstützen sich gegenseitig, sodass ältere Menschen dort länger wohnen bleiben können. Bei einer Mehrgenerationen-WG kommt hinzu, dass bei zunehmendem Unterstützungs- und Pflegebedarf jüngere Bewohner die Pflege für Ältere unter sich aufteilen und organisieren können. Jung und Alt unterstützen sich gegenseitig (zum Beispiel bei der Kinderbetreuung). Ferner bietet eine Mehrgenerationen-WG älteren Bewohnern mehr Sicherheit, weil jüngere Mitbewohner anwesend sind.

  Wissenswertes zu Mehrgenerationenhäusern gibt es auf der Seite des Bundesministeriums für Bildung, Familie, Senioren, Frauen und Jugend: **bmbfsfj.bund.de/**

→ **Nachteile:** Die Mitbewohner einer Wohngemeinschaft sind für einen reibungslosen und harmonischen Ablauf des Alltags und des Zusammenlebens selbst verantwortlich. Deshalb kann eine Senioren-WG nur funktionieren, wenn sich die Bewohner untereinander verstehen. Entscheidungen, die getroffen werden müssen, bedürfen immer einer Abstimmung in der Gemeinschaft. Die räumliche Nähe und unterschiedliche Bedürfnisse und Ansichten bergen ein relativ hohes Konfliktpotenzial. Eine Wohngemeinschaft erfordert besondere Rücksicht untereinander. Probleme kann es geben, wenn die Privatsphäre der Bewohner nicht gewährleistet ist und keine Rückzugsmöglichkeiten vorhanden sind. Auch größere Altersunterschiede oder sehr gegensätzliche gesundheitliche Verfassungen der Bewohner können nachteilig sein. Treffen nicht mehr ganz so fitte und flexible Bewohner auf solche, die noch rüstig und unternehmungslustig sind, kann es zu Reibereien kommen.

Ob letztlich gemeinschaftliches Wohnen im Alter eine Option ist, ist sorgfältig zu prüfen und immer eine ganz persönliche Entscheidung.

### Organisation der Wohngemeinschaft

Die Wohngemeinschaft kann als Eigentümer- oder als Mietergemeinschaft organisiert werden.

Als Eigentümergemeinschaft muss eine entsprechende Immobilie erworben und die Rechtsform der Gemeinschaft festgelegt werden. Beispielsweise kann eine Wohnungseigentümergemeinschaft gegründet werden. Dann stehen den Bewohnern die Wohnungen als Alleineigentum zu (Eigentumswohnungen). Daneben gibt es Gemeinschaftseigentum (zum Beispiel Grundstück, Treppenhaus, Heizungsanlagen), das jeder Bewohner nur mitgebrauchen kann. Gesetzliche Regelungen enthält in diesem Fall das Wohnungseigentumsgesetz.

Alternativ kann die Gemeinschaft auch als Genossenschaft organisiert werden, was allerdings einigermaßen kompliziert ist. Und in der Planungsphase kann die Gründung einer Gesellschaft bürgerlichen Rechts sinnvoll sein.

Die Eigentümergemeinschaft kann auch als Mietergemeinschaft organisiert werden. In diesem Fall schließt entweder jeder einzelne Mieter einen Mietvertrag mit dem Hauseigentümer oder die Gemeinschaft mietet gemeinsam das Haus oder einzelne Räume an. Der Vorteil der Anmietung von Räumen liegt in der Flexibilität. Wenn es in der Wohngemeinschaft nicht so läuft wie man will, kann man schnell wieder ausziehen. Im Gegenzug sind die Mitspracherechte bei der Gestaltung der Räume begrenzt. Und im Regelfall haben Mieter keinen Einfluss darauf, wer in die Wohngemeinschaft miteinzieht.

**→ TIPP**

Wer Interesse an einer Senioren-Wohngemeinschaft hat, kann diese entweder selbst beziehungsweise mit anderen gründen oder in ein bestehendes Projekt eintreten. Eine Neugründung bietet mehr Freiheiten in der Gestaltung und im Zusammenleben. Man kann mitbestimmen, ob neu gebaut oder ein bestehendes Haus umgebaut und wofür Geld ausgegeben wird und wer einziehen darf. Im Gegenzug bedeutet das aber auch mehr Arbeit und Verantwortung. Zieht man in eine bereits bestehende Senioren-WG ein, entkommt man zwar der Bauphase, hat aber keinen Einfluss auf die Ausgestaltung der Räume und auch nicht auf die Auswahl der Mitbewohner.

### Kosten einer WG

Soll die Wohngemeinschaft als Eigentümergemeinschaft – also so, dass die beteiligten Personen gemeinschaftlich Eigentum kaufen – organisiert werden, fallen Grundstücks- und Kaufnebenkosten (etwa für Grundbuch- und Notarkosten) an. Dazu kommen die Baukosten, ferner müssen die Zinsen finanziert werden. Dabei muss jeder Miteigentümer (Bewohner) seinen Miteigentumsanteil aufbringen.

Bei der Finanzierung helfen Fördermittel der Kreditanstalt für Wiederaufbau und regionale Fördermittel (→ Seite 160). Zusätzlich müssen in der Regel Kredite in Anspruch genommen werden, für die entsprechende Sicherheiten erbracht werden müssen (etwa Grundschulden).

Ist die Eigentümergemeinschaft als Mietergemeinschaft organisiert, muss jeder Bewohner die Miete für seinen privaten Wohnbereich und anteilig die Mietkosten für Gemeinschaftsräume (wie Küche, Bad, gemeinsam genutzte Räume) tragen. Die Miete einer Seniorenwohngemeinschaft entspricht regelmäßig der ortsüblichen Vergleichsmiete. Sie kann höher ausfallen, wenn das Haus oder die Wohnung barrierefrei gestaltet ist und etwa über einen Fahrstuhl und besondere Ausstattungen im Bad verfügt. Dann kann die Miete auch etwas höher liegen als die im regionalen Mietspiegel ausgewiesenen Vergleichsmieten.

## Wohnen mit Unterstützung

Viele Menschen werden im Alter auf Unterstützung angewiesen sein. Wohnformen wie Betreutes Wohnen, Seniorenresidenzen oder Wohnstifte greifen diese Bedürfnisse auf. Aber was verbirgt sich hinter diesen Begriffen? Was sind die Charakteristika dieser Einrichtungen? Welche Leistungen und Angebote sind jeweils zu erwarten? Und für wen sind sie geeignet?

## Betreutes Wohnen

Die Bezeichnung „Betreutes Wohnen" ist rechtlich nicht geschützt und die damit verbundenen Anforderungen sind nicht gesetzlich festgeschrieben. Der Begriff wird für vielfältige Wohn- und Betreuungsangebote verwendet. Die meisten Menschen haben hieran jedoch falsche Erwartungen. Denn diese Einrichtungen ermöglichen zwar eine voraussichtlich lange selbstständige sowie altersgerechte Lebensführung in ihren eigenen vier Wänden und bieten zugleich fakultativ verschiedene Unterstützungsmöglichkeiten an.

Doch anders als vielfach angenommen ist beim Betreuten Wohnen keine umfangreiche Versorgung und Betreuung gesichert. Zwar stehen bisweilen gemeinsame Aktivitäten wie etwa Kaffeetrinken auf dem Programm oder ein Beratungsangebot zu festgelegten Zeiten ist organisiert, aber Alltagsbetreuung ist dort in der Regel ebenso wenig Bestandteil wie Pflegeleistungen.

> **GUT ZU WISSEN**
>
> Betreutes Wohnen bietet in der Regel keine Rundumversorgung und ist daher für Menschen mit schwerer Pflegebedürftigkeit oder fortgeschrittener Demenz nicht geeignet.

Daher ist es ratsam, bei jedem Angebot und noch vor Einzug oder Vertragsabschluss genau hinzuschauen, ob das Konzept den eigenen Wünschen und Bedürfnissen entspricht, und welche Leistungen angeboten werden und im Preis inbegriffen sind.

> **WICHTIG**
>
> Einige Einrichtungen des „Betreuten Wohnens" nehmen Menschen, die bereits einen Pflegegrad haben oder an Demenz erkrankt sind, gar nicht erst auf.

Die Bezeichnung „Service-Wohnen" entspricht daher eher dem, was in der Praxis bei dieser Wohnform geboten wird. Im Prinzip nimmt Betreutes Wohnen eine Zwischenstellung zwischen herkömmlichen Wohnungen ohne jeden Service und der umfassenden Versorgung in einem Pflegeheim ein.

Mehr als

**7.700 betreute Wohnanlagen**

stellen mehr als

**324.000 Wohnungen**

für Pflegebedürftige zur Verfügung.

pflegemarkt.com., Mai 2024

Die Bewohner verfügen über ihren persönlichen Wohnbereich, können aber gleichzeitig in Gemeinschaft leben und darüber hinaus verschiedene Hilfs- und Unterstützungsleistungen wie Hausnotruf, Hausmeister- und Reinigungsdienste, Wäscheservice oder die Vermittlung von Pflegeleistungen in Anspruch nehmen. Voraussetzung ist allerdings, dass sie in der Lage sind, ihren Haushalt noch größtenteils selbstständig zu führen.

**GUT ZU WISSEN**

Informationen über Betreutes Wohnen bieten die Kommunen (Sozial- oder Seniorenamt, Wohnungsamt, Baubehörde, Seniorenvertretungen oder -beiräte sowie Seniorenbeauftragte), Wohlfahrtsverbände und private Träger, Initiativen zum Wohnen im Alter, Bausparkassen, Immobilienabteilungen der Banken und Sparkassen, Genossenschaften und private Bauträger (wie Wohnungsbaugesellschaften). Viele Gemeinden haben eine Übersicht über das regionale Angebot zum Betreuten Wohnen. Daher sollten dort die ersten Erkundigungen eingeholt werden.

### Leistungen

Meist wird ein Appartement zur Miete oder auch zum Kauf angeboten. Weil gesetzliche Vorgaben für „Betreutes Wohnen" fehlen, kann der Leistungsumfang von Einrichtung zu Einrichtung stark variieren. Kennzeichnend für Betreutes Wohnen sind die beiden Bestandteile „Wohnen" und „Service".

- → **Wohnen:** Vom Betreiber des Betreuten Wohnens wird eine Miet- oder Eigentumswohnung zur Verfügung gestellt. Dabei handelt es sich um eine abgeschlossene Wohnung mit Küche und

Bad. Die Bewohner können sich also vollständig selbst versorgen und entscheiden, wie sie ihre Wohnung einrichten. Die Wohnungen sind regelmäßig barrierefrei gestaltet. Neben dem Wohnbereich gibt es im Haus Gemeinschaftsräume (etwa Cafés, Sitzecken, größere Räume für Veranstaltungen), die den Austausch der Bewohner anregen und gemeinsame Aktivitäten ermöglichen sollen.

→ **Serviceleistungen:** Der Umfang der Serviceleistungen kann sehr unterschiedlich sein. In einigen Häusern beschränkt sich das Angebot im Wesentlichen auf Tätigkeiten des Gebäudemanagements, in anderen gibt es eine Ansprechperson, die regelmäßig in der Anlage erreichbar ist. Entscheidend ist der individuelle Hilfebedarf des Bewohners. Beim Betreuten Wohnen werden Grundleistungen und Wahl- oder Zusatzleistungen angeboten. Der Grundservice ist das Kernstück des Betreuten Wohnens und muss in aller Regel mitgebucht werden. Zu den Standardleistungen, die im Grundservice enthalten sein sollten, gehören eine Ansprechperson, die für Fragen zur Verfügung steht und notwendige Hilfen organisiert, ein Hausnotruf, ein Hausmeister, ein Gebäudemanagement, das für die Pflege und Instandhaltung der Gemeinschaftseinrichtungen der Wohnanlage verantwortlich ist. Wahl- und Zusatzleistungen können bei vielen Einrichtungen des Betreuten Wohnens dazu gebucht werden. Zusatzleistungen sind zum Beispiel Haushaltshilfen, die die Wohnung reinigen, Wäsche- und Bügelservice, Essen auf Rädern, ambulante Pflege sowie Fuß- und Haarpflege. Diese Leistungen werden dann direkt mit dem Dienstleister abgerechnet.

**→ TIPP**

Die DIN 77800 „Betreutes Wohnen für ältere Menschen“ definiert Qualitätsstandards zum Leistungsangebot des betreuten Wohnens. In Baden-Württemberg und Nordrhein-Westfalen gibt es zudem Leistungsstandards, die die Orientierung erleichtern.
**kvjs.de/publikationen/detailansicht/21745**

Wichtig ist es, die Leistungen verschiedener Anbieter zu vergleichen. Eine Checkliste, worauf beim Betreuten Wohnen zu achten ist, finden Sie bei der Bundesarbeitsgemeinschaft der Seniorenorganisationen: **bagso.de/publikationen/checkliste/betreutes-wohnen/**

**Notwendige Verträge**

Betreute Wohnanlagen fallen – anders als Pflegeheime – nicht unter das Wohn- und Betreuungsvertragsgesetz, das Bewohnern besondere Schutzrechte gewährt. Hier wird ein Miet- oder Kaufvertrag für die Wohnung abgeschlossen und die Serviceleistungen werden in einem Dienstvertrag geregelt. Unter Umständen müssen für Wahlleistungen und einen ambulanten Pflegedienst noch weitere Verträge abgeschlossen werden.

**Miet- oder Kaufvertrag**

Im Miet- beziehungsweise Kaufvertrag sollte die Wohnung genau beschrieben werden (Angabe der Appartementnummer, der Größe und der Ausstattung der einzelnen Räume). Die Barrierefreiheit der Wohnung nach DIN 18040 Teil 2 sollte zugesichert werden, ebenso die Einhaltung der DIN 77800 für Betreutes Wohnen.

Einem Kaufvertrag sollte eine Übersicht über die Höhe und Zusammensetzung des Hausgelds beiliegen. Im Mietvertrag ist eine genaue Aufstellung der Kosten (Kaltmiete, Nebenkosten) vorzunehmen. Die Miethöhe sollte sich am ortsüblichen Mietniveau für vergleichbare Wohnungsangebote zuzüglich angemessener Zuschläge für besondere bauliche Ausstattung und die Gemeinschaftsflächen orientieren. Der Mietvertrag sollte grundsätzlich auf unbestimmte Zeit abgeschlossen werden.

**Dienstvertrag**

Wird ein Mietvertrag abgeschlossen, ist der Grundservice in der Regel in diesen Vertrag aufgenommen. Es kann aber auch sein, dass zwei Verträge vorgelegt werden: ein Mietvertrag und ein Servicevertrag, weil die Leistungen gesondert vereinbart werden sollen. Diese Verträge sind aber in der Regel voneinander abhängig und können nicht einzeln gekündigt werden.

Der Dienstvertrag regelt die Grundleistungen (zum Beispiel Hausnotruf, Benutzung der Gemeinschaftseinrichtungen). Aus dem Vertrag sollte genau hervorgehen, welche Leistungen in welchem Umfang und wie lange angeboten werden. Dazu sind möglichst konkrete Festlegungen zu treffen (etwa Anzahl der Stunden oder Uhrzeiten) und unbestimmte Aussagen wie „regelmäßig“ oder „angemessen“ zu vermeiden.

**Weitere Verträge**

Häufig sind pflegerische und hauswirtschaftliche Dienste, Fahr- und Begleitdienste und weitere Serviceleistungen mögliche Wahlleistungen, die bei Bedarf in Anspruch genommen werden können. Über diese Leistungen werden in der Regel gesonderte Verträge abgeschlossen, die nicht mit dem Miet- und Dienstvertrag verbunden sind. Sie können deshalb unabhängig gekündigt werden. Wenn ambulante Pflegeleistungen erbracht werden, müssen diese in einem schriftlichen Vertrag mit dem Pflegedienst vereinbart werden.

### Kosten

Beim Erwerb der Wohnung wird ein Kaufpreis vereinbart. Dessen Höhe hängt maßgeblich von ihrer Lage und Ausstattung ab. Für eine Mietwohnung im Betreuten Wohnen sind die Nettokaltmiete und die Nebenkosten zu zahlen. Soweit es für die betreffende Stadt oder Gemeinde einen Mietspiegel gibt, kann diesem die ortsübliche Vergleichsmiete für nicht preisgebundenen Wohnraum entnommen werden. Die Nettokaltmiete beziehungsweise der Kaufpreis liegt in der Regel etwa zehn Prozent über der ortsüblichen Nettokaltmiete beziehungsweise dem üblichen Kaufpreis. Grund dafür ist vor allem die Ausstattung, beispielsweise eine barrierefreie Gestaltung der Wohnung.

## Seniorenresidenzen oder -stifte

Als Seniorenresidenz (häufig auch als Senioren- oder Wohnstift bezeichnet) wird eine Einrichtung für ältere Menschen mit einem gehobenen Angebot und Ambiente verstanden. Sie bietet eine Wohnmöglichkeit, ob Zimmer oder Appartement, in Verbindung mit Dienstleistungen und Freizeitangeboten für ein selbstbestimmtes Leben im Alter. Weder der Begriff „Seniorenresidenz" noch „Seniorenstift" oder „Wohnstift" ist rechtlich geschützt, sodass sich die Angebote stark unterscheiden können. Die Zimmer verfügen über eine gehobene Ausstattung, außerdem stehen Serviceleistungen wie beispielsweise Mahlzeiten und die regelmäßige Wohnungsreinigung zur Wahl. Häufig können sich Bewohner täglich für verschiedene Angebote zur Freizeitgestaltung entscheiden. Zusätzlich können auch Pflegeleistungen gebucht werden.

GUT ZU WISSEN

### Komfort hat seinen Preis

Wer auch im Alter komfortabel leben will, für den ist eine Seniorenresidenz eine gute Wahl. Geboten wird teilweise ein hotelähnlicher Service. Das Kochen, Waschen, Putzen und andere Aufgaben werden (teilweise) übernommen. Bei Krankheit und Pflegebedarf besteht die Möglichkeit, im vertrauten Umfeld wohnen zu bleiben. Dank der integrierten Pflegedienste oder Pflegestationen ist eine umfassende Pflege gewährleistet. Gegen eine Seniorenresidenz sprechen die Kosten. Bei Pauschalangeboten werden Leistungen berechnet, selbst wenn sie vom Bewohner nicht beansprucht wurden. Durch die hohen Preise werden viele Menschen von vornherein von dieser Wohnform ausgeschlossen.

### Leistungen

Die einzelnen Wohnungen und Appartements in Seniorenresidenzen verfügen über Einzel- oder Doppelzimmer und können auch teilmöbliert übernommen werden. In Gemeinschaftsräumen lässt sich ein gemütliches Beisammensein organisieren oder es werden dort Freizeitveranstaltungen angeboten. Der monatliche Pensionspreis deckt die Nutzung der Gemeinschaftseinrichtungen mit ab. Hochpreisige Häuser haben Schwimmbäder, Fitnessräume und Ähnliches.

In der Regel umfasst das Basisangebot eine tägliche Hauptmahlzeit, die regelmäßige Wohnungsreinigung, den Hausnotruf und Hausmeistertätigkeiten. Qualifizierte Betreuungskräfte sind stets im Haus anwesend und über den Hausnotruf Tag und Nacht erreichbar. Weiterhin gibt es buchbare Zusatzleistungen wie die Hilfe bei der Hausarbeit oder beim Einkaufen. Wenn die Mahlzeiten nicht in den Basisleistungen enthalten sind, kann eine tägliche Essenslieferung organisiert werden. Außerdem gibt es Fahrdienste, wenn Termine beim Arzt oder bei Behörden anstehen.

Bei der Auswahl einer passenden Wohnanlage kann diese Checkliste der Stiftung Warentest helfen:
**test.de/node/1336385-0/**

**→ TIPP**

**Die in den Seniorenresidenzen angebotenen Leistungen sind recht unterschiedlich. Sinnvoll ist es, sich von den Residenzen am Wunschort Informationsmaterial mit einem detaillierten Preis-Leistungs-Verzeichnis schicken zu lassen. Unter Umständen können auch Empfehlungen aus dem Bekannten- und Freundeskreis bei der Auswahl helfen. Und wenn die Möglichkeit besteht, Probe zu wohnen, sollte diese unbedingt genutzt werden.**

### Kosten

Anstelle einer Miete stellen Seniorenresidenzen eine sogenannte Pensionspauschale in Rechnung. Darin enthalten sind Wohn- und Betreuungskosten. Viele Seniorenresidenzen unterscheiden zwischen Inklusiv- und Zusatzleistungen.

→ **Inklusivleistungen** sind bereits in der Pensionspauschale enthalten. Dazu gehören beispielsweise das tägliche Mittagessen, die Nutzung der Gemeinschaftsräume und eine 24-Stunden-Rufbereitschaft.

→ Zu den **Wahlleistungen,** die hinzugebucht und extra bezahlt werden müssen, können zum Beispiel Kleinreparaturen, die Wäschereinigung oder Pflegedienstleistungen gehören.

> **ACHTUNG**
>
> Vorsicht ist bei All-inklusive-Angeboten geboten. Die schaffen einerseits zwar Planungssicherheit, führen aber andererseits dazu, dass möglicherweise für viele Leistungen bezahlt wird, die gar nicht genutzt werden. Wer auf eine gehobene Ausstattung zwar nicht verzichten, doch nur wenige Zusatzleistungen in Anspruch nehmen will, sollte sich für eine Einrichtung entscheiden, die nach fixen Grundleistungen und optionalen Serviceleistungen abrechnet – so wie es im Betreuten Wohnen üblich ist. Die Inklusivleistungen beinhalten dann unter Umständen nur die Miete, die Rezeption und eine Notrufbereitschaft. Mahlzeiten, die Nutzung von Wellnessangeboten, Haushaltshilfen und vor allem Pflegedienstleistungen werden dann zusätzlich berechnet.

## Wohnen mit Pflege

Wer sich irgendwann nicht mehr selbst versorgen kann, steht – gemeinsam mit Familie und Freunden – vor der Frage, ob häusliche Pflege oder eine Pflegeeinrichtung die bessere Option ist. Diese Entscheidung ist nicht leicht zu treffen und hängt von vielen individuellen Faktoren ab. Sie sollte gut überlegt werden. Und zwar nicht nur, weil davon maßgeblich das Wohlbefinden des Pflegebedürftigen und aller Familienangehörigen abhängt. Sondern auch, weil dabei organisatorische und finanzielle Rahmenbedingungen zu berücksichtigen sind. Beide Formen – häusliche Pflege oder die Unterbringung in einem Pflegeheim oder einer Pflegewohngemeinschaft – haben jeweils Vor- und Nachteile.

### Häusliche Pflege oder Pflege im Heim?

→ **Häusliche Pflege:** Bei häuslicher Pflege bleibt der oder die Pflegebedürftige im familiären Umfeld und wohnt weiterhin in den eigenen vier Wänden. Es besteht die Möglichkeit, die persönliche Pflege durch Familienangehörige mit einer professionellen Pflege eines ambulanten Pflegedienstes zu verbinden. Die Pflegebedürftigen haben feste Bezugspersonen, seien es Familienangehörige oder Pflegepersonen des ambulanten Pflegedienstes. Allerdings ist es nicht immer einfach, überhaupt einen Pflegedienst zu finden, der die gewünschten Leistungen im jeweils notwendigen Umfang auch erbringt.

  Bei der Pflege zu Hause können individuelle Wünsche stärker berücksichtigt werden. Allerdings ist es für pflegende

Angehörige schwierig, die notwendige Zeit für die Pflege aufzubringen, insbesondere weil Beruf, Pflege und die eigene Familie miteinander zu vereinbaren sind. Pflegende Angehörige können fachlich, körperlich oder psychisch überfordert sein. Häufig ist keine Rund-um-die-Uhr-Betreuung möglich. Auch kann Pflegebedürftigen die Pflege durch einen nahen Angehörigen unangenehm sein, etwa wenn die Tochter den Vater pflegt.

→ **Pflege im Heim:** Durch die Pflege im Heim wird die Familie des Pflegebedürftigen entlastet. Angehörige können mehr Zeit mit ihm oder ihr verbringen, anstatt sich um die reine Pflege kümmern zu müssen. Pflegebedürftige werden hier medizinisch und pflegerisch professionell betreut. Im Heim ist eine Rund-um-die-Uhr-Pflege gesichert. Auch im Notfall kann schnell Hilfe gerufen werden. Barrierefreies Wohnen ist im Pflegeheim immer gewährleistet. In einem guten Heim werden auch die sozialen Kontakte des Pflegebedürftigen durch verschiedene Freizeitaktivitäten gefördert. Für den Pflegebedürftigen ist das Heim allerdings eine neue und ungewohnte Umgebung. Die Pflege erfolgt nach individuellen Bedürfnissen und Wünschen, allerdings gibt es in Pflegeheimen keine 1:1-Betreuung. Bei personellen Engpässen etwa durch Krankheitsfälle beim Pflegepersonal ist bisweilen mit Einschränkungen zu rechnen. Sowohl beim Pflegebedürftigen als auch bei den Angehörigen kann das Gefühl entstehen, dass die pflegebedürftige Person „abgeschoben" wird. Pflegebedürftige haben fast ausschließlich Umgang mit anderen pflegebedürftigen Menschen. Die Pflege im Heim ist regelmäßig teurer als die häusliche Pflege.

### Pflegeheim finden

Vollstationäre Pflege kommt vor allem dann in Betracht, wenn häusliche oder teilstationäre Pflege (etwa Tages- und Nachtpflege) nicht möglich ist.

> **GUT ZU WISSEN**
>
> In der Tages- und Nachtpflege werden Pflegebedürftige stundenweise betreut, wohnen aber ansonsten weiterhin selbstständig in ihrer eigenen Wohnung oder bei Angehörigen.
> Angebote sind zu finden unter:
> **pflegelotse.de**
> **pflegefinder.bkk-dachverband.de**
> **pflegenavigator.de**

Aber auch, wenn etwa Angehörige nicht in der Lage sind, den pflegebedürftigen Menschen zu pflegen oder wenn diese mit der Pflege überfordert sind, ist vollstationäre Pflege sinnvoll. Nicht zuletzt natürlich immer dann, wenn Pflege wegen der häuslichen Gegebenheiten nicht machbar ist.

Im Pflegeheim ist die Versorgung des pflegebedürftigen Menschen rund um die Uhr sichergestellt. Ob sie Seniorenzentrum, Altenheim oder Pflegestift heißen – gemeint sind immer stationäre Pflegeeinrichtungen.

Die Suche nach einem geeigneten Pflegeheim erfordert Zeit und Geduld. Es gibt nicht die eine richtige Lösung.

**→ TIPP**

Ein hilfreicher Wegweiser ist hierbei der Ratgeber „Pflegeheim finden und finanzieren" der Verbraucherzentrale. Zu bestellen unter **shop.verbraucherzentrale.de**

Viele Informationen, mit welchen Kosten in einem Pflegeheim zu rechnen ist, gibt es auch unter:
verbraucherzentrale.de/node/13906

HINTERGRUND

## Pflege-Wohngemeinschaft

Eine Alternative zum Pflegeheim ist die Pflege-Wohngemeinschaft. In einer Pflege-WG leben mehrere, zum Teil auch pflegebedürftige Menschen zusammen. Jedes WG-Mitglied hat ein eigenes Zimmer, das nach den eigenen Wünschen und Vorstellungen eingerichtet werden kann. Daneben gibt es gemeinschaftlich genutzte Räume wie beispielsweise eine Küche und ein Wohnzimmer, die von allen Bewohnenden genutzt werden können. Pflege-Wohngemeinschaften können durch Pflege- und Betreuungsdienste sowie von Kommunen, Bürgervereinen oder Einzelpersonen gegründet und geleitet werden. Aber auch (künftige) Bewohner selbst oder deren Angehörige können gemeinschaftlich und selbstbestimmt Pflege-Wohngemeinschaften organisieren und verwalten. Pflege-WGs, die bestimmte Mindestvoraussetzungen erfüllen, gelten als ambulant betreute Wohngruppen, die von der Pflegeversicherung besonders gefördert werden.
Wer eine Pflege-Wohngemeinschaft sucht oder gründen will, sollte sich ausführlich beraten lassen. Erste Anlaufstellen sind vor allem die Pflegeberatungsstellen und Pflegestützpunkte der Pflegekassen.

# Kranken- und Pflegeversicherung für Rentner

Manches scheint vielleicht kompliziert, wenn die Rente in Sicht ist. Für die Kranken- und Pflegeversicherung im Ruhestand gilt das – zumindest in den meisten Fällen – nicht. Die Mehrzahl der Rentnerinnen und Rentner ist automatisch in der Krankenversicherung der Rentner (KVdR). Entscheidend ist, wie sie in ihrem Berufsleben versichert sind oder waren. Bis auf das Krankengeld werden die bisherigen Leistungen weiter gewährt. Auch Rentnerinnen und Rentner müssen Beiträge an ihre Kranken- und Pflegekasse zahlen. Deren Höhe hängt von der Art der Altersbezüge sowie vom jeweiligen Versicherungsstatus ab.

Eine Kranken- und eine Pflegeversicherung ist für Rentnerinnen und Rentner Pflicht. Entscheidend für den Krankenversicherungsschutz nach dem Abschied aus dem aktiven Berufslebens ist, wie man während dieser Zeit krankenversichert war. Es gilt somit auch für angehende Ruheständler, dass sie entweder in der gesetzlichen Krankenversicherung pflicht-, freiwillig oder familienversichert oder bei einem Versicherungsunternehmen privat krankenversichert sein werden. Die meisten werden automatisch in der Krankenversicherung der Rentner (KVdR) versichert sein.

> **GUT ZU WISSEN**
>
> Die Krankenversicherung der Rentner (KVdR) ist keine eigene Krankenkasse, sondern ein Versicherungsstatus, der den Mitgliedern einige finanzielle Vorteile bringt. Um hier aufgenommen zu werden, sind allerdings bestimmte Voraussetzungen zu erfüllen (→ Seite 182).

Sowohl für die Kranken- wie für die Pflegeversicherung müssen aus der Rente Beiträge gezahlt werden. Diese werden vom Rentenversicherungsträger direkt von der Bruttorente einbehalten und an die jeweilige Kranken- und Pflegeversicherung abgeführt.

## Pflichtmitgliedschaft soziale Pflegeversicherung

Auch die Mitgliedschaft in der Pflegeversicherung ist für Rentnerinnen und Rentner Pflicht. Sie richtet sich nach dem Krankenversicherungsstatus: Gesetzlich krankenversicherte Seniorinnen oder Senioren sind automatisch Mitglied der jeweils dieser Krankenkasse angeschlossenen Pflegekasse. Denn es gilt der Grundsatz: „Pflegeversicherung folgt der Krankenversicherung." Alle Personen, die in der gesetzlichen Krankenversicherung pflichtversichert sind, sind auch in der sozialen Pflegeversicherung pflichtversichert.

> **GUT ZU WISSEN**
>
> Die Beiträge zur Pflegeversicherung tragen Ruheständler allein. Anders als beim Krankenversicherungsbeitrag beteiligt sich der Rentenversicherungsträger hieran nicht zur Hälfte (siehe → Seite 181). Auch freiwillig krankenversicherte Ruheständler zahlen den Pflegeversicherungsbeitrag komplett selbst. Bei den Einkünften berücksichtigt werden die Rente der gesetzlichen Rentenversicherung, Einnahmen aus der Rente vergleichbaren Zahlungen und das Arbeitseinkommen. Rentennachzahlungen sind ebenfalls für den Zeitraum beitragspflichtig, indem Rentner oder Rentnerin Anspruch auf Leistungen der sozialen Pflegeversicherung hatte.

Seit 1. Juli 2025 gelten für Rentnerinnen und Rentner folgende Beitragssätze in der Pflegeversicherung:

- ohne Kind, daher mit Kinderlosenzuschlag, beträgt der Pflegebeitrag 4,2 Prozent der beitragspflichtigen Einnahmen.
- mit einem Kind: 3,6 Prozent.

Solange noch zwei oder mehr Kinder nicht älter als 25 Jahre sind, reduziert sich der Beitrag zur Pflegeversicherung noch weiter. Dies dürfte allerdings nur auf einen sehr kleinen Kreis der Rentenbezieher zutreffen.

**→ TIPP**

Sind Kinder vom Rentenversicherungsträger noch nicht berücksichtigt, sollten die entsprechenden Nachweise baldmöglichst vorgelegt werden. Denn vom Zuschlag für Kinderlose befreit sind Rentnerinnen und Rentner frühestens ab dem Zeitpunkt, zu dem diese dort eingegangen ist. Ohne Nachweise werden entsprechend höhere Beiträge an die Pflegeversicherung von der Rente einbehalten.

## Pflichtmitgliedschaft in der gesetzlichen Krankenversicherung

Die Pflichtversicherung in der Krankenversicherung der Rentner ist in der Regel der günstigste Krankenversicherungsschutz. Denn die Rentenversicherung übernimmt überwiegend die Hälfte des Krankenversicherungsbeitrags – so wie der Arbeitgeber während des aktiven Berufslebens. Das gilt für alle Rentenarten, die die gesetzliche Rentenversicherung auszahlt, also auch für Witwen-/Witwer- oder Waisenrenten.

In der Krankenversicherung der Rentner (KVdR) ist pflichtversichert, wer

- Anspruch auf eine Rente aus der gesetzlichen Rentenversicherung hat,
- die Vorversicherungszeit in einer gesetzlichen Krankenversicherung erfüllt und
- einen Rentenantrag gestellt hat.

**GUT ZU WISSEN**

Wenn beim Rentenantrag bei der Deutschen Rentenversicherung das Formblatt R0810 „Meldung zur Krankenversicherung der Rentner“ mitgeschickt wird, prüft die jetzige Krankenkasse automatisch, ob die Voraussetzungen für eine Aufnahme in die KVdR erfüllt sind.
**deutsche-rentenversicherung.de**

### Voraussetzungen für die Aufnahme in die KVdR

Die erste Voraussetzung zur Aufnahme in die KVdR liegt eigentlich auf der Hand: Es muss eine Rente der gesetzlichen Rentenversicherung gezahlt beziehungsweise beantragt werden. Dabei spielt die Art der Rente keine Rolle, also ob es sich um eine Alters-, Erwerbsminderungs- oder Hinterbliebenenrente (Witwen-/Witwerrente oder Waisenrente) handelt.

Zudem muss die Vorversicherungszeit erfüllt sein. Das heißt, der Versicherungsschutz in der gesetzlichen Krankenversicherung muss schon eine gewisse Zeit bestanden haben. Konkret müssen Rentnerinnen und Rentner in der zweiten Hälfte ihres Arbeitslebens mindestens während 90 Prozent dieser Zeit in einer gesetzlichen Krankenversicherung versichert gewesen sein – egal ob als Pflichtmitglied, als freiwilliges Mitglied oder im Rahmen einer Familienversicherung. Maßgebend ist allein, dass überhaupt eine Versicherung in der gesetzlichen Krankenkasse bestand. Für jedes Kind beziehungsweise Stief- oder Pflegekind werden Versicherten pauschal drei Jahre bei der Vorversicherungszeit angerechnet. Ein Minijob oder Pflichtwehr- oder Zivildienst zählen allerdings nicht mit.

Versicherungszeiten in der ehemaligen DDR sind auch anrechenbar, ebenso Zeiten als Mitglied in einer gesetzlichen Krankenversicherung im Ausland, wenn es sich dabei um Staaten des Europäischen Wirtschaftsraums oder um Staaten handelt, mit denen Deutschland ein Sozialversicherungsabkommen hat.

WICHTIG

**Berechnung der Vorversicherungszeit**

Die Vorversicherungszeit wird so berechnet: Zunächst ermittelt die Krankenkasse, wie lang das Arbeitsleben des oder der Versicherten war. Es beginnt jeweils mit der Berufsausbildung oder dem Tag, an dem erstmals eine versicherungspflichtige Erwerbstätigkeit aufgenommen wurde. Für das Ende wird der Tag angenommen, an dem der Rentenantrag gestellt wurde – nicht, wie man vielleicht annehmen könnte, der Tag des Rentenbeginns. Dieser Zeitraum des Erwerbslebens wird auf den Tag genau berechnet und dann in zwei Hälften geteilt. War das Mitglied in der zweiten Hälfte mindestens zu 90 Prozent der Zeit in der gesetzlichen Krankenversicherung, bleibt es im Alter weiter pflichtversichert in der KVdR.

Für die meisten angehenden Ruheständler wird es keine große Hürde sein, die Vorgaben zur Vorversicherungszeit zu erfüllen. Entweder, weil sie selbst während ihres Berufslebens Mitglied in der gesetzlichen Krankenversicherung gewesen sind oder durch Partner oder Partnerin dort familienversichert waren. Aber auch für Gutverdienende (also mit Einkommen oberhalb der Beitragsbemessungsgrenze für die gesetzliche Krankenversicherung), die lange Zeit freiwillig gesetzlich krankenversichert waren, wird dies ebenso zutreffen wie für Selbstständige, die über Jahre freiwillige Beiträge gezahlt haben.

**→ TIPP**

Bevor der Rentenantrag gestellt wird, sollte bei der Krankenkasse im Zweifelsfall nachgefragt werden, ob die Voraussetzungen für die Mitgliedschaft in der KVdR erfüllt sind. Das kann zum Beispiel dann sinnvoll sein, wenn angehende Ruheständler lange Zeit privat krankenversichert waren und erst spät wieder in die gesetzliche Krankenversicherung zurückgekehrt sind. Mitunter ist es – wegen der taggenauen Berechnung der Zeitspanne des Erwerbslebens – dann lohnend, den Rentenantrag erst später zu stellen, um die Vorteile der KVdR nutzen zu können.

Wer die Vorversicherungszeit dennoch nicht erfüllt, muss sich selbst um eine Krankenversicherung kümmern. Er kann sich dann freiwillig in der gesetzlichen Krankenversicherung oder privat krankenversichern. Unter Umständen kommt auch eine beitragsfreie Familienversicherung in Betracht.

Wer eine gesetzliche Rente bekommt und sich eigentlich in der Krankenversicherung der Rentner versichern müsste, darf sich von dieser Pflicht aber auch befreien lassen. Dies gilt beispielsweise für privat Krankenversicherte, die beihilfefähig sind. Der Befreiungsantrag muss innerhalb von drei Monaten nach dem Tag, an dem der Rentenantrag gestellt wurde, oder nach dem Beginn der Versicherungspflicht bei der Krankenkasse gestellt werden, die bei Versicherungspflicht zuständig wäre.

> **ACHTUNG**
>
> **Kein Widerruf möglich**
>
> Eine Befreiung von der Pflichtmitgliedschaft sollte gut überlegt sein. Die Entscheidung gegen die gesetzliche Krankenversicherung ist nämlich in der Regel nicht zu korrigieren. Sie gilt während der gesamten Zeit des Rentenbezugs und kann nicht widerrufen werden. Eine Rückkehr in die gesetzliche Krankenversicherung, etwa wenn der Rentner oder die Rentnerin noch einmal eine Beschäftigung aufnimmt, ist dann nicht mehr möglich. Er oder sie kann sich auch nicht freiwillig bei einer gesetzlichen Krankenkasse versichern und auch nicht beitragsfrei familienversichert sein.

### Wenn die Voraussetzungen nicht erfüllt werden

Gesetzlich krankenversicherte Rentnerinnen und Rentner, die die geforderte Vorversicherungszeit nicht erfüllen, können Mitglied ihrer bisherigen Versicherung bleiben und sich dort freiwillig versichern. Ausnahme: Der- oder diejenige ist aus einem anderen Grund, etwa weil noch ein Arbeitsverhältnis besteht, weiterhin pflichtversichert.

Wer sich wegen der fehlenden Vorversicherungszeiten nicht selbst in der KVdR pflichtversichern kann, hat alternativ die Möglichkeit, eine Familienversicherung fortzusetzen und damit beitragsfrei krankenversichert zu bleiben. Allerdings darf das eigene persönliche monatliche Gesamteinkommen dann 535 Euro monatlich (für geringfügig Beschäftigte 556 Euro monatlich, Stand 2025) nicht übersteigen.

Bei der Berechnung des Einkommens werden ausgezahlte Renten berücksichtigt. Der Teil der Rente, der für Zeiten der Kindererziehung gezahlt wird, wird allerdings nicht zum Einkommen gezählt.

Wird diese Einkommensgrenze überschritten und ist die Vorversicherungszeit nicht erfüllt, bleibt die freiwillige Mitgliedschaft in der KVdR. Ist diese jedoch nicht gewünscht, müssen Rentnerin oder Rentner innerhalb von zwei Wochen den Austritt aus der zuständigen Krankenkasse erklären. In diesem Fall muss die anderweitige Absicherung im Krankheitsfall, zum Beispiel durch eine private Krankenversicherung, nachgewiesen werden.

## Krankenkassenwechsel

Grundsätzlich können Versicherungspflichtige und freiwillig Versicherte ihre gesetzliche Krankenkasse frei wählen: Sie können sich etwa für die Allgemeine Ortskrankenkasse (AOK) ihres Beschäftigungs- oder

Wohnorts entscheiden, für jede Ersatzkasse oder die Krankenkasse, bei der der Ehepartner oder die -partnerin versichert ist. Der weitaus größte Teil der Leistungen der Krankenkassen ist gesetzlich vorgeschrieben. Gesetzliche Krankenversicherer müssen jeden und jede aufnehmen, mögliche Vorerkrankungen oder das Alter spielen keine Rolle und sind kein Grund für eine Ablehnung. Grundsätzlich gewechselt werden kann die Krankenkasse, sofern man mindestens zwölf Monate bei der bisherigen versichert war.

**→ TIPP**

Wenn Sie Ihre Krankenkasse wechseln möchten, müssen Sie lediglich einen Neuaufnahmeantrag bei der neuen Krankenversicherung stellen. Eine Kündigung ist nicht erforderlich. Die neue Kasse informiert Ihre bisherige Versicherung über den Wechsel. Ist dieser vollzogen, werden Sie darüber von Ihrer neuen Krankenkasse unterrichtet. Nur wenn Sie zu einer privaten Krankenversicherung wechseln wollen, müssen Sie bei der bisherigen Krankenkasse kündigen. Damit die Kündigung der gesetzlichen Krankenversicherung wirksam ist, müssen Sie nachweisen, dass eine anderweitige Absicherung im Krankheitsfall besteht.

Auch wenn der Rentenantrag gestellt wird oder bei Rentenbeginn können Versicherte in eine andere Krankenkasse (zum Beispiel von der AOK in eine Ersatzkasse) wechseln. Dann gilt das sofortige Wechselrecht und es kann bis maximal 14 Tage nach Rentenbeginn eine neue Krankenkasse gewählt werden. Danach sind Versicherte mindestens zwölf Monate an diese gebunden.

**! WICHTIG**

Wer einen Wahltarif seiner Krankenkasse nutzt – zum Beispiel „Selbstbehalt“ – muss mit besonderen Bindungsfristen rechnen. So beträgt die Mindestbindungsfrist beim „Selbstbehalt“ drei Jahre.

In Ausnahmefällen kann die Mitgliedschaft bereits vor Ablauf der Bindungsfrist von zwölf Monaten beendet werden, und zwar wenn:

- → zu einer privaten Krankenversicherung gewechselt wird oder ein freiwilliges Mitglied kündigt, da es im Rahmen einer beitragsfreien Familienversicherung versichert wird.
- → die Kasse ihren Zusatzbeitrag erhöht und Versicherte dann von ihrem Sonderkündigungsrecht Gebrauch machen.

Die vorzeitige Kündigung ist in diesem Fall grundsätzlich auch möglich, wenn Versicherte einen Wahltarif (Kasten → Seite 185) in Anspruch genommen haben.

## Beiträge in der Krankenversicherung

Auch wer in den Ruhestand geht, muss Beiträge zur gesetzlichen Krankenversicherung zahlen. Abhängig vom Versicherungsstatus müssen Rentnerinnen und Rentner die Beiträge nur teilweise oder ganz allein tragen sowie abhängig von der Art der Einkünfte entrichten.

### Beiträge pflichtversicherter Rentner

Bei versicherungspflichtigen Rentnerinnen und Rentnern werden bei der Beitragsberechnung die folgenden Einkünfte zugrunde gelegt:

- → aus der gesetzlichen Rente,
- → aus einer gesetzlichen Rente aus dem Ausland,
- → aus Einnahmen, die mit der Rente vergleichbar sind (Versorgungsbezüge) und
- → Arbeitseinkommen aus selbstständiger Tätigkeit.

Übersetzt heißt das, dass der Beitrag – wie beim Lohn oder Gehalt im Berufsleben – anhand des Renteneinkommens berechnet wird. Auch bei den Renteneinkünften gilt die Beitragsbemessungsgrenze. Für darüber liegende Alterseinkommen werden keine Beiträge mehr fällig. Heißt, der Krankenversicherungsbeitrag steigt nicht mehr weiter.

> **!** ACHTUNG
>
> **Einnahmen sind nur bis zur Höhe der Beitragsbemessungsgrenze beitragspflichtig. Aktuell (2025) liegt diese bei 66.150 Euro jährlich (5.512,50 Euro monatlich). Der Teil der Einnahmen, der diesen Betrag überschreitet, ist beitragsfrei.**

Die Beiträge zur Krankenversicherung richten sich nach der monatlichen Bruttorente. Wenn mehrere Renten bezogen werden (etwa Altersrente und Witwenrente), sind für jede dieser Renten Krankenversicherungsbeiträge zu zahlen. Auch auf Rentennachzahlungen werden Beiträge erhoben.

Die Höhe der Beiträge richtet sich nach dem allgemeinen Beitragssatz. Dieser ist kassenübergreifend gleich und beträgt 14,6 Prozent (Stand: 2025). Von diesem Beitrag zahlen der Rentenversicherungsträger und der Rentenempfänger jeweils die Hälfte, also je 7,3 Prozent. Die von Rentnerin oder Rentner zu zahlende Beitragshälfte wird direkt von der Bruttorente abgezogen, die andere Hälfte überweist die Rentenversicherung an die jeweilige Krankenkasse.

Auch von dem individuell von jeder Krankenkasse festgelegten Zusatzbeitrag übernimmt der Rentenversicherungsträger die Hälfte. Erhöht sich der Zusatzbeitrag, wirkt sich dies bei der Rente allerdings erst nach zwei Monaten aus. Denn erst dann wird er von der Rente einbehalten und von der Rentenversicherung direkt an die Krankenkasse weitergeleitet.

> **GUT ZU WISSEN**
>
> Auch gesetzliche Renten aus dem Ausland sind Einkünfte, für die Beiträge zur gesetzlichen Krankenversicherung gezahlt werden müssen. Der Beitragssatz beträgt 7,3 Prozent, also die Hälfte des allgemeinen Beitragssatzes. Diesen Betrag – und die Hälfte des von der jeweiligen Krankenkasse festgesetzten Zusatzbeitragssatzes – muss der Rentenbezieher allein tragen und selbst an die Krankenkasse zahlen.

**Beitragspflicht für Versorgungsbezüge**

Erhalten versicherungspflichtige Rentner neben der Rente noch Versorgungsbezüge oder erzielen sie Einkommen aus einer nebenberuflichen selbstständigen Tätigkeit, aus einem Gewerbebetrieb sowie aus Land- und Forstwirtschaft, sind auch hierfür Beiträge zur Krankenversicherung zu zahlen.

Versorgungsbezüge sind Leistungen, die wegen einer eingeschränkten Erwerbsfähigkeit oder zur Alters- sowie zur Hinterbliebenenversorgung gewährt werden. Zu den Versorgungsbezügen zählen unter anderem:

- Renten aus der betrieblichen Altersversorgung,
- Versorgungsbezüge aus einem öffentlich-rechtlichen Dienstverhältnis (zum Beispiel Beamtenversorgung),
- Witwen- oder Waisengeld an Hinterbliebene eines Beamten,
- Renten aus der Zusatzversicherung für Beschäftigte des öffentlichen Dienstes,
- Renten und Versicherungsbezüge berufsständischer Versorgungswerke (zum Beispiel Ärzte, Rechtsanwälte).

> **GUT ZU WISSEN**
>
> Auch für Versorgungsbezüge, die aus dem Ausland gezahlt werden, sind Krankenversicherungsbeiträge zu zahlen.

Krankenversicherungsbeiträge aus Versorgungsbezügen werden nur dann erhoben, wenn diese insgesamt einen Betrag von 187,25 Euro monatlich übersteigen (Stand 2025). Für die darüber hinausgehenden Versorgungsbezüge sowie Arbeitseinkommen muss der Rentenbezieher dann den Krankenversicherungsbeitrag allein tragen. Es gilt der volle Beitragssatz von 14,6 Prozent (bei Renten aus der Altersversicherung der Landwirte nur die Hälfte, also 7,3 Prozent), hinzu kommt noch der individuelle Zusatzbeitragssatz der jeweiligen Krankenkasse.

Zudem sind für Versorgungsbezüge Beiträge zur Pflegeversicherung zu entrichten. Während es für diese Renten jedoch bei der Krankenversicherung einen monatlichen Freibetrag gibt, gilt das für Beiträge zur Pflegeversicherung nicht.

ACHTUNG

Sobald die Freibetragsgrenze von 187,25 Euro (Stand: 2025) überschritten ist, wird der Pflegeversicherungsbeitrag anhand der vollen Rentenhöhe berechnet.

GUT ZU WISSEN

### Kapitalwahlrecht

Rentnerinnen und Rentner haben bei manchen Betriebsrenten oder privaten Kapitallebensversicherungen die Wahl, ob diese als monatliche Rente oder als Kapitalabfindung, also auf einen Schlag, ausgezahlt werden soll. Für diese Auszahlungen sind dann auch Beiträge zur Kranken- und Pflegeversicherung fällig. Für einen Zeitraum von zehn Jahren sind diese dann zu zahlen. Gerechnet wird hierbei so, dass der auszuzahlende Betrag durch 120 Monate geteilt und für den so ermittelten Monatswert dann die jeweils gültigen Beitragssätze erhoben werden. Achtung: Freiwillig versicherte Rentnerinnen und Rentner müssen beachten, dass es für sie keine Freibeträge gibt.

**Freigrenzen/Freibetrag für Versorgungsbezüge bei Kranken- und Pflegeversicherung**

| ZEITRAUM | FREIBETRAG IN EURO | BEITRAGSPFLICHTIGER TEIL DES VERSORGUNGSBEZUGS |
|---|---|---|
| 1. Januar bis 31. Dezember 2025 | 187,25 | Beitragspflicht in der **Krankenversicherung** für den **Teil** des Versorgungsbezugs, **der den Freibetrag übersteigt.** Zu zahlen sind der allgemeine Beitragssatz und der kassenindividuelle Zusatzbeitragssatz.<br>Beitragspflicht in der **Pflegeversicherung** für den **gesamten Versorgungsbezug, wenn** dieser **höher als der Freibetrag** ist. |

BEISPIEL

Rentnerin Susanne erhält monatlich 1.200 Euro Rente aus der gesetzlichen Rentenversicherung. Außerdem bekommt sie aus einer Betriebsrente jeden Monat 300 Euro. Sie hat eine Tochter. Ihre gesetzliche Krankenkasse erhebt einen Zusatzbeitrag von 2,5 Prozent. Für ihre Beiträge zur Kranken- und Pflegeversicherung ergibt sich somit:

- → 7,3 % + 1,25 % (halber allgemeiner Krankenversicherungs- u. Zusatzbeitrag) von der gesetzlichen Rente (1.200 Euro) = 102,60 Euro
- → 3,6 % (mit einem Kind) der gesetzlichen Rente (1.200 Euro) für Pflegeversicherung (zahlt Susanne alleine) = 43,20 Euro
- → Betriebsrente (300 Euro) übersteigt Freibetrag von 187,25 Euro, daher wird für 112,75 Euro der volle Beitragssatz zur Krankenversicherung fällig (allgemeiner und Zusatzbeitrag; (also 14,6 % + 2,5 % = 17,1 %) = 19,28 Euro
- → Auf die Betriebsrente (300 Euro) ist der volle Beitrag zur Pflegeversicherung (3,6 %) zu entrichten: 10,80 Euro

Von der Bruttorente aus der Rentenversicherung von 1.200 Euro werden Susanne also nur 1.054,20 Euro (102,60 Euro Kranken- und 43,20 Euro Pflegeversicherung werden einbehalten) ausgezahlt, weil der Rentenversicherungsträger die Beiträge direkt weiterleitet.
Den Kranken- und Pflegeversicherungsbeitrag für ihre Betriebsrente muss sie selbst überweisen. Von den 300 Euro Rente bleiben dann nur noch 269,92 Euro (300 Euro - 19,28 Euro - 10,80 Euro für Kranken- beziehungsweise Pflegeversicherung).

## Krankenversicherungsbeiträge freiwillig versicherter Rentner

Bei freiwillig versicherten Rentnerinnen und Rentnern werden bei der Beitragsbemessung alle Einkünfte berücksichtigt. Neben der Rente der gesetzlichen Rentenversicherung sind also insbesondere auch gesetzliche Renten aus dem Ausland, Versorgungsbezüge, Arbeitseinkommen, Einkünfte aus Vermietung und Verpachtung, Kapitalerträge und Einnahmen aus privaten Lebensversicherungen beitragspflichtig.

Der maßgebliche Beitragssatz richtet sich nach der Art der beitragspflichtigen Einnahmen.

- → Für die Beitragsbemessung aus Renten der gesetzlichen Rentenversicherung, aus Versorgungsbezügen und Arbeitseinkommen aus selbstständiger Tätigkeit gilt der allgemeine Beitragssatz von 14,6 Prozent.
- → Für gesetzliche Renten aus dem Ausland wird die Hälfte des allgemeinen Beitragssatzes (= 7,3 Prozent) berechnet.

Bei geringen Einkünften müssen freiwillig versicherte Rentnerinnen und Rentner in der Regel einen Mindestbeitrag zahlen, der aus einer gesetzlich festgelegten Mindesteinnahme von 1.248,33 Euro (Stand 2025) berechnet wird, selbst wenn das Einkommen unter diesem Betrag liegt. Bei der 2025 geltenden Beitragsbemessungsgrenze von 5.512,50 Euro monatlich, einem allgemeinen Beitragssatz von 14,6 Prozent sowie einem angenommenen Zusatzbeitragssatz von 2,5 Prozent ergibt sich ein Höchstbeitrag von 942,63 Euro. Der Mindestbeitrag liegt bei 213,46 Euro.

Freiwillig Krankenversicherte überweisen ihren Beitrag selbst an die Krankenkasse, er wird also nicht wie Pflichtversicherten vom Rentenversicherungsträger direkt von der Bruttorente einbehalten. Für Beiträge, die auf die gesetzliche Rente entfallen, erhalten freiwillig Versicherte jedoch einen Zuschuss zur Rente.

**→ TIPP**

**Freiwillig Versicherte können beim Rentenversicherungsträger einen Zuschuss zur Krankenversicherung beantragen. Der Zuschuss wird nach dem allgemeinen Beitragssatz der gesetzlichen Krankenversicherung sowie dem Zusatzbeitragssatz der Krankenkasse berechnet. Er wird in Höhe des halben Betrags gezahlt, der sich aus dem allgemeinen Beitragssatz zuzüglich des Zusatzbeitragssatzes der Krankenkasse auf den Zahlbetrag der Rente ergibt.**

## Privat kranken- und pflegeversicherte Rentner

Wer bereits im Berufsleben privat krankenversichert war, wird in der Regel auch im Ruhestand Mitglied in der privaten Krankenversicherung sein. Dann gelten die Beitrags- und Prämienregelungen des jeweiligen privaten Krankenversicherers. Privat krankenversicherte Rentnerinnen und Rentner zahlen die Beiträge selbst an ihre Versicherung. Deren Höhe richtet sich nach den versicherten Gesundheits- und Pflegerisiken, nicht nach dem Einkommen des oder der Versicherten.

Wer privat krankenversichert ist, muss auch eine private Pflegeversicherung haben. Diese ist jedoch nicht unbedingt bei dem Versicherungsunternehmen abzuschließen, bei dem auch die private Krankenversicherung besteht. Innerhalb von sechs Monaten nach Abschluss des Krankenversicherungsvertrags können Versicherte ihre Pflegeversicherung auch bei einem anderen Anbieter wählen. Die Leistungen sind allerdings per Gesetz bei allen privaten Krankenversicherern gleich. Die Beiträge zur privaten Pflegeversicherung zahlen Rentnerinnen und Rentner komplett selbst und müssen ihn an ihren Versicherer direkt entrichten.

> **!** ACHTUNG
>
> **Höchstbeitrag für private Pflegeversicherung**
>
> Damit sich Privatversicherte die Beiträge auch im Alter leisten können, hat der Gesetzgeber die Kosten nach einer Wartezeit von fünf Jahren auf den Höchstbeitrag in der gesetzlichen Pflegeversicherung begrenzt. Die Beitragsbemessungsgrenze für die gesetzliche Pflegeversicherung liegt seit dem 1. Januar 2025 bei monatlich 5.512,50 Euro. Anders als in der gesetzlichen Pflegeversicherung bemisst sich der Beitrag für Privatversicherte nicht am Einkommen. Er richtet sich stattdessen nach dem Risiko, pflegebedürftig zu werden. Entscheidend für die Höhe des Beitrags sind der individuelle Gesundheitszustand und das Alter bei Vertragsschluss.

### Beitragszuschuss zur privaten Krankenversicherung

Privat krankenversicherte Ruheständler können beim Rentenversicherungsträger einen Zuschuss zum Krankenversicherungsbeitrag beantragen. Ermittelt wird die Höhe des Zuschusses so: Die Hälfte des allgemeinen Beitragssatzes zur gesetzlichen Krankenversicherung, also 7,3 Prozent, sowie des durchschnittlichen Zusatzbeitrags, 1,25 Prozent (Stand: 2025). Der Beitragszuschuss der Rentenversicherung liegt somit bei 8,55 Prozent. Maximal erhalten Versicherte aber die Hälfte ihrer tatsächlich zu zahlenden Beiträge. Der Zuschuss wird zusammen mit der Rente ausgezahlt und ist steuerfrei.

## Maßnahmen gegen hohe Beiträge im Alter

Viele Ruheständler stöhnen im Alter über die hohen Prämien in der privaten Krankenversicherung. Vor allem bei niedrigen Einkünften fällt der Beitragsvorteil der gesetzlichen Krankenversicherung gegenüber der privaten ins Gewicht. Zwar hat der Versicherer Geld für das Alter zurückgelegt, allerdings treiben Kostensteigerungen im Gesundheitssystem den Preis der Krankenversicherung nach oben. Für privatversicherte Rentnerinnen und Rentner kann es da manchmal eng werden, denn anders als die gesetzliche Versicherung passt die private Krankenversicherung den Beitrag nämlich nicht an das niedrigere Einkommen im Rentenalter an.

Weil ein Wechsel von der privaten in die gesetzliche Krankenversicherung ab einem Alter von 55 Jahren kaum noch möglich ist, muss innerhalb des Systems der privaten Krankenversicherung nach Möglichkeiten gesucht werden, den Beitrag zu senken.

### Selbstbehalt

Je höher der Selbstbehalt, umso niedriger der Beitrag. Wer sparen möchte, sollte daher unbedingt den Wechsel von einem Tarif ohne Selbstbehalt in einen Tarif mit Selbstbehalt prüfen. Und wer schon einen Selbstbehalt vereinbart hat, sollte dessen Erhöhung überlegen.

Hat der Versicherte mit seiner privaten Krankenversicherung einen Selbstbehalt vereinbart, muss er von den jährlichen Kosten für Behandlungen zunächst einen bestimmten Betrag selbst zahlen. Erst wenn dieser Betrag überschritten wird, leistet der Versicherer. Im Gegenzug erhebt die Versicherung einen geringeren Beitrag.

**→ TIPP**

Ob es sich lohnt, den Selbstbehalt zu erhöhen, muss für den Einzelfall berechnet werden. Mit zunehmendem Alter kann davon ausgegangen werden, dass der gesamte Selbstbehalt jedes Jahr zu zahlen ist und mit der Rente finanziert werden muss.

### Leistungsumfang einschränken

Um die Prämie zu senken, kann der Versicherte Abstriche bei den Leistungen der Versicherung hinnehmen. Überlegenswert ist etwa:

- Unterkunft im Krankenhaus statt im Ein- nur noch im Zweibettzimmer oder statt im Zweibett- nur noch im Mehrbettzimmer,
- Verzicht auf Chefarztbehandlung im Krankenhaus,
- eingeschränkte Leistungen beim Zahnersatz.

Auch wer auf das sogenannte Primärarzt-Prinzip umsteigt, kann ohne echte Einbußen bei der Behandlung sparen: Dabei erstattet die private Krankenversicherung dann nur noch die volle Leistung, wenn vor dem Facharztbesuch immer zuerst der Hausarzt aufgesucht wird, der dann dorthin überweist. Anders als sonst in der privaten Krankenversicherung führt dieser Verzicht auf Leistungen nicht dazu, dass ein Verlust von Altersrückstellungen droht. Diese bleiben Versicherten hier in jedem Fall erhalten.

ACHTUNG

**Verlust von Leistungen**

Bedenken Sie, dass Sie mit günstigeren Tarifen unter Umständen wichtige Leistungen verlieren. Je älter Sie werden, umso unwahrscheinlicher wird es, dass Ihr Versicherer Ihnen zukünftig wieder Mehrleistungen einräumt. Achten Sie deshalb darauf, auf welche Leistungen genau Sie verzichten.

## Wechsel in Sozialtarife

Haben Versicherte in der privaten Krankenversicherung Probleme, die Beiträge zu finanzieren, können sie unter bestimmten Voraussetzungen in einen Sozialtarif wechseln, den jeder private Versicherer anbieten muss.

GUT ZU WISSEN

Über alle Versicherungsunternehmen hinweg sind die Leistungen im Sozialtarif einheitlich, die grundlegende Kalkulation erfolgt für alle Versicherten zentral beim Verband der Privaten Kranken- und Pflegeversicherer (PKV).

In Betracht kommen der Standard- oder der Basistarif. Den Standardtarif können Versicherte wählen, die schon vor dem Jahr 2009 privat versichert waren. Für alle anderen gibt es den Basistarif (→ Seite 195).

Diese Versicherten können in der privaten Krankenversicherung in den **Standardtarif** wechseln, wenn sie

- → 65 Jahre oder älter sind und bereits mindestens zehn Jahre privat krankenversichert sind oder
- → mindestens 55 Jahre alt sind und das Jahresbruttogehalt nicht über der Beitragsbemessungsgrenze von 66.150 Euro (Stand: 2025) liegt.

Der maximale Beitrag im Standardtarif ist begrenzt auf den Höchstbetrag in der gesetzlichen Krankenversicherung; aktuell sind das 804,82 Euro im Monat (Stand: 2025). Dies entspricht dem Höchstbeitrag in der gesetzlichen Krankenversicherung ohne Zusatzbeitragssatz. Allerdings zahlen viele Versicherte deutlich weniger, weil beim Wechsel aus dem ursprünglichen Tarif die Altersrückstellungen in voller Höhe angerechnet werden. Wenn beide Ehepartner privat versichert sind, zahlen sie zusammen nicht mehr als 150 Prozent des Höchstbeitrags zur gesetzlichen Krankenversicherung (1.206 Euro), sofern das Gesamteinkommen die Jahresarbeitsentgeltgrenze nicht übersteigt. Dadurch ist der Standardtarif für privat versicherte Ehepaare finanziell oft vergleichsweise günstig.

**WICHTIG**

Wer in Rente ist und sich den Standardtarif nicht leisten kann, sollte sich ans Sozialamt werden. Das ist für die Grundsicherung (→ Seite 43) zuständig. Bei deren Berechnung wird der Beitrag für den Standardtarif vollständig berücksichtigt.

Im Standardtarif muss der Versicherte eine Selbstbeteiligung für Medikamente sowie Heil- und Hilfsmittel von 20 Prozent, maximal jedoch 306 Euro tragen.

Der Standardtarif ist an den Leistungskatalog der gesetzlichen Krankenversicherung angelehnt. In einigen Bereichen bietet der Standardtarif sogar geringere Leistungen als eine gesetzliche Krankenkasse, so insbesondere bei Kuren und Extras wie eine Haushaltshilfe, Krankentagegeld, Psychotherapie und Reha-Leistungen.

Der Standardtarif kann nicht durch Krankenzusatzversicherungen ergänzt werden. Nur die Auslandskrankenversicherung oder die Krankentagegeldversicherung können zusätzlich abgeschlossen werden.

**ACHTUNG**

**Rückkehr ausgeschlossen**

Eine Rückkehr in einen herkömmlichen Tarif aus dem Standardtarif ist nicht mehr möglich. Einen Wechsel in den Standardtarif sollten Sie daher gründlich abwägen. Der Erstattungssatz für Arztrechnungen liegt bei ambulanten Behandlungen lediglich bei Faktor 1,8. Dadurch besteht das Risiko, dass Sie mögliche Differenzkosten selbst tragen müssen.

Wer seine private Krankenversicherung nach dem 31. Dezember 2008 abgeschlossen hat, kann jederzeit in den **Basistarif** eines beliebigen PKV-Unternehmens wechseln. Besteht die PKV-Versicherung schon länger, ist ein Wechsel in den Basistarif des aktuellen Versicherers nur möglich

- nach dem 55. Geburtstag oder
- bei Bezug einer Rente beziehungsweise einer Pension oder
- bei Hilfebedürftigkeit im Sinne des Sozialrechts.

Eine Gesundheitsprüfung ist für den Wechsel nicht notwendig. Und Privatversicherte, die innerhalb einer Versicherungsgesellschaft in den Basistarif wechseln, nehmen ihre Altersrückstellungen in voller Höhe mit.

Die privaten Krankenkassen sind verpflichtet, diesen Basistarif anzubieten. Die vertraglich vereinbarten Leistungen müssen in Art, Umfang und Höhe mit den Pflichtleistungen der gesetzlichen Krankenversicherung vergleichbar sein. Versicherer dürfen für Vorerkrankungen keinen Risikozuschlag vereinbaren oder Leistungen ausschließen. Der Beitrag für den Basistarif ist auf höchstens 942,64 Euro im Monat (Stand: 2025) gedeckelt. Können privat versicherte Rentnerinnen und Rentner diesen Beitrag nicht leisten, übernimmt der Sozialhilfeträger einen Teil oder sogar den kompletten Beitrag.

**ACHTUNG**

Im Basistarif muss – im Gegensatz zum Standardtarif – jeder Versicherte den vollen Beitrag zahlen. Wenn beide Ehepartner im Standardtarif versichert sind, zahlen sie zusammen nicht mehr als 150 Prozent des Höchstbeitrags zur gesetzlichen Krankenversicherung, sofern das Gesamteinkommen die Beitragsbemessungsgrenze nicht übersteigt. Somit ist der Standardtarif für privat versicherte Ehepaare finanziell günstiger als der Basistarif.

Während der Arbeitgeber für Arbeitnehmende die Hälfte des Pflegeversicherungsbeitrags übernimmt, müssen Rentnerinnen und Rentner den Beitrag in voller Höhe entrichten. Einen Zuschuss des Rentenversicherungsträgers zu den Beiträgen wie bei der Krankenversicherung gibt es hier nicht. Auch privat versicherte Rentnerinnen und Rentner zahlen die Beiträge zur Pflegeversicherung komplett selbst.

**Beiträge zur Kranken- und Pflegeversicherung: Wer zahlt wann wie viel?**

| EINKOMMEN | BEITRÄGE FÜR PFLICHTVERSICHERTE IN DER KVDR | BEITRÄGE FÜR FREIWILLIG GESETZLICH VERSICHERTE | BEITRÄGE FÜR PRIVAT KRANKENVERSICHERTE RENTNER |
|---|---|---|---|
| aus gesetzlicher Rente (Alters-, Erwerbsminderungs- und Hinterbliebenenrenten) | **Krankenversicherung:** 14,6 % der Bruttorente plus kassenindividueller Zusatzbeitrag, die Hälfte wird Rentnern bei der Rentenauszahlung direkt abgezogen, die andere Hälfte übernimmt die DRV | **Krankenversicherung:** 14,6 % der Bruttorente plus kassenindividueller Zusatzbeitrag, Rentner zahlen vollen Beitrag selbst. Die DRV gewährt – auf Antrag – einen Zuschuss in Höhe des halben Beitrags. | **Krankenversicherung:** Beitragshöhe richtet sich nach Leistungsumfang im gewählten Tarif. Die DRV gewährt – auf Antrag – einen Zuschuss in Höhe des halben allgemeinen Kassenbeitrags plus dem halben durchschnittlichen Zusatzbeitrag (2025: insgesamt 8,55 %). Gedeckelt ist der Zuschuss auf die Hälfte der tatsächlich zu zahlenden Beiträge. |
| | **Pflegeversicherung:** Rentner zahlen Beiträge allein; Höhe abhängig davon, ob kinderlos und von Anzahl der Kinder | **Pflegeversicherung:** Rentner zahlen Beiträge allein; Höhe abhängig davon, ob kinderlos und von Anzahl der Kinder | **Pflegeversicherung:** Rentner zahlen Beiträge allein; Höhe abhängig von Gesundheitszustand und Alter bei Vertragsabschluss |

| EINKOMMEN | BEITRÄGE FÜR PFLICHTVERSICHERTE IN DER KVDR | BEITRÄGE FÜR FREIWILLIG GESETZLICH VERSICHERTE | BEITRÄGE FÜR PRIVAT KRANKENVERSICHERTE RENTNER |
|---|---|---|---|
| aus betrieblicher Altersvorsorge:<br>→ *als Rente oder Pension* | **Krankenversicherung:**<br>14,6 % der Bruttorente plus kassenindividueller Zusatzbeitrag werden für den Betrag fällig, der den Freibetrag von 187,20 Euro übersteigt. | **Krankenversicherung:**<br>14,6 % plus kassenindividueller Zusatzbeitrag für die Auszahlung. | **Krankenversicherung:**<br>keine |
| | **Pflegeversicherung:**<br>Sobald die Leistungen oberhalb der Freigrenze von 187,20 Euro liegen, wird der Beitrag für die Pflegeversicherung auf die gesamte Summe fällig. | **Pflegeversicherung:**<br>Rentner zahlen Beiträge allein; Höhe abhängig davon, ob kinderlos und von Anzahl der Kinder | **Pflegeversicherung:**<br>keine |
| → *Als Einmalauszahlung* | **Krankenversicherung:**<br>Der ausgezahlte Betrag wird auf 120 Monate umgelegt. Zehn Jahre lang wird der volle Krankenkassenbeitrag plus Zusatzbeitrag für den Monatswert fällig, der nach Abzug des Freibetrags von 187,20 Euro übrig bleibt. | **Krankenversicherung:**<br>Der ausgezahlte Betrag wird auf 120 Monate umgelegt. Zehn Jahre lang ist der volle Krankenkassenbeitrag für den so ermittelten Monatswert zu zahlen. Dabei wird kein Freibetrag berücksichtigt. | **Krankenversicherung:**<br>keine |
| | **Pflegeversicherung:**<br>Der Beitrag wird auf die volle fiktive Rente fällig, sobald sie über der Freigrenze liegt. | **Pflegeversicherung:**<br>Der Beitrag wird zehn Jahre lang in voller Höhe auf den Monatswert fällig. | **Pflegeversicherung:**<br>keine |

| EINKOMMEN | BEITRÄGE FÜR PFLICHTVERSICHERTE IN DER KVDR | BEITRÄGE FÜR FREIWILLIG GESETZLICH VERSICHERTE | BEITRÄGE FÜR PRIVAT KRANKENVERSICHERTE RENTNER |
|---|---|---|---|
| Rente aus privater Rentenversicherung,<br>Rente aus gesetzlicher Unfallversicherung,<br>Riester-/Rürup-Rente | **Krankenversicherung:**<br>keine<br><br>**Pflegeversicherung:**<br>keine | **Krankenversicherung:**<br>14,0 Prozent der Leistung plus kassenindividueller Zusatzbeitrag<br><br>**Pflegeversicherung:**<br>Rentner zahlen Beiträge allein für komplette Rentenzahlung | **Krankenversicherung:**<br>keine<br><br>**Pflegeversicherung:**<br>keine |
| Kapitalauszahlung aus privater Lebensversicherung | **Krankenversicherung:**<br>keine<br><br>**Pflegeversicherung:**<br>keine | **Krankenversicherung:**<br>Beitragspflichtig ist der Kapitalertrag, der auf zwölf Monate umgelegt wird. Rentner zahlen ein Jahr lang 14,0 Prozent des Monatswerts plus kassenindividuellem Zusatzwert.<br><br>**Pflegeversicherung:**<br>Beitragspflichtig ist der Kapitalertrag, der auf zwölf Monate umgelegt wird. Für diesen Betrag sind Beiträge zur Pflegeversicherung zu zahlen. | **Krankenversicherung:**<br>keine<br><br>**Pflegeversicherung:**<br>keine |

| EINKOMMEN | BEITRÄGE FÜR PFLICHTVERSICHERTE IN DER KVDR | BEITRÄGE FÜR FREIWILLIG GESETZLICH VERSICHERTE | BEITRÄGE FÜR PRIVAT KRANKENVERSICHERTE RENTNER |
|---|---|---|---|
| Einkünfte aus Kapitalvermögen (etwa Zinsen, Gewinne aus Wertpapierverkäufen): Einkünfte sind Kapitaleinnahmen minus nachgewiesener Werbungskosten. Ohne Nachweis werden pauschal 51 Euro abgezogen. | **Krankenversicherung:** keine<br>**Pflegeversicherung:** keine | **Krankenversicherung:** 14,0 % der Einkünfte plus kassenindividueller Zusatzbeitrag<br>**Pflegeversicherung:** Rentner zahlen Beiträge allein; Höhe abhängig davon, ob kinderlos und von Anzahl der Kinder | **Krankenversicherung:** keine<br>**Pflegeversicherung:** keine |
| Einkünfte aus Vermietung und Verpachtung (Mieteinnahmen minus nachgewiesener Werbungskosten) | **Krankenversicherung:** keine<br>**Pflegeversicherung:** keine | **Krankenversicherung:** 14,0 % der Einkünfte plus kassenindividueller Zusatzbeitrag<br>**Pflegeversicherung:** Rentner zahlen Beiträge allein; Höhe abhängig davon, ob kinderlos und von Anzahl der Kinder | **Krankenversicherung:** keine<br>**Pflegeversicherung:** keine |

# Rechtliche Vorsorge – nicht erst im Ruhestand

Mit fortschreitendem Alter sorgen sich viele darum, wer denn etwa über medizinische Behandlungen oder finanzielle Dinge entscheidet, wenn man selbst nicht mehr dazu in der Lage ist. Dabei ist rechtliche Vorsorge kein Thema erst im Alter. Denn durch einen Unfall oder eine schwere Erkrankung kann diese Situation jeden und jede treffen – jederzeit. Für alle, die noch keine Verfügungen getroffen oder das Erbe geregelt haben, ist der Übergang in den Ruhestand ein guter Zeitpunkt. Für andere bietet sich dann Gelegenheit zum Check, ob alles noch aktuell ist.

Wenn Sie für den Fall, dass Sie selbst nicht mehr handlungsfähig sind, festlegen wollen, wer Ihre Interessen wahrnehmen soll und in welchem Sinne die Entscheidungen getroffen werden sollen, müssen Sie eine private rechtliche Vorsorge treffen. Anders als häufig gedacht sind Ehepartner oder Kinder hierzu nicht automatisch befugt.

So ist keine gesetzliche Betreuung erforderlich, wenn Ihre Angelegenheiten durch einen von Ihnen Bevollmächtigten ebenso gut erledigt werden können. Und Festlegungen in Ihrer Patientenverfügung gehen einer mutmaßlichen Einwilligung in medizinische und pflegerische Maßnahmen vor.

## Instrumente der rechtlichen Vorsorge

Für eine umfassende rechtliche Vorsorge gibt es verschiedene Instrumente. Sie unterscheiden sich inhaltlich und sind an jeweils andere Adressaten gerichtet: die Patientenverfügung, die Vorsorgevollmacht und die Betreuungsverfügung. Wer die Vorsorgeregelungen frühzeitig trifft verhindert, dass wichtige Entscheidungen unter Zeitdruck und unter dem Eindruck äußerer Umstände und Zwänge getroffen werden müssen.

Unabhängig davon, welche Verfügung Sie errichten wollen, sollten Sie die Hinweise aus der Checkliste rechts beachten.

### Patientenverfügung

Mit einer Patientenverfügung können Sie vorsorglich festlegen, dass bei einer späteren Behandlung bestimmte medizinische Maßnahmen durchzuführen oder zu unterlassen sind, wenn Sie hierüber nicht mehr selbst entscheiden können. Damit stellen Sie sicher, dass Ihr Wille auch dann durchgesetzt wird, wenn Sie Ihre Wünsche in der aktuellen Situation nicht mehr äußern können, weil sie nicht mehr ansprechbar und nicht mehr einwilligungsfähig sind. Denn andernfalls muss – wenn sie etwa bewusstlos sind oder im Koma liegen – ein Arzt anhand konkreter Anhaltspunkte Ihren mutmaßlichen Willen ermitteln und danach entscheiden, ob Sie der vorgeschlagenen Behandlung zugestimmt oder diese abgelehnt hätten. Maßgeblich für das ärztliche Handeln ist dann, wie der Patient selbst entscheiden würde. Dabei kommt es vor allem auf seine früheren Äußerungen, seine ethischen und religiösen Überzeugungen und seine sonstigen persönlichen Wertvorstellungen an, über die Angehörige und andere nahestehende Personen Auskunft geben können.

Haben Sie eine Vorsorgevollmacht (→ Seite 206) errichtet und darin einen Bevollmächtigten bestellt, der Sie in gesundheitlichen Angelegenheiten vertreten darf, wird dieser einbezogen, um Ihren Willen zu ermitteln. Der Arzt und der Bevollmächtigte müssen dann herausfinden, wie Sie entscheiden würden, wenn Sie dazu noch in der Lage wären.

> **GUT ZU WISSEN**
>
> Haben Sie in einer Vorsorgevollmacht einen Bevollmächtigten bestellt oder wurde ein Betreuer vom Gericht bestimmt, müssen diese Ihre Festlegungen in der Patientenverfügung beachten und auch dafür sorgen, dass entsprechend gehandelt wird.

CHECKLISTE

## Vorsorgeregelungen richtig angehen

- [ ] Berücksichtigen Sie bei der privaten rechtlichen Vorsorge in erster Linie Ihre eigenen Wünsche und Vorstellungen.
- [ ] Lassen Sie sich gegebenenfalls beraten, wenn Sie Fragen zu den jeweiligen Vorsorgemöglichkeiten haben. Es gibt eine Reihe kostenloser Beratungsangebote (etwa bei Betreuungsbehörden, Betreuungsgerichten, Betreuungsvereinen). Kostenpflichtig beraten auch Notare und Rechtsanwälte. In medizinischen Fragen können Sie sich an Ihren Hausarzt wenden; auch Hospizvereine oder -einrichtungen bieten persönliche Beratungen an.
- [ ] Lassen Sie in Ihrer Verfügung gegebenenfalls Ihren Hausarzt oder Ihre Ärztin oder eine unbeteiligte dritte Person bestätigen, dass Sie unzweifelhaft selbstbestimmt mit eigenem Willen die aufgeführten Festlegungen getroffen haben.
- [ ] Errichten Sie Ihre Verfügungen schriftlich, unterschreiben Sie diese mit Familiennamen und geben Sie auch Ort und Datum an.
- [ ] Zu Ihren persönlichen Papieren (zum Beispiel zu Kreditkarten oder zum Personalausweis) sollten Sie eine Hinweiskarte nehmen, in der aufgelistet ist, welche Verfügung Sie getroffen haben und wo Sie diese aufbewahren.
- [ ] Informieren Sie Ihre Angehörigen und behandelnden Ärzte, dass Sie Vorsorgeverfügungen verfasst haben.
- [ ] Überprüfen Sie Ihre einmal getroffenen Verfügungen in regelmäßigen Abständen und aktualisieren Sie diese bei Bedarf.

Bevor Sie eine Patientenverfügung formulieren, sollten Sie sich erst einmal über Ihre eigenen Wünsche klar werden. Werte und Vorstellungen, die für Sie wichtig sind – etwa bei einer medizinischen Behandlung, bei lebensverlängernden Maßnahmen, bei Pflegebedürftigkeit oder beim Sterben –, sollten Sie der Patientenverfügung voranstellen.

**→ TIPP**

Grundsätzlich ist es sinnvoll, den Rat eines Arztes einzuholen, bevor Sie eine Patientenverfügung aufsetzen. Das kann zum Beispiel Ihre Hausärztin sein – sie kann individuell und kompetent helfen. Insbesondere sollten Sie sich die medizinische Bedeutung von Begriffen wie Wiederbelebungsmaßnahmen, künstliche Ernährung und künstliche Beatmung erklären lassen, weil deren Tragweite für Laien kaum vollständig zu erfassen ist. Die Kosten einer solchen Beratung müssen Sie selbst tragen.

### Zweck

In einer Patientenverfügung können Sie verbindlich festlegen, welche Behandlungen Sie in welchen Situationen künftig wollen und welche nicht. Damit ist zum einen gewährleistet, dass medizinisch nur das getan wird, was Sie auch wünschen. Zum anderen geben Sie nahestehenden Personen so eine Linie vor, um Ihren mutmaßlichen Willen zu ergründen, wenn der konkrete Behandlungsfall eintritt.

### Anforderungen und Form

Wer eine Patientenverfügung erstellen will, muss das 18. Lebensjahr vollendet haben und einwilligungsfähig sein. Einwilligungsfähig ist eine Person, wenn sie

- → einen bestimmten Sachverhalt verstehen kann,
- → bestimmte Informationen auch hinsichtlich der Folgen und Risiken in angemessener Weise verarbeiten kann,
- → in der Lage ist, die Informationen auch im Hinblick auf Behandlungsalternativen angemessen zu bewerten und
- → den eigenen Willen auf der Grundlage von Verständnis, Verarbeitung und Bewertung der Situation bestimmen kann.

Die Patientenverfügung muss schriftlich aufgesetzt werden. Dabei genügt, dass die Verfügung handschriftlich unterzeichnet ist. Andernfalls ist die Patientenverfügung unwirksam. Nicht erforderlich ist eine eigenhändig geschriebene Erklärung, wie sie beispielsweise beim Testament verlangt wird. Die Patientenverfügung kann also auch am PC verfasst werden. Zwar müssen Sie kein Datum angeben, damit die Verfügung wirksam ist. Gleichwohl ist es aber wichtig, dass in der Verfügung das Datum der erstmaligen Errichtung und bei Änderungen jeweils das aktuelle angegeben wird. Das Datum kann insbesondere dann von Bedeutung sein, wenn es um die Frage geht, ob die Verfügung auf die aktuelle Lebens- und Behandlungssituation zutrifft.

Eine Patientenverfügung ist nur verbindlich, wenn sich aus ihr sowohl die konkrete Behandlungssituation (zum Beispiel „Endstadium einer unheilbaren und tödlich verlaufenden Krankheit") als auch die sich hierauf beziehenden Behandlungswünsche (etwa „Durchführung oder Ablehnung lebenserhaltender Maßnahmen") ergeben.

Situationen, in denen eine Patientenverfügung gelten soll, sind insbesondere:

- → die Sterbephase,
- → das Endstadium einer unheilbaren Krankheit,
- → eine Gehirnschädigung,
- → der Gehirnabbau (zum Beispiel Demenz).

Für die in der Patientenverfügung festgelegten Situationen können Sie dann anordnen, wann und in welchem Umfang ärztliche Maßnahmen eingeleitet oder auch beendet werden sollen, insbesondere betrifft dies:

- → lebenserhaltende Maßnahmen,
- → Wiederbelebung,
- → künstliche Ernährung und Flüssigkeitszufuhr,
- → künstliche Beatmung,
- → Schmerzbehandlung,
- → Dialyse,
- → Antibiotika,
- → Blut- und Blutbestandteile.

Sie können alle Ihnen wünschenswert erscheinenden Behandlungsmethoden angeben und andere Therapien ausschließen. So können Sie zum Beispiel konkret festlegen, ob Sie Bluttransfusionen oder Organtransplantationen möchten. Auch, ob Sie dem Einsatz noch nicht erprobter Medikamente oder noch nicht zugelassener Behandlungsmethoden in der jeweiligen Situation zustimmen, kann beschrieben werden. Ihr Wunsch kann dabei darauf ausgerichtet sein, die medizinische Behandlung fortzuführen und eine Maximalbetreuung zu erreichen. In der Patientenverfügung können Sie aber auch festlegen, dass und wann Sie wünschen, dass eine Behandlung abgebrochen wird.

**→ TIPP**

Konkrete Formulierungshilfen und Textbausteine zur Patientenverfügung finden Sie in „Das Vorsorge-Handbuch" der Verbraucherzentrale: **shop.verbraucherzentrale.de**

### Aufbewahrung und Hinterlegung

Die Patientenverfügung kann bei den persönlichen Unterlagen (am besten in einem Vorsorgeordner) aufbewahrt oder einem Angehörigen oder einer anderen Vertrauensperson zur Verwahrung überlassen werden. Es ist auch möglich, die Patientenverfügung im Zentralen Vorsorgeregister der Bundesnotarkammer registrieren zu lassen: **vorsorgeregister.de**

### Änderung und Widerruf

Die Patientenverfügung können Sie jederzeit widerrufen, ändern, ergänzen oder vollständig durch eine andere Verfügung ersetzen. Die Verfügung gilt so lange, bis Sie diese ändern oder vollständig widerrufen. Der Widerruf der Patientenverfügung ist formlos möglich. Er kann schriftlich, mündlich oder auch durch schlüssiges Verhalten (etwa Kopfschütteln oder -nicken) jederzeit, und zwar auch in einer akuten Behandlungssituation, erklärt werden.

Erforderlich ist allerdings, dass die Willensänderung deutlich zum Ausdruck kommt. Die Gründe für die Änderung oder den Widerruf der Patientenverfügung sind ohne Bedeutung. Voraussetzung für den Widerruf oder die Änderung der Verfügung ist allerdings, dass der Betroffene einwilligungsfähig ist.

## Vorsorgevollmacht

Mit der Vorsorgevollmacht kann im Voraus ein Vertreter bevollmächtigt werden, Ihre Angelegenheiten zu erledigen, wenn Sie das infolge von Krankheit, Unfall oder (altersbedingtem) Nachlassen der geistigen Kräfte selbst nicht mehr oder nur noch teilweise können. Sie benennen eine oder mehrere Personen Ihres Vertrauens die bereit sind, dann für Sie zu handeln. In der Vollmacht kann im Einzelnen geregelt werden, für welche Aufgabenbereiche sie gilt und welche Befugnisse der oder die Bevollmächtigte haben soll.

Wer keine umfassende Vorsorgevollmacht erteilen will, kann sich auch darauf beschränken, nur eine Vollmacht für bestimmte Angelegenheiten, etwa die Gesundheits- oder Vermögenssorge, zu erteilen.

### Zweck

Kann ein Volljähriger seine Angelegenheiten wegen einer Krankheit oder Behinderung ganz oder teilweise rechtlich nicht besorgen, so bestellt das Betreuungsgericht für ihn einen rechtlichen Betreuer. Dieser vertritt die Person dann im Rahmen seines Aufgabenbereichs gerichtlich und außergerichtlich. Die Bestellung eines Betreuers ist nicht zulässig, wenn die fürsorgebedürftige Person bereits eine andere Person bevollmächtigt hat, ihre Angelegenheiten zu besorgen.

Wenn eine umfassende Vollmacht erteilt wird, kann die Bestellung eines Betreuers vermieden und eine Vertrauensperson bestimmt werden, die bei Entscheidungen viel eher Ihre individuellen Wünsche und Vorstellungen kennt und berücksichtigt.

**→ TIPP**

Seit Anfang des Jahres 2023 können sich Ehegatten und eingetragene Lebenspartner in Angelegenheiten der Gesundheitssorge gegenseitig vertreten. Kinder sind davon nicht erfasst. Das Vertretungsrecht greift, wenn ein Ehepartner aufgrund von Bewusstlosigkeit oder Krankheit seine Angelegenheiten der Gesundheitssorge nicht mehr wahrnehmen kann. Es bezieht sich insbesondere auf die Einwilligung in ärztliche Eingriffe und den Abschluss von Behandlungsverträgen. Das Notvertretungsrecht der Ehegatten untereinander ist zeitlich begrenzt auf maximal sechs Monate. Es ist nachrangig zu einer bestehenden Betreuung oder Vorsorgevollmacht. Man kann der Notvertretung aber auch widersprechen und diesen Widerspruch im Vorsorgeregister eintragen lassen.

Unabhängig vom gesetzlichen Notvertretungsrecht ist es sinnvoll eine Vorsorgevollmacht zu erteilen, weil dieses nur einen Teil der zu regelnden Angelegenheiten erfasst – finanzielle und Behördenangelegenheiten und Ähnliches müssen extra geregelt werden – und weil die Notvertretungsbefugnis zudem zeitlich befristet ist.

### Errichtung

Wer eine Vorsorgevollmacht erteilen will, muss unbeschränkt geschäftsfähig sein, das heißt, er oder sie muss das 18. Lebensjahr vollendet haben. Ferner darf keine krankhafte Störung der Geistestätigkeit vorliegen, die eine freie Willensbildung ausschließt.

Eine bestimmte Form ist für die Vorsorgevollmacht grundsätzlich nicht vorgeschrieben. Allerdings ist aus Beweisgründen dringend anzuraten, die Vorsorgevollmacht schriftlich zu errichten, weil sich bei mündlich erteilten Vollmachten stets das Problem stellt, wie der Bevollmächtigte beweisen soll, dass er tatsächlich mit dieser Aufgabe betraut ist.

Nur mit schriftlicher Vollmacht kann ein Bevollmächtigter in eine Untersuchung des Gesundheitszustands, in eine Behandlung oder einen ärztlichen Eingriff einwilligen, wenn dabei die begründete Gefahr besteht, dass der Vollmachtgeber an den Folgen stirbt oder einen schweren und länger dauernden gesundheitlichen Schaden erleidet.

Auch in eine Unterbringung mit Freiheitsentzug und über Freiheitsbeschränkungen bei pflegebedürftigen Personen wie Bettgitter, Fixierungen und Ruhigstellung mit Medikamenten darf der Bevollmächtigte nur mit einer ausdrücklichen schriftlichen Vollmacht einwilligen, ebenso in die Durchführung einer ärztlichen Zwangsbehandlung.

Die schriftliche Vorsorgevollmacht kann auch mit PC geschrieben oder von einer anderen Person verfasst sein, oder der Vollmachtgeber kann sich eines geeigneten Vordrucks bedienen. Aus der Vollmacht müssen der Vollmachtgeber und der Bevollmächtigte (möglichst jeweils mit Vornamen und Familiennamen, Geburtsdatum und aktueller Adresse) hervorgehen. Die Vorsorgevollmacht muss vom Vollmachtgeber eigenhändig unterschrieben werden.

Unter Umständen kann eine notarielle Beurkundung der Vorsorgevollmacht notwendig sein. Das ist beispielsweise der Fall, wenn der Bevollmächtigte berechtigt sein soll, Verbraucherkreditverträge abzuschließen. Öffentlich beglaubigt muss die Vollmacht sein, damit der Bevollmächtigte eine Erbschaft ausschlagen darf. Wer eine Vollmacht für Bankangelegenheiten erteilen will, sollte eine besondere Bankvollmacht verfassen und sich mit seinem Geldinstitut in Verbindung setzen. Diese stellen dann in der Regel ein hauseigenes Formular zur Verfügung, um eine Bankvollmacht zu erteilen.

**Inhalt**

Mit der Vorsorgevollmacht können Sie Bevollmächtigte für fast alle Lebensbereiche bestellen. So zum Beispiel, um Ihre finanziellen und persönlichen Angelegenheiten gegenüber Banken und Sparkassen, Versicherungen, Behörden und Gerichten zu vertreten. Wie weitreichend die Vollmacht ist, liegt in Ihrem eigenen Ermessen. Sie können also deren Inhalt und Umfang selbst bestimmen.

Die meisten Vollmachten beziehen sich auf die Vertretung in Vermögensangelegenheiten. Dabei können Sie dem oder der Bevollmächtigten die Aufgabe übertragen, Ihr bewegliches und unbewegliches Vermögen zu verwalten und darüber zu verfügen. Eine Vollmacht kann etwa auch erteilt werden, um finanzielle Verbindlichkeiten einzugehen, etwa für den Kauf eines Fernsehers.

Die Vollmacht in persönlichen Angelegenheiten kann sich darauf erstrecken, Sie bei medizinischen Behandlungen, pflegerischen Maßnahmen, bei freiheitsentziehenden und -beschränkenden Maßnahmen und in Kommunikationsangelegenheiten zu vertreten. Sie können dem Bevollmächtigten auch das Recht einräumen, über Ihren Aufenthaltsort zu bestimmen oder Ihre Wohnung zu kündigen und aufzulösen.

**→ TIPP**
Das Muster einer Vorsorgevollmacht sowie das Muster einer Vereinbarung im Innenverhältnis, das auch zur Regelung von Gesundheits- und Pflegeangelegenheiten dienen kann, finden Sie in „Das Vorsorge-Handbuch" der Verbraucherzentrale: **shop.verbraucherzentrale.de**

## Aufbewahrung und Hinterlegung

Die Vorsorgevollmacht können Sie bei Ihren persönlichen Unterlagen (am besten in einem Vorsorgeordner) aufbewahren oder einem Angehörigen oder einer anderen Vertrauensperson zur Verwahrung überlassen. Natürlich können Sie diese auch dem Bevollmächtigten aushändigen. Zudem kann die Vorsorgevollmacht auch im Zentralen Vorsorgeregister der Bundesnotarkammer registriert werden: **vorsorgeregister.de**

Dort werden die wichtigsten Inhalte Ihrer Vollmacht vermerkt, insbesondere Ihre Daten und Anschrift, der Umfang der Vollmacht und die Daten der Vertrauensperson. Das Zentrale Vorsorgeregister sorgt dann auch dafür, dass das Betreuungsgericht erfährt, dass Sie eine Vorsorgeurkunde erstellt haben.

## Änderung und Widerruf

Die Vorsorgevollmacht können Sie jederzeit widerrufen, ändern, ergänzen oder vollständig durch eine andere Vollmacht ersetzen – vorausgesetzt, sie sind geschäftsfähig. Die Vollmacht gilt also so lange, bis Sie diese ändern oder ganz widerrufen. Haben Sie die Vollmachtsurkunde einem Dritten ausgehändigt (etwa dem Bevollmächtigten), sollten Sie diese unbedingt wieder zurückverlangen, wenn die Vollmacht nicht mehr gelten soll.

GUT ZU WISSEN

### Vereinbarung zwischen Vollmachtgeber und Bevollmächtigtem

Es ist sinnvoll, neben der nach außen wirkenden Vorsorgevollmacht auch eine Vereinbarung im Innenverhältnis mit dem Bevollmächtigten abzuschließen. Diese hat für beide Seiten Vorteile. Einerseits ist für Vollmachtgebende so gewährleistet, dass der oder die Bevollmächtigte tatsächlich im Fall der Fälle für die bestellten Aufgaben zur Verfügung steht. Ferner können ihm oder ihr Anweisungen gegeben werden, wie die Vertretung in den jeweiligen Angelegenheiten entsprechend den eigenen Vorstellungen aussehen soll. Andererseits ist die Vereinbarung für Bevollmächtigte eine wichtige Anleitung, wie sie sich in der jeweiligen Situation verhalten und wie sie im Einzelfall die Interessen der vollmachtgebenden Person wahrnehmen sollen.

## Betreuungsverfügung

Das Gericht bestellt einen Betreuer oder eine Betreuerin, wenn eine volljährige Person wegen einer Krankheit oder Behinderung ihre Angelegenheiten ganz oder teilweise nicht (mehr) regeln kann. Für den Fall, dass Sie sich bei der Auswahl des Betreuers nicht mehr äußern können, helfen dann Festlegungen in einer Betreuungsverfügung. Darin können Sie gegenüber dem Betreuungsgericht Wünsche formulieren, wer als Betreuer eingesetzt werden soll und auch Hinweise geben, wie die Betreuung zu führen ist.

### Zweck

Die Bestellung eines Betreuers ist nicht zulässig, wenn der Betroffene eine Person bevollmächtigt hat, seine Angelegenheiten im Betreuungsfall zu regeln. Nicht jeder hat allerdings eine Vertrauensperson, die er hier einsetzen möchte. In diesem Fall hilft dann eine Betreuungsverfügung. Hierin kann jemand vorgeschlagen werden, der die eigenen Vorstellungen und Wünsche umsetzen soll.

Auch wenn eine Vorsorgevollmacht verfasst wurde, ist es sinnvoll, diese durch eine Betreuungsverfügung zu ergänzen. Zum einen kann es sein, dass die Vorsorgevollmacht ganz bewusst nur für bestimmte Lebensbereiche erteilt wurde. Stehen dann Entscheidungen an, die nicht durch die Vollmacht abgedeckt werden, muss ein Betreuer bestellt werden. Außerdem kann es sein, dass die Vollmacht an entscheidenden Stellen nicht eindeutig genug formuliert wurde. Im Zweifelsfall wird dann zusätzlich zum Bevollmächtigten ein Betreuer bestellt.

### Errichtung

Für die Betreuungsverfügung ist keine Form vorgeschrieben. Um Rechtssicherheit zu haben und Beweisproblemen vorzubeugen, ist es jedoch sinnvoll, die Verfügung schriftlich niederzulegen. Weil es sich bei den in der Betreuungsverfügung geäußerten Wünschen und Vorstellungen nicht um Willenserklärungen handelt, muss der Verfasser oder die Verfasserin nicht geschäftsfähig sein. Auch die Einwilligungsfähigkeit muss nicht vorliegen.

Damit eine Betreuungsverfügung wirksam ist, müssen die Erklärungen auf dem freien Willen des Verfassers beruhen, den er auch äußern kann. Das ist nicht der Fall, wenn der Betroffene wegen einer Krankheit geistig verwirrt ist und seine Wünsche lediglich Ausdruck seiner Erkrankung sind.

### Inhalt

Die Betreuungsverfügung können Sie darauf beschränken, dem Betreuungsgericht eine Person Ihrer Wahl als Betreuer vorzuschlagen oder Personen zu benennen, die auf gar keinen Fall gerichtlich für Ihre Betreuung bestellt werden sollen.

Darüber hinaus können Sie auch Vorschläge für einen Ersatzbetreuer unterbreiten, wenn der vorgeschlagene Betreuer nicht zur Verfügung steht. Nicht zuletzt können Sie Wünsche und Vorstellungen äußern, wie der gerichtlich eingesetzte Betreuer Ihre Angelegenheiten (zum Beispiel Gesundheits-, Vermögens- oder Wohnungsangelegenheiten) wahrnehmen soll.

**→ TIPP**

Das Muster einer Betreuungsverfügung finden Sie ebenfalls in „Das Vorsorge-Handbuch" der Verbraucherzentrale **shop.verbraucherzentrale.de**

### Aufbewahrung und Hinterlegung

Die Betreuungsverfügung können Sie bei Ihren persönlichen Unterlagen aufbewahren oder einem Angehörigen oder einer anderen Vertrauensperson zur Verwahrung überlassen. In einigen Bundesländern (zum Beispiel in Hessen und in Thüringen) kann die Verfügung beim Betreuungsgericht hinterlegt werden. Die Betreuungsverfügung kann auch im Zentralen Vorsorgeregister der Bundesnotarkammer registriert werden: **vorsorgeregister.de**

### Änderung und Widerruf

Die Betreuungsverfügung gilt solange, bis Sie erkennbar etwas anderes wünschen. Sie können diese jederzeit widerrufen oder ändern. Haben Sie die Verfügung einem Dritten ausgehändigt, zum Beispiel einem Angehörigen, sollte Sie diese unbedingt wieder zurückverlangen, wenn sie nicht mehr gelten soll.

Der Widerruf der Betreuungsverfügung ist formlos möglich. Sie können diesen jederzeit schriftlich, mündlich oder auch durch schlüssiges Verhalten, zum Beispiel durch Kopfschütteln oder -nicken, erklären. Um die Betreuungsverfügung zu widerrufen oder zu ändern, müssen Sie nicht geschäftsfähig oder einwilligungsfähig sein. Allerdings muss die Änderung oder der Widerruf auf Ihrem freien Willen beruhen.

**→ TIPP**

Denken Sie auch daran, Ihren digitalen Nachlass zu regeln. Eine Muster-Vollmacht gibt es bei der Verbraucherzentrale unter **verbraucherzentrale.de/node/12002**

# Vermögensweitergabe rechtzeitig planen

**Wenn der neue Lebensabschnitt nach dem Berufsleben geplant wird, kommt niemand am Kassensturz vorbei. Neben der Aufstellung über künftige Einnahmen heißt es auch, sich einen Überblick über vorhandenes Vermögen zu verschaffen. Dabei drängt sich dann schon fast zwangsläufig die Frage auf, wer später – oder vielleicht auch schon zu Lebzeiten – was bekommen soll. Sich darüber rechtzeitig Gedanken zu machen, vermeidet Streit in der Familie – und kann helfen, Steuern zu sparen.**

Vermögen kann entweder schon zu Lebzeiten oder auf dem Wege der Erbfolge übertragen werden. Für die Entscheidung, was im Einzelfall die passende Strategie ist, liefert Ihre individuelle Lebenssituation wichtige Leitplanken. Insbesondere Ihre familiären Verhältnisse sind dabei von Bedeutung. Und natürlich Ihre aktuelle Vermögenssituation, die Sie möglichst schriftlich und – wenn Sie verheiratet sind – getrennt nach Ehepartnern festhalten sollten (→ Seite 216).

Im Folgenden zeigen wir beispielhaft gängige Konstellationen der Nachlassplanung sowie die jeweiligen erbrechtlichen Konsequenzen auf.

## Fehlplanungen vermeiden

Bei Ihrer Nachlassplanung müssen Sie berücksichtigen, ob Sie ledig, verheiratet oder geschieden sind oder in einer nichtehelichen Lebensgemeinschaft leben. Denn Ihr Familienstand hat unter anderem für die gesetzliche Erbfolge und für das Erbrecht des längerlebenden Ehepartners Bedeutung.

> **GUT ZU WISSEN**
>
> Wenn es in einer Ehe kriselt oder sogar der Wunsch nach Scheidung besteht, sollten Sie davon Abstand nehmen, Vermögen zu Lebzeiten zu übertragen.

Sie müssen auch entscheiden, ob Sie einzelne Familienangehörige bevorzugen oder benachteiligen wollen. Versteht sich Ihr Ehemann oder Ihre Ehefrau nicht mit den Kindern, ist die gesetzliche Erbfolge (→ Seite 217), die eine Erbengemeinschaft zur Folge hat, nicht sinnvoll.

Wenn Sie von Ihrem Ehepartner getrennt leben und vermeiden wollen, dass dieser erbt, müssen Sie ihn durch ein Testament enterben. Das gesetzliche Erbrecht des Ehepartners ist erst dann ausgeschlossen, wenn im Erbfall die Voraussetzungen für die Scheidung gegeben waren und der Erblasser die Scheidung beantragt oder ihr zugestimmt hatte.

Sowohl zu Lebzeiten als auch im Wege der Erbfolge macht es wenig Sinn, Vermögen auf verschuldete Familienangehörige, zum Beispiel ein Kind, zu übertragen, wenn dann die Gläubiger sofort auf dieses Vermögen zugreifen können. In diesem Fall ist eine Beratung durch einen fachkundigen Anwalt oder einen Notar sinnvoll.

Wenn Sie unverheiratet und kinderlos sind, erben nach der gesetzlichen Erbfolge in erster Linie Ihre Eltern beziehungsweise – wenn diese nicht mehr leben – Ihre Geschwister. Wollen Sie davon abweichen, müssen Sie eine Verfügung von Todes wegen errichten, also beispielsweise in einem Testament regeln, was mit Ihrem Nachlass passieren soll.

## Persönliche Wünsche berücksichtigen

Ihre Nachlassplanung sollte in erster Linie Sie zufriedenstellen. Deshalb sollten Sie sich über Ihre persönlichen Interessen und Wünsche bewusst werden. Dabei helfen die folgenden Hinweise aus der Checkliste:

CHECKLISTE

## Wünsche zur Nachlassplanung

- [ ] Prüfen Sie, welche Motive Sie mit der Vermögensübertragung verfolgen, wen Sie absichern wollen – sich selbst, Ihren Ehepartner oder -partnerin, Ihre Kinder oder andere Familienangehörige?
- [ ] Wollen Sie jemandem Priorität bei der Versorgung einräumen? Wenn Sie einzelne Familienangehörige bevorzugen, andere benachteiligen oder sogar enterben wollen, oder wenn Sie Ihr Vermögen möglichst innerhalb der Familie gebunden wissen wollen, müssen Sie auf jeden Fall ein Testament errichten oder einen Erbvertrag abschließen.
- [ ] Befassen Sie sich eingehend mit der Frage, wann Sie Ihr Vermögen übertragen möchten, ob bereits zu Lebzeiten oder erst nach Ihrem Tod im Wege der Erbfolge.
- [ ] Wenn Sie sich von Vermögensteilen zu Lebzeiten trennen wollen, sollten Sie sich über Ihre Beweggründe klar werden. Berücksichtigen Sie auch Ihre eigene finanzielle und wirtschaftliche Versorgung. Es muss Ihnen bewusst sein, dass das Auswirkungen unter anderem auf etwaige Pflichtteilsansprüche hat. Überlegen Sie, ob Sie die lebzeitige Vermögensübertragung von Gegenleistungen des Zuwendungsempfängers (wie Rentenzahlung, Pflegeleistungen) abhängig machen wollen. Prüfen Sie auch, ob Sie sich das Recht vorbehalten wollen, die Zuwendung unter bestimmten Voraussetzungen wieder rückgängig zu machen.
- [ ] Wenn Ihr Vermögen erst nach Ihrem Tod auf Ihre Familienangehörigen übergehen soll, müssen Sie prüfen, ob die gesetzliche Erbfolge Ihren Wünschen entspricht oder ob Sie davon abweichen und ein Testament errichten oder einen Erbvertrag abschließen wollen.

## Überblick über Vermögenssituation

Wer sich Gedanken darüber macht, in welcher Form und an wen das Vermögen nach dem Tod übertragen werden soll, ist gut beraten, zunächst die eigene Vermögenssituation schriftlich festzuhalten. Das funktioniert am besten mit einem Vermögensverzeichnis, in das alle aktuellen Vermögenswerte und Verbindlichkeiten eingetragen werden. Eheleute sollten ein Vermögensverzeichnis für jeden Ehepartner anlegen.

**→ TIPP**

Ein Muster zur Erstellung eines Vermögensverzeichnisses finden Sie im „Handbuch Testament" der Verbraucherzentrale.
**shop.verbraucherzentrale.de**

Beachten Sie, dass sich der Wert Ihres Gesamtvermögens und der Wert einzelner Vermögensgegenstände noch ändern können. Autos verlieren an Wert, Aktien und Anleihen können schnell wertlos sein. Halten Sie Ihr Vermögensverzeichnis deshalb aktuell.

Vermerken Sie in Ihrer Vermögensübersicht, ob und wann Sie Ihrem Ehemann beziehungsweise Ehefrau oder Ihren Kindern bereits Vermögen übertragen haben. Sogenannte lebzeitige Zuwendungen können nämlich erbrechtlich von Bedeutung sein, so beispielsweise bei etwaigen Pflichtteilsansprüchen.

**→ TIPP**

Wenn Sie schon dabei sind, Ihr Vermögen und Ihre Verbindlichkeiten aufzulisten, ist es sinnvoll, gleichzeitig zu notieren, welche Unterlagen es dazu jeweils gibt und wo Sie diese verwahrt haben.

## Formen der Vermögensübertragung

Wenn Sie Vermögen auf Ihren Ehepartner oder Ihre -partnerin, Ihre Kinder oder andere Personen übertragen wollen, sieht das Gesetz hierfür verschiedene Formen vor. Relevant ist zunächst die Frage, ob Sie sich bereits zu Lebzeiten von Vermögenswerten trennen wollen oder die Zuwendungen erst nach ihrem Tod an die Begünstigten erfolgen sollen.

Wollen Sie, dass Ihr Vermögen erst nach Ihrem Tod an die Erben übergeht – und das ist meist der Fall –, so erfolgt das nach den Regeln des gesetzlichen Erbrechts. Daneben haben Sie die Möglichkeit, eine Verfügung von Todes wegen zu errichten und darin Anordnungen zu treffen, die von der gesetzlichen Erbfolge abweichen. Als Verfügung von

Todes wegen ist insbesondere das Testament (→ Seite 221) relevant.

Bei der vorweggenommenen Erbfolge übertragen Sie Ihr Vermögen zu Lebzeiten auf einen oder mehrere zukünftige Erben – im Vorgriff auf die Erbfolge. Es handelt sich also um lebzeitige, nicht um Verfügungen von Todes wegen.

Übertragen Sie Teile Ihres Vermögens im Wege der vorweggenommenen Erbfolge, liegen die Risiken bei Ihnen. Schließlich geben Sie Ihr Vermögen endgültig aus der Hand, über das Sie sonst bis zu Ihrem Tod uneingeschränkt verfügen könnten.

Vermögensübertragungen im Wege der vorweggenommenen Erbfolge sind in verschiedenen Formen möglich. Die praktisch bedeutendste ist eine Schenkung (→ Seite 231).

**→ TIPP**

Einzelheiten zur erbrechtlichen Vorsorge finden Sie in den Ratgebern „Richtig vererben und verschenken" und „Handbuch Testament" der Verbraucherzentrale, zu beziehen über **shop.verbraucherzentrale.de**

## Gesetzliche Erbfolge

Grundsätzlich können Sie selbst durch Verfügen von Todes wegen, also insbesondere durch ein Testament, anordnen, was nach Ihrem Tod mit Ihrem Vermögen passieren soll. Wenn Sie nichts festlegen, bestimmt das Gesetz die Erbfolge.

### Gesetzliches Erbrecht der Verwandten

Nach dem gesetzlichen Erbrecht sind die Angehörigen entsprechend dem Verwandtschaftsgrad in bestimmte Ordnungen eingeteilt. Dabei schließen die engeren Verwandten einer vorrangigen Ordnung die weiteren Verwandten der nachrangigen Ordnung von der Erbfolge aus. Kinder als Erben der ersten Ordnung schließen also beispielsweise Eltern des Erblassers als Erben der zweiten Ordnung von der gesetzlichen Erbfolge aus.

#### Gesetzliche Erben der ersten Ordnung

Gesetzliche Erben der ersten Ordnung sind Ihre Nachkommen, also Kinder, Enkel, Urenkel. Hinterlassen Sie mehrere Kinder, so erben diese zu gleichen Teilen. Wenn Sie – im Erbfall – bereits Enkel oder Urenkel haben, erben nur Ihre Kinder. Ein lebendes Kind schließt also seine eigenen Nachkommen von der Erbfolge aus. Nur wenn eines Ihrer Kinder nicht mehr lebt, erben dessen Nachkommen, also Ihre Enkel.

BEISPIEL

Der geschiedene A hinterlässt zwei Kinder B und C. Kind D, das bereits vor dem Erbfall verstorben ist, hinterlässt zwei Kinder, E und F. Es erben B und C jeweils ein Drittel, E und F jeweils ein Sechstel.

BEISPIEL

A ist nicht verheiratet und hat keine Kinder. Wenn sie stirbt, erben ihre Eltern und, falls diese nicht mehr leben, ihre Geschwister. Leben auch die Geschwister nicht mehr, erben die Neffen und Nichten oder deren Kinder.

### Gesetzliche Erben zweiter Ordnung

Gesetzliche Erben der zweiten Ordnung sind Ihr Vater und Ihre Mutter sowie die Nachkommen der Eltern, also Ihre Geschwister. Diese kommen jedoch nur zum Zuge, wenn keine Erben der ersten Ordnung vorhanden sind. Leben im Erbfall beide Eltern, so erben sie allein und zu gleichen Teilen. Lebt ein Elternteil nicht mehr, so treten an seine Stelle dessen Töchter und Söhne, also Ihre Schwestern und Brüder. Sind keine Nachkommen vorhanden, so erbt der längerlebende Elternteil allein. Sind beide Eltern bereits verstorben, so kommen nur deren Kinder, also Ihre Geschwister, zum Zuge.

## Gesetzliches Erbrecht des längerlebenden Ehepartners

Welcher Erbteil Ihrem längerlebenden Ehepartner oder Ihrer -partnerin zusteht, hängt von zwei Faktoren ab: Einmal richtet sich der Erbteil danach, ob Verwandte ebenfalls erben und welche Verwandten vorhanden sind. Zum anderen ist die Höhe des Erbteils davon abhängig, in welchem Güterstand Sie als Ehepaar gelebt haben.

**ACHTUNG**

Voraussetzung für das Erbrecht des Ehegatten ist immer eine rechtsgültige Ehe. Dem geschiedenen Ehepartner oder -partnerin steht kein Erbrecht zu. Das gilt auch, wenn die vererbende Person selbst einen Scheidungsantrag bei Gericht eingereicht oder einem entsprechenden Antrag des anderen Partners bereits vor dem Tod zugestimmt hatte und die Voraussetzungen für eine Scheidung vorlagen. Die bloße Trennung der Eheleute führt allerdings nicht zum Ausschluss des Erbrechts des Ehepartners oder der -partnerin.

### Erbteil des Ehepartners in der Zugewinngemeinschaft

Wenn die Eheleute im gesetzlichen Güterstand der Zugewinngemeinschaft – das gilt für die überwiegende Zahl der Ehen – gelebt haben, erbt der längerlebende Ehegatte wie folgt:

- → Neben den Erben der **ersten Ordnung** (Kinder, Enkel) erbt der längerlebende Ehepartner oder die -partnerin ein Viertel des Nachlasses. Hinzu kommt noch ein Viertel als pauschaler Ausgleich des Zugewinns. Insgesamt erbt also der oder die Längerlebende neben den Kindern des Erblassers die Hälfte des Nachlasses.
- → Neben Erben der **zweiten Ordnung** erbt der oder die länderlebende Ehepartner oder -partnerin die Hälfte des Nachlasses. Hinzu kommt wieder ein Viertel als pauschaler Zugewinnausgleich, sodass der oder die Längerlebende neben den Eltern beziehungsweise Geschwistern des Erblassers insgesamt drei Viertel des Nachlasses erbt.
- → Konkurriert der oder die Längerlebende ausschließlich mit Erben der **dritten Ordnung** (also Großeltern und deren Nachkommen), so erhält er oder sie den ganzen Nachlass, es sei denn, einzelne Großelternteile lebten noch.

**BEISPIEL**

A hinterlässt seine Frau B und seine Kinder C und D. B erbt die Hälfte des Nachlasses; denn ihr Erbteil von einem Viertel erhöht sich um den pauschalen Ausgleich des Zugewinns um ein weiteres Viertel. Die Kinder C und D erben die andere Hälfte, also jeweils ein Viertel.

**Erbteil des Ehepartners bei Gütertrennung**
Beim Güterstand der Gütertrennung erbt der oder die längerlebende Ehepartner oder -partnerin neben Verwandten der ersten Ordnung (Kinder, Enkel, Urenkel) ein Viertel, neben Verwandten der zweiten Ordnung (Eltern, Geschwister, Neffen, Nichten) oder neben Großeltern die Hälfte des Nachlasses. Sind weder Verwandte der ersten oder der zweiten Ordnung noch Großeltern vorhanden, so erbt der oder die Längerlebende das gesamte Vermögen.

Darüber hinaus gelten folgende Besonderheiten: Erben neben dem längerlebenden Ehegatten ein oder zwei Kinder des Erblassers als gesetzliche Erben, so erben der längerlebende Ehepartner und jedes Kind zu gleichen Teilen. Neben einem Kind erbt also der Ehegatte die Hälfte, neben zwei Kindern ein Drittel. Neben drei und mehr Kindern erbt der längerlebende Ehegatte immer ein Viertel, die Kinder teilen sich dann drei Viertel des Nachlasses. Lebt ein Kind nicht mehr, so erben dessen Nachkommen.

BEISPIEL

A hinterlässt seine Frau B und zwei Kinder. B und die beiden Kinder erben jeweils ein Drittel des Nachlasses. Wenn A neben seiner Frau B drei Kinder hinterlässt, eben B und die drei Kinder jeweils ein Viertel.

**Gesetzliches Erbrecht des Ehepartners/der Ehepartnerin neben Verwandten:**

| GÜTERSTAND: ZUGEWINNGEMEINSCHAFT | ERBTEIL DER EHEFRAU/DES EHEMANNS | ERBTEIL DER VERWANDTEN |
|---|---|---|
| Nachkommen (Kinder, Enkel, Urenkel) | 1/2<br>¼ Erbteil + ¼ pauschaler Zugewinnausgleich | 1/2 |
| Eltern beziehungsweise bei deren Ableben deren Nachkommen | 3/4<br>½ Erbteil + ¼ pauschaler Zugewinnausgleich | 1/4 |

| GÜTERSTAND: GÜTERTRENNUNG | ERBTEIL DER EHEFRAU/DES EHEMANNS | ERBTEIL DER VERWANDTEN |
|---|---|---|
| Ein Kind beziehungsweise bei seinem Ableben seine Nachkommen, zum Beispiel Enkel | 1/2 | 1/2 |
| Zwei Kinder beziehungsweise bei ihrem Ableben ihre Nachkommen, zum Beispiel Enkel | 1/3 | 2/3 |
| Drei und mehr Kinder beziehungsweise bei ihrem Ableben ihre Nachkommen, zum Beispiel Enkel | 1/4 | 3/4 |
| Vererbende Person hinterlässt Eltern beziehungsweise deren Nachkommen, zum Beispiel Geschwister | 1/2 | 1/2 |

## Erbschaftsplanung durch Testament

Wer von der gesetzlichen Erbfolge abweichen will, muss eine Verfügung von Todes wegen errichten, also ein Testament verfassen. Dabei kann zwischen einem eigenhändigen und einem notariellen Testament entschieden werden. Eheleute können ein gemeinschaftliches Testament errichten, häufig verfassen sie ein sogenanntes Berliner Testament.

### Eigenhändiges Testament

Das eigenhändige Testament ist die in der Praxis bedeutendste Form einer Verfügung von Todes wegen. Es hat gegenüber dem notariellen Testament (→ Seite 222) den Vorteil, dass es schnell und an jedem Ort errichtet werden kann und keine Notarkosten entstehen. Und es kann leichter geändert und an jedem Ort aufbewahrt werden.

#### Form

Das eigenhändige Testament ist nur wirksam, wenn Sie dessen Text eigenhändig schreiben und unterschreiben. Die testamentarischen Verfügungen müssen also von der ersten bis zur letzten Zeile mit der Hand geschrieben werden. Ein mithilfe eines Computers geschriebener Text erfüllt die gesetzlichen Anforderungen nicht und ist unwirksam. Das Schriftstück muss nicht als „Testament" oder „Letzter Wille" oder Ähnliches bezeichnet werden. Die Erklärung muss lesbar sein. Andernfalls liegt keine rechtliche Erklärung vor; das Testament wäre nichtig.

Sie müssen das Testament eigenhändig unterschreiben. Die Unterschrift soll Ihren Vor- und Familiennamen enthalten. Im Gegensatz zur Erklärung muss Ihre Unterschrift nicht leserlich sein. Sie muss aber die entsprechenden charakteristischen Merkmale aufweisen. Die Unterschrift muss den Wortlaut des Testaments abschließen. Sie muss also unter dem Text stehen. Es reicht nicht aus, dass der Name irgendwo mitten im Text steht.

Das Testament soll mit Orts- und Datumsangabe (Tag, Monat, Jahr) versehen sein. Fehlen diese Angaben, ist es allerdings nicht zwangsläufig unwirksam. Sinnvoll ist es, das Datum, an dem Sie das Testament errichtet haben, anzugeben. Wenn Sie nämlich mehrere sich widersprechende Testamente errichtet haben, kann fraglich sein, welches Testament das aktuelle ist.

### Aufbewahrung

Ihr eigenhändiges Testament können Sie an jedem beliebigen Ort aufbewahren. Sinnvoll ist es, eine vertrauenswürdige Person über den Aufbewahrungsort zu informieren. Das eigenhändige Testament können Sie auch in amtliche Verwahrung geben, um es vor Verlust oder Fälschung zu schützen. Die amtliche Verwahrung beim Amtsgericht kostet einmalig und pauschal 75 Euro. Hinzu kommt noch die Gebühr für die Registrierung im Zentralen Testamentsregister.

## Notarielles Testament

In der Regel wird das notarielle Testament errichtet, indem der Erblasser dem Notar seinen letzten Willen zur Niederschrift erklärt. Dieser wird dann in einer notariellen Urkunde nieder- und von allen Beteiligten unterschrieben. Der Notar ist unter anderem verpflichtet, über die rechtliche Tragweite des Testaments zu belehren. Auch Formfehler, die bei einem eigenhändig erstellten Testament vorkommen können, werden so vermieden.

Ein notarielles Testament kann aber auch errichtet werden, indem der Erblasser dem Notar eine offene oder geschlossene Schrift mit dem Hinweis übergibt, dass diese seinen letzten Willen enthält. Dann jedoch entfällt die Beratung durch den Notar. Durch ein notarielles Testament wird in vielen Fällen ein Erbschein, dessen Erteilung oft lange dauert und Kosten verursacht, überflüssig.

### Kosten

Bei der Errichtung des notariellen Testaments entstehen Notarkosten. Diese richten sich nach dem Wert des Nachlasses. Für die Beurkundung ist nach dem Gerichts- und Notarkostengesetz eine volle Gebühr zu entrichten. Bei einem Nachlasswert von zum Beispiel 25.000 Euro beläuft sich die Gebühr auf 115 Euro, von 50.000 Euro auf 165 Euro, von 200.000 Euro auf 435 Euro, jeweils zuzüglich der gesetzlichen Mehrwertsteuer. Die Kosten können vorab beim Notariat erfragt werden.

### Amtliche Verwahrung

Das notarielle Testament wird nach der Beurkundung durch den Notar immer in besondere amtliche Verwahrung gebracht. Zuständig ist das Amtsgericht, in dessen Bezirk der Notar seinen Sitz hat. Die amtliche Verwahrung eines Testaments beim Nachlassgericht kostet einmalig und pauschal 75 Euro. Hinzu kommt noch die Gebühr für die Registrierung im Zentralen Testamentsregister.

**! ACHTUNG**

Wenn das notarielle Testament aus der amtlichen Verwahrung zurückgenommen wird, hat das automatisch zur Folge, dass es als widerrufen gilt.

## Gemeinschaftliches Testament der Eheleute

Ein gemeinschaftliches Testament kann nur von Eheleuten errichtet werden. In ihm treffen sie Anordnungen sowohl für den Tod des einen wie für den des anderen Ehepartners.

**→ TIPP**

Das gemeinschaftliche Testament entspricht dem Wunsch vieler Eheleute, gemeinschaftlich über ihr Vermögen nach dem Tod zu verfügen. Deshalb ist das gemeinschaftliche Testament, insbesondere in der Form des Berliner Testaments, weit verbreitet. Es wird Eheleuten allgemein als Verfügung von Todes wegen empfohlen.

### Inhalt

In einem gemeinschaftlichen Testament können Eheleute wie in einem Einzeltestament ganz normale einseitige Verfügungen treffen, die sie jederzeit widerrufen können. Das Besondere an dieser Testamentsform ist jedoch, dass sie darüber hinaus oder ausschließlich sogenannte wechselbezügliche Verfügungen treffen können. Diese sind in ihrer Wirksamkeit voneinander abhängig und sie können nur unter besonderen Voraussetzungen widerrufen werden. Und nach dem Tod eines Ehepartners sind sie für den anderen verbindlich.

Unter wechselbezüglichen Verfügungen sind Festlegungen zu verstehen, die in einem gegenseitigen Abhängigkeitsverhältnis stehen. Es wird hierbei angenommen, dass sie ein Ehepartner gerade deshalb trifft, weil auch der andere Ehepartner oder die -partnerin eine bestimmte andere Verfügung getroffen hat. Die eine Verfügung wäre also nicht ohne die andere erfolgt.

**BEISPIEL**

A setzt im gemeinschaftlichen Testament seine Frau als Alleinerbin ein, weil ihn seine Frau ebenfalls als Alleinerben bestimmt hat.

**ACHTUNG**

Treffen Ehegatten in einem gemeinschaftlichen Testament wechselbezügliche Verfügungen, so ist das mit rechtlichen Folgen verbunden:

- Die Nichtigkeit oder der Widerruf der einen Verfügung hat zur Folge, dass die andere Verfügung unwirksam wird. Die eine Verfügung steht und fällt also mit der anderen.
- Mit dem Tod des anderen Ehepartners oder der -partnerin kann der oder die Längerlebende die Verfügung nicht mehr widerrufen. Es kann also grundsätzlich keine abweichende letztwillige Verfügung mehr getroffen werden.

Ob und welche Verfügungen im gemeinschaftlichen Testament wechselbezüglich sein sollen, bestimmen die Eheleute. Als wechselseitige Verfügungen kommen allerdings nur die Erbeinsetzung, das Vermächtnis und die Auflage in Betracht. Andere Verfügungen (zum Beispiel Enterbung oder Teilungsanordnung) können zwar auch getroffen werden, aber nur als einseitige, nicht als wechselbezügliche Anordnungen.

### Form

Das gemeinschaftliche Testament kann als eigenhändiges oder notarielles Testament errichtet werden.

Beim eigenhändigen gemeinschaftlichen Testament gelten die auf → Seite 221 beschriebenen formalen Anforderungen. Allerdings erleichtert das Gesetz es etwas: Es genügt, wenn einer der Ehepartner den Text eigenhändig schreibt und unterzeichnet und der oder die andere die gemeinschaftliche Erklärung eigenhändig mitunterzeichnet. Der oder die Mitunterzeichnende soll auch angeben, an welchem Ort und zu welcher Zeit (Tag, Monat, Jahr) er oder sie die Unterschrift beigefügt hat.

Das gemeinschaftliche notarielle Testament errichten die Eheleute gemeinsam vor einem Notar. Beide können diesem ihren letzten Willen entweder mündlich erklären oder ihm eine offene oder verschlossene Schrift mit der Erklärung übergeben, dass diese ihren letzten Willen enthält.

Bei der Errichtung des notariellen Testaments entstehen Notarkosten. Die Kosten richten sich nach dem Wert des Nachlasses. Für die Beurkundung sind nach dem Gerichts- und Notarkostengesetz zwei volle Gebühren zu entrichten. Bei einem Nachlasswert von zum Beispiel 25.000 Euro beläuft sich die Gebühr auf 230 Euro, von 50.000 Euro auf 330 Euro, von 200.000 Euro auf 870 Euro, jeweils zuzüglich gesetzlicher Mehrwertsteuer.

### Aufbewahrung

Während das eigenhändige gemeinschaftliche Testament an jedem beliebigen Ort aufbewahrt oder in amtliche Verwahrung gegeben werden kann, wird das notarielle gemeinschaftliche Testament nach der Beurkundung durch den Notar immer in besondere amtliche Verwahrung gebracht. Zuständig ist das Amtsgericht, in dessen Bezirk der Notar seinen Sitz hat.

Die amtliche Verwahrung eines gemeinschaftlichen Testaments beim Nachlassgericht kostet einmalig und pauschal 75 Euro. Die Rücknahme aus der amtlichen Verwahrung ist nur durch beide Eheleute gemeinsam und persönlich möglich.

## Berliner Testament

Das sogenannte Berliner Testament ist bei Eheleuten weit verbreitet. Es entspricht deren Bedürfnis, sich zunächst gegenseitig als Alleinerben einzusetzen und das vom Längerlebenden nicht verbrauchte Vermögen erst nach dessen Tod an Dritte, in der Regel an die Kinder, zu übertragen. Somit wird nicht nur die Erbfolge unter den Eheleuten geregelt, sondern auch ein zweiter Erbgang, nämlich die Erbfolge des längerlebenden Ehepartners. Das gemeinschaftliche Vermögen, das aus dem Nachlass des zuerst versterbenden und dem Vermögen des längerlebenden Ehepartners besteht, fällt nach dessen Tod einer oder mehreren Personen, meist den Kindern zu.

Dem längerlebenden Ehepartner oder der -partnerin steht es zu Lebzeiten frei, über das während der Ehe gemeinsam erwirtschaftete Vermögen zu verfügen. Er oder sie kann allerdings nach dem Tod des Ehepartners durch eine Verfügung von Todes wegen nicht dessen letztwillige Verfügung ändern oder aufheben. Nur wenn der oder die Längerlebende die Erbschaft ausschlägt, gewinnt er oder sie auch erbrechtlich für das eigene Vermögen wieder volle Handlungsfreiheit.

> **ACHTUNG**
>
> Das Berliner Testament hat einige Schwächen. So können die beim ersten Erbfall enterbten Kinder den Pflichtteil gegenüber dem längerlebenden Elternteil verlangen. Nach dem ersten Erbfall ist der oder die Längerlebende an die Verfügungen im Testament gebunden und kann auf bestimmte Ereignisse, wie zum Beispiel Streit mit den Kindern, nicht mehr reagieren. Zudem hat das Berliner Testament auch steuerliche Nachteile. Unter anderem werden die steuerlichen Freibeträge der Kinder nach dem Tod des erstversterbenden Elternteils nicht ausgenutzt. Eheleute, die ein Berliner Testament verfassen wollen, sollten sich deshalb fachkundig beraten lassen.

## Erbrechtliche Verfügungen

In einem Testament oder einem Erbvertrag können Sie verschiedene Verfügungen treffen. So können Sie bestimmen, wer erben oder nicht erben soll. Ihren Erben können sie etwa bestimmte Verpflichtungen auferlegen. So können Sie festlegen, dass ein Testamentsvollstrecker eingesetzt wird und wie der Nachlass unter den Erben verteilt werden soll. Darüber hinaus können Sie Personen etwas aus dem Nachlass zuwenden, die nicht zu den Erben gehören müssen.

Bei den genannten Verfügungen handelt es sich lediglich um die wichtigsten erbrechtlichen Anordnungen. Daneben kommen beispielsweise auch die Einsetzung eines Ersatzerben, die Anordnung der Vor- und Nacherbschaft sowie familienrechtliche Anordnungen, etwa die Benennung eines Vormunds, in Betracht.

### Änderung der Erbfolge

Die gesetzliche Erbfolge kann geändert werden, indem andere als die gesetzlich vorgesehenen Erben eingesetzt werden oder die gesetzlichen Erben enterbt werden.

#### Erbeinsetzung

Sie können testamentarisch festlegen, wer Ihre Erben werden sollen. Diese Entscheidung steht Ihnen frei: Sie können Personen, die Ihre gesetzlichen Erben sind, oder auch andere Menschen auswählen. Nur eine wechselbezügliche Verfügung in einem gemeinschaftlichen Testament (→ Seite 223) beschränkt Ihre Entscheidungsfreiheit.

Testamentarisch können eine oder mehrere Personen (Miterben) als Erben eingesetzt werden. Bei mehreren Erben ist zu beachten, dass sich die Erbeinsetzung auf einen Bruchteil (zum Beispiel die Hälfte oder ein Viertel) bezieht. Auf jeden Einzelnen geht nur der ihm zugewendete Bruchteil des Vermögens über. Mit den Miterben bildet er dann eine Erbengemeinschaft. Wenn mehrere Erben eingesetzt werden, ohne dass deren Erbteile bestimmt werden, so erben die Miterben grundsätzlich zu gleichen Teilen.

**ACHTUNG**

Es kann keine Erbeinsetzung vorgenommen werden, indem den „Erben" einzelne Gegenstände zugewendet werden (etwa dem Miterben A das Haus und dem Miterben B das Bankvermögen). Vielmehr muss ein Erbe bestimmt werden, der Ihre Gesamtrechtsnachfolge antritt, der also in Ihre rechtlichen Fußstapfen schlüpft und zum Beispiel auch für Ihre Verbindlichkeiten haftet. Die gegenständliche Erbeinsetzung ist nicht zulässig. Wurden im Testament nur einzelne Gegenstände zugewendet, so handelt es sich dabei um Vermächtnisse (→ Seite 228), nicht aber um eine Erbeinsetzung. In diesem Fall gilt für den Rest des Vermögens dann die gesetzliche Erbfolge.

### Enterbung gesetzlicher Erben

Ihre Freiheit, nach Ihrem Belieben Verfügungen über Ihr Vermögen nach Ihrem Tod zu treffen, erstreckt sich auch darauf, Ihre gesetzlichen Erben zu enterben. Gesetzliche Erben sind zwangsläufig enterbt, wenn Sie in Ihrer Verfügung von Todes vollständig über den Nachlass verfügen, ohne dass sie diese berücksichtigen.

**BEISPIEL**

Die Eheleute A und B setzen sich in einem gemeinschaftlichen Testament gegenseitig als Alleinerben ein. Schlusserben nach dem Tod des oder der Längerlebenden sollen die beiden Kinder sein. Damit sind die beiden Kinder beim ersten Erbfall enterbt.
Der Erblasser kann sich auch darauf beschränken, seinen Ehegatten oder Verwandte von der gesetzlichen Erbfolge auszuschließen, ohne einen Erben einzusetzen. Die Enterbung muss nicht begründet werden.

> **ACHTUNG**
>
> **Pflichtteilsansprüche**
>
> Wenn Sie Ihre allernächsten Familienangehörigen (Ehepartner, Kinder, Eltern) als gesetzliche Erben enterben wollen, müssen Sie beachten, dass diesen Pflichtteilsansprüche zustehen. Es wird diesen Personen also ein Mindestanteil an der Erbschaft gesetzlich garantiert, der nur unter ganz engen Voraussetzungen entzogen werden kann. Zwar werden Sie in Ihrer Freiheit, nach Belieben über Ihr Vermögen zu verfügen, dadurch nicht eingeschränkt und die Pflichtteilsberechtigten sind auch nicht am Nachlass beteiligt. Aber diese Personen erwerben gesetzlich einen Geldanspruch gegen die Erben.

## Vermächtnisse

Wie oben beschrieben, gilt im Erbrecht der Grundsatz der Gesamtrechtsnachfolge. Es kann also keine Erbeinsetzung vorgenommen werden, indem den „Erben" einzelne Gegenstände zugewendet werden. Vielmehr müssen Sie einen Erben bestimmen, der Ihre Gesamtrechtsnachfolge antritt, der also in Ihre rechtlichen Fußstapfen schlüpft und zum Beispiel auch für Ihre Verbindlichkeiten haftet. Einzelne Gegenstände können nicht vererbt werden. Allerdings können sie jemandem im Rahmen eines Vermächtnisses zugewendet werden. Durch die Zuwendung werden diese Vermächtnisnehmer, also die Begünstigten, rechtlich aber nicht zu Erben.

Mit einem Vermächtnis können Sie jemandem in Ihrem Testament oder durch Erbvertrag einen Vermögensvorteil zuwenden, ohne dass dieser Ihr Erbe ist. Es wird lediglich ein Anspruch gegen denjenigen erlangt, der mit dem Vermächtnis beschwert wurde.

Gegenstand eines Vermächtnisses muss immer ein „Vermögensvorteil" sein. Der oder die Bedachte muss also begünstigt werden. Das kann insbesondere erfolgen durch:

- die Übertragung von Eigentum an bestimmten Gegenständen (zum Beispiel Auto, Briefmarkensammlung),
- die Übertragung von Rechten (etwa Nießbrauch an Sachen und Rechten, lebenslanges Wohnrecht, Urheberrecht) und
- die Einräumung von Forderungsrechten (zum Beispiel Anspruch auf Rückzahlung eines Darlehens oder auf Aufnahme in eine Gesellschaft).

## Verpflichtungen durch Auflagen

Wer Angehörige oder sonstige Personen in seinem letzten Willen berücksichtigt, hat häufig auch bestimmte Erwartungen an diese. Mit einer Auflage im Testament können Sie auf das Verhalten eines Erben oder Vermächtnisnehmers einwirken und es so steuern, dass es Ihren Vorstellungen entsprechen wird. Sie wenden also jemandem etwas zu, einen bestimmten Gegenstand (Vermächtnis) oder eine Quote vom Nachlass (Erbeinsetzung), und verlangen zugleich vom Erben oder Vermächtnisnehmer etwas. Er muss entweder einer Pflicht nachkommen oder ein bestimmtes Verhalten an den Tag legen. Das kann konkret bedeuten, etwas zu tun oder zu unterlassen. Die Auflage ermöglicht es dem Erblasser, ganz konkrete Zwecke zu verfolgen. Denn es ist kein Begünstigter vonnöten, auch muss sich kein Vermögensvorteil ergeben. Das in einer Auflage verfügte Handeln kann auch dem Erblasser selbst zugutekommen, zum Beispiel die Grabpflege.

> **i GUT ZU WISSEN**
>
> Auflagen werden häufig im Zusammenhang mit der Grabpflege gemacht. Aber auch, dass die Bestattung in einer bestimmten Weise vorgenommen wird, kann hiermit festgelegt werden. Weiterhin kann sie die Pflicht umfassen, ein Tier zu pflegen und zu versorgen, oder das vermachte Geld in einer bestimmten Weise für eine bestimmte Zeit anzulegen. Auch kann der Erblasser darin die Vorgabe machen, einen Nachlassgegenstand nicht zu veräußern. Auch dass Häuser oder Grundbesitz der Familie nicht von den Erben verkauft werden, kann in einer Auflage geregelt werden. Auflagen, die eine Begünstigung vorsehen, können sich auf Geldzahlungen oder Sachleistungen an eine bestimmte Person oder auf die Pflicht beziehen, einem Begünstigten einen Gegenstand zu verschaffen.

Gleichwohl kann durch die Auflage eine Person begünstigt werden, ohne dass ihr allerdings ein Anspruch auf die Leistung zusteht. Den Begünstigten kann der Erblasser selbst bestimmen, er kann dieses Recht aber auch auf den Beschwerten oder eine dritte Person, zum Beispiel den Testamentsvollstrecker, übertragen.

## Anordnungen zur Aufteilung des Nachlasses

Setzen Sie in Ihrem Testament mehrere Erben ein, entsteht bei Ihrem Tod zwangsläufig eine Erbengemeinschaft. Der Nachlass ist dann gemeinschaftliches Vermögen der Erben. Jedem Miterben steht der im Testament festgelegte Bruchteil zu. Ein Miterbe allein kann nicht über einzelne Nachlassgegenstände verfügen. Wollen Sie Regelungen treffen, wie Ihre Erben die einzelnen Vermögensgegenstände untereinander aufteilen sollen (wer also zum Beispiel die Wertpapiere, das Auto oder die Briefmarkensammlung erhalten soll), müssen Sie eine Teilungsanordnung treffen.

Die Teilungsanordnung führt nicht automatisch dazu, dass die Nachlassgegenstände wie von Ihnen angeordnet unter den Miterben verteilt werden. Diese sind zwar verpflichtet, den Nachlass entsprechend Ihrer testamentarischen Vorgaben aufzuteilen, sie können sich aber durch einstimmigen Beschluss über Ihre Anordnungen hinwegsetzen. Wenn Sie das verhindern wollen, Ihnen also Ihre Anordnungen so wichtig sind, dass Sie diese auf jeden Fall umgesetzt wissen wollen, müssen Sie eine Testamentsvollstreckung anordnen. Sie können die Erbeinsetzung aber auch an die Bedingung knüpfen, dass der Nachlass gemäß Ihrer Anordnungen aufgeteilt wird.

**→ TIPP**

Die Anordnung der Testamentsvollstreckung kann aus mehreren Gründen sinnvoll sein. So kann damit sichergestellt werden, dass Vermächtnisse erfüllt und Auflagen vollzogen werden. Testamentsvollstreckung ist sinnvoll, wenn eine schwierige Nachlassverwaltung und Auseinandersetzung unter den Erben abzusehen sind. Bei einem größeren und komplizierten Nachlass (wenn etwa ein Unternehmen Teil des Nachlasses ist) können die Verwaltung des Nachlasses und die Auseinandersetzung unter den Erben einer juristisch versierten Person übertragen werden.

## Vorweggenommene Erbfolge

Unter Umständen kann es sinnvoll sein, dass Sie sich bereits zu Lebzeiten von Vermögenswerten trennen. Allein von steuerlichen Motiven sollten Sie sich aber nicht leiten lassen. Vielmehr sollten Sie mit Blick auf Ihre konkrete Vermögenssituation und künftige Entwicklungen entscheiden, ob aus familiären und/oder wirtschaftlichen Gesichtspunkten eine Vermögensübertragung bereits zu Lebzeiten Ihren eigenen Interessen und den Interessen Ihrer Familienangehörigen entgegenkommt.

## Vor- und Nachteile lebzeitiger Vermögensübertragung

Bei den Überlegungen, Vermögenswerte zu Lebzeiten zu übertragen, sollten Sie die Vor- und Nachteile sorgfältig gegeneinander abwägen. Maßgebend sind aber letztlich allein Ihre individuellen familiären und wirtschaftlichen Lebensumstände.

→ **Vorteile:** Die Nachkommen erhalten Vermögen zu einem Zeitpunkt, zu dem sie es benötigen (zum Beispiel zur Gründung einer Familie oder zum Aufbau einer Existenz). Bei größerem Vermögen besteht die Möglichkeit, Steuerfreibeträge besser auszunutzen und die Nachkommen damit steuerlich zu entlasten. Durch die Übertragung von Vermögenswerten zu Lebzeiten können Pflichtteilsansprüche bei geschickter Gestaltung minimiert werden. Und Regressansprüche des Sozialhilfeträgers (etwa bei einer Unterbringung im Pflegeheim) werden vermieden, weil Schenkungen nach zehn Jahren nicht mehr zurückgefordert werden können.

→ **Nachteile:** Sie verlieren Ihr Vermögen, selbst wenn Sie sich die Nutzung vorbehalten oder sich im Gegenzug Versorgungsleistungen zusichern lassen. Eine Vermögensübertragung zu Lebzeiten verlangt von Ihnen eine Prognose Ihrer künftigen Lebensumstände. Damit tragen Sie das Risiko, wie sich diese künftig wirtschaftlich entwickeln. Und eine vorweggenommene Erbfolge kann erheblich höhere Kosten (insbesondere Notar- und Grundbuchkosten) verursachen als die Vermögensübertragung im Wege der Erbfolge.

→ **TIPP**

**Ob Sie sich bereits zu Lebzeiten von Vermögensteilen trennen, ist allein Ihre persönliche Entscheidung. Maßgebend hierfür sollte immer Ihre individuelle Lebenssituation sein. Deshalb ist es auch wichtig, dass trotz Vermögensübergabe Ihre wirtschaftliche Versorgung immer gewährleistet ist.**

## Schenkung

Zuwendungen zu Lebzeiten können rechtlich unterschiedlich ausgestaltet sein. In Betracht kommt insbesondere die Schenkung. Sie ist ein Vertrag zwischen dem Schenker und dem Beschenkten; beide Vertragspartner sind sich einig, dass ein Gegenstand oder ein Recht unentgeltlich übertragen wird.

### Gründe für eine Schenkung

Motive für eine Schenkung gibt es viele: So kann die vorzeitige Zuwendung von Vermögenswerten den Kindern beim Aufbau einer eigenen Existenz helfen. Lebenspartnerin, Lebenspartner oder eine dritte Person kann finanziell versorgt oder für Pflege- und Betreuungsleistungen entschädigt werden. Eine Schenkung kann auch sinnvoll sein, wenn damit ein Erbverzicht der beschenkten Person verbunden wird. Auf diese Weise können die testamentarisch eingesetzten Erbberechtigten vor Pflichtteilsansprüchen geschützt werden.

Durch eine Schenkung beziehungsweise einen Übergabevertrag kann etwa der eigene Betrieb oder das eigene Unternehmen noch zu Lebzeiten in jüngere Hände gegeben werden. Und schließlich können für eine Schenkung steuerliche Motive ausschlaggebend sein. Denn nach dem Erbschaft- und Schenkungsteuergesetz können die jeweils maßgebenden Freibeträge alle zehn Jahre geltend gemacht werden, sodass diese mehrfach genutzt werden können.

**! ACHTUNG**

Die Schenkung ist für die schenkende Person ein riskantes Rechtsgeschäft; schließlich verliert sie ihr Vermögen. Sie sollten deshalb gründlich überlegen, ob die Übertragung von Vermögenswerten zu Lebzeiten richtig und vernünftig ist. Eine Rückforderung ist nur in Ausnahmefällen möglich.

### Arten einer Schenkung

Bei der Schenkung ist zwischen der sogenannten Handschenkung und der Vertragsschenkung zu unterscheiden.

- → Bei der **Handschenkung** wird die Zuwendung sofort vollzogen, das heißt, das Eigentum am geschenkten Gegenstand sofort übertragen. Typische Beispiele sind Geburtstags- und Weihnachtsgeschenke. Die Handschenkung bedarf keiner besonderen Form.
- → Von der Handschenkung zu unterscheiden ist die **Vertragsschenkung.** In diesem Fall verpflichten Sie sich durch Vertrag zu einer unentgeltlichen Zuwendung. Das ist beispielsweise der Fall, wenn eine Person sich rechtlich verbindlich verpflichtet, der Vertragspartei eine Immobilie zu schenken. Ein Schenkungsversprechen in dieser Form bedarf der notariellen Beurkundung. Und bei Grundstücksschenkungen ist neben der notariellen Beurkundung auch die Eintragung im Grundbuch erforderlich.

### Erbrechtliche Konsequenzen der Schenkung

Bei einer Schenkung ist immer zu beachten, dass diese eine sogenannte Pflichtteilsergänzung auslösen kann. In diesem Fall wird der Pflichtteilsberechtigte so gestellt, als ob die Schenkung nicht erfolgt und damit das Vermögen des Erblassers durch die Schenkung nicht verringert worden wäre.

**→ TIPP**

**Eine Schenkung findet für die Berechnung des Ergänzungsanspruchs graduell immer weniger Berücksichtigung, je länger sie zurückliegt. Eine Schenkung im ersten Jahr wird demnach voll in die Berechnung einbezogen, im zweiten Jahr wird sie jedoch nur noch zu 9/10, im dritten Jahr zu 8/10 und dann weiter absteigend berücksichtigt. Sind zehn Jahre seit der Leistung verstrichen, bleibt die Schenkung vollständig unberücksichtigt.**

### Steuerliche Konsequenzen der Schenkung

Schenkungen unterliegen der Erbschaft- und Schenkungsteuer. Steuerpflichtig ist die beschenkte Person. Die Höhe der Steuer hängt vom Verwandtschaftsgrad zur schenkenden Person und von der Höhe der Zuwendung ab. Nahen Angehörigen, insbesondere Ihrem Ehemann oder Ihrer Ehefrau und den Kindern, stehen Steuerfreibeträge zu, innerhalb deren Grenzen keine Steuer anfällt. Schenkungsteuerfreibeträge können alle zehn Jahre voll ausgeschöpft werden.

### Rückgängigmachen der Schenkung

Wenn der Schenker nach der Schenkung außerstande ist, einen angemessenen Unterhalt zu bestreiten oder die gegenüber seinen Verwandten oder seinem Ehepartner gesetzlich obliegende Unterhaltspflicht zu erfüllen, kann er die Schenkung zurückfordern. Die beschenkte Person kann die Herausgabe allerdings dadurch abwenden, indem sie den für den Unterhalt erforderlichen Betrag zahlt. Die Rückforderung ist ausgeschlossen, wenn die Bedürftigkeit vorsätzlich oder durch grobe Fahrlässigkeit herbeigeführt wurde oder wenn bei Eintritt der Bedürftigkeit seit der Schenkung zehn Jahre verstrichen sind.

Der Schenker kann sich auch durch Widerruf von seiner Schenkung lösen, wenn sich der Beschenkte durch eine schwere Verfehlung gegen ihn oder einen seiner nahen Angehörigen „groben Undanks" schuldig gemacht hat. Bei einem Widerruf kann er dann die Herausgabe der Schenkung verlangen.

**→ TIPP**

**Weil eine Rückforderung oder ein Widerruf der Schenkung nur in wenigen Ausnahmefällen möglich ist, kann es sinnvoll sein, sich im Schenkungsvertrag ein Rückforderungsrecht vorzubehalten (etwa wenn über das Vermögen des Beschenkten das Insolvenzverfahren durchgeführt wird).**

# Anhang

→ Adressen der Verbraucherzentralen

→ Stichwortverzeichnis

→ Bildnachweis

→ Impressum